扣子（Coze）从入门
轻松搭建
AI Agent

数艺社 AI 项目组 ◎ 编著

人民邮电出版社

北　京

图书在版编目（CIP）数据

扣子（Coze）从入门到精通：轻松搭建 AI Agent /
数艺社 AI 项目组编著. -- 北京：人民邮电出版社，
2025. -- ISBN 978-7-115-67486-9

I. TP18

中国国家版本馆 CIP 数据核字第 2025VX7813 号

内 容 提 要

本书全面而系统地阐述了扣子平台（国内新一代 AI 大模型智能体开发平台）的核心功能及其应用实践。全书内容围绕扣子平台的三大核心维度展开：基础能力构建、进阶功能开发以及实战案例分析。

在基础能力构建方面，本书深入介绍了扣子平台的安装与配置、智能体的创建与管理等基础知识。读者能够迅速掌握平台操作的关键点，并"从零开始"构建自己的智能体。特别值得注意的是，扣子平台的无代码开发特性使从交互界面到开发逻辑的智能体搭建流程变得可视化和模块化。在人工智能生成内容（AIGC）技术的辅助下，不具备编程背景的读者也能轻松掌握并使用该平台。

在进阶功能开发方面，本书讲解了工作流、卡片、插件等知识，帮助读者进一步掌握扣子使用技巧。

在实战案例分析方面，本书精心挑选多个典型应用场景，例如节气海报制作、智能菜品助手等。通过深入的案例分析，帮助读者熟悉智能体的搭建流程和功能限制，同时深入理解扣子平台的实际应用价值。

本书能够帮助读者在 AI 领域快速发展的浪潮中把握核心机遇，构建核心能力壁垒，打造属于自己的 AI 智能体，解决工作、学习、生活中各种低质低效、机械重复的问题。本书不仅适合初级智能体系统开发者、产品经理、技术爱好者等群体阅读，还适合文字、图像、声音等多媒体相关行业人群阅读。

◆ 编　著　数艺社 AI 项目组
　　责任编辑　王　冉
　　责任印制　陈　犇

◆ 人民邮电出版社出版发行　　北京市丰台区成寿寺路 11 号
　　邮编　100164　电子邮件　315@ptpress.com.cn
　　网址　https://www.ptpress.com.cn
　　雅迪云印（天津）科技有限公司印刷

◆ 开本：787×1092　1/16
　　印张：13　　　　　　　　　2025 年 10 月第 1 版
　　字数：421 千字　　　　　　2025 年 11 月天津第 2 次印刷

定价：89.90 元

读者服务热线：(010)81055410　印装质量热线：(010)81055316
反盗版热线：(010)81055315

前言

人工智能代理（AI Agent），也常称为智能体，它的概念并非横空出世，而是随着人工智能（AI）技术的进步而逐步发展和完善的。

字节跳动于 2024 年 2 月 1 日正式推出的扣子平台，在应用的广度和深度上展现了极强的生产力和创造力，加之其具有零代码 / 低代码的开发特性，在插件系统和工作流机制等强大且友好的功能加持下，扣子有望成为每一个工作者现在及未来必不可少的生产工具。尽管扣子让用户可以低门槛进入，但是调查发现仍然有接近七成以上的用户难以在短时间内高效地使用扣子。

本书由来自扣子中文社区、人民邮电出版社数艺社 AI 项目组、野神殿、WaytoAGI 等多个优秀 AI 社区的作者采用共创的方式完成。

在此特别鸣谢：罗从睿、whr、毕乐天、姜慧娟、周中仪、super 守望者、陈涛、汪琦沛、黄栖桐、晓宇、谭轶骅、银河、杨凯翔、段程钧、黄豆 LI、隽之祎、周洁。

同时编者要特别感谢 4 位对本书做出特殊贡献的朋友，他们是清（推荐了多位杰出作者）、张家栋（负责图书统筹推进）以及两位技术顾问——许健和彬子。

我们期望在扣子的助力下，每个人都能在面对需求的时候，借助扣子为自己、为周边人，甚至为行业贡献个性化的智能化解决方案。所以在编写本书过程中，编者有意通过调整难度、讲解方式、成书结构来让大部分读者可以顺利掌握。

本书分为 10 章，内容可细分为 3 个部分。从第 1 章至第 4 章为第一部分，旨在引导读者熟悉扣子平台，并通过构建基础智能体，实现从无到有的过程。接下来的第 5 章至第 8 章深入探讨扣子的核心功能，包括工作流、插件系统、卡片、知识库与数据库，帮助读者全面认识并掌握扣子的功能范围。最后，第 9 章和第 10 章着重介绍在多 Agents 模式下，如何运用扣子的各项功能来解决实际问题。本书内容丰富，图文并茂，步骤详尽，但也有其局限性。由于扣子平台特有的节点式交互界面，在面对复杂的节点布局时，无法展示全部流程节点，这可能会对读者的理解和实践造成一定的障碍。且随着平台不断更新，界面和功能可能会有一些变化，请读者重点学习智能体相关搭建思路，举一反三，灵活应变。

为了弥补这种缺陷并给读者带来更好的学习体验，我们将组织相关编写人员为读者提供一定的社区学习指导服务。当然凡事难以尽善尽美，书中难免存在不足，希望读者及时指出书中的不足，我们将不胜感谢！

数艺社 AI 项目组
2025 年 9 月

目录

第1章　7
扣子平台概览

1.1 走进扣子平台 ······················ 8
1.2 主要功能概述 ······················ 9
    1.2.1 问答智能体构建 ············· 9
    1.2.2 社交平台集成 ··············· 9
    1.2.3 插件工具集成 ·············· 10

第2章　11
扣子的访问与配置

2.1 注册、登录及账号管理 ········· 12
    2.1.1 注册与登录 ················ 12
    2.1.2 账号管理 ·················· 14
2.2 初始设置 ·························· 16
2.3 功能偏好设置 ···················· 20

第3章　22
扣子快速入门

3.1 理解智能体的基本概念 ········· 23
    3.1.1 浏览与使用商店 ············ 23
    3.1.2 调用与管理已收藏的智能体 ··· 24
3.2 体验智能体 ······················ 24
3.3 使用模板完成智能体搭建 ······· 25
3.4 使用扣子助手搭建智能体 ······· 27
3.5 搭建你的第一个智能体 ········· 28

第4章　33
智能体搭建进阶

4.1 界面浏览与功能概述 ············ 34
    4.1.1 编排功能 ·················· 34
    4.1.2 搭建功能 ·················· 36
    4.1.3 其他定制化功能 ············ 40
4.2 模型配置与多 Agents 模式 ······ 42
    4.2.1 模型概览 ·················· 42
    4.2.2 多 Agents 模式概述与实践 ··· 44
4.3 智能体的大脑——提示词的艺术 ·· 50
    4.3.1 理解提示词的重要性 ········ 50
    4.3.2 高效编写提示词的技巧 ······ 51
    4.3.3 提示词案例 ················ 53

第5章　56
工作流——构建复杂的对话逻辑

5.1 工作流的基本概念 ··············· 57
    5.1.1 什么是扣子工作流 ·········· 57
    5.1.2 扣子工作流的特性 ·········· 57
5.2 创建和配置工作流 ··············· 59
    5.2.1 创建工作流 ················ 60
    5.2.2 配置工作流 ················ 62
5.3 工作流中的节点类型与应用 ····· 65
    5.3.1 插件 ······················ 66
    5.3.2 大模型 ···················· 71
    5.3.3 代码 ······················ 73
    5.3.4 知识库 ···················· 76

5.3.5 工作流 ·········· 80

5.3.6 选择器 ·········· 81

5.3.7 文本处理 ·········· 82

5.3.8 输出 ·········· 84

5.3.9 变量 ·········· 85

5.3.10 数据库 ·········· 87

5.4 测试、发布与将工作流添加到

智能体中 ·········· 89

5.4.1 测试与发布工作流 ·········· 89

5.4.2 将工作流添加到智能体中 ·········· 91

第 6 章
插件系统——扩展
智能体的能力 **92**

6.1 探索扣子插件商店与社区插件 ·········· 93

6.1.1 插件商店的功能与特点 ·········· 93

6.1.2 如何访问与浏览插件商店 ·········· 93

6.1.3 常见插件介绍 ·········· 96

6.2 插件系统的工作原理 ·········· 99

6.2.1 组成部分 ·········· 99

6.2.2 工作流程 ·········· 99

6.2.3 定义与类型 ·········· 101

6.3 创建自定义插件 ·········· 102

6.3.1 基于已有服务创建 ·········· 103

6.3.2 在 Coze IDE 中创建 ·········· 106

6.4 插件的上 / 下架与更新 ·········· 110

6.4.1 上架插件 ·········· 110

6.4.2 下架插件 ·········· 111

6.4.3 更新插件 ·········· 111

第 7 章
卡片——智能体与
用户交互的媒介 **112**

7.1 卡片的功能和初步应用 ·········· 113

7.1.1 卡片的功能 ·········· 113

7.1.2 官方卡片的应用步骤 ·········· 113

7.2 自定义卡片的创建方法 ·········· 121

7.2.1 自定义卡片的操作页面及

功能介绍 ·········· 122

7.2.2 自定义卡片的布局组件 ·········· 123

7.2.3 自定义卡片的基础组件和

表单组件 ·········· 124

7.2.4 自定义卡片组件的结构 ·········· 126

7.2.5 自定义卡片组件的基础配置 ·········· 127

7.2.6 自定义卡片的变量 ·········· 130

7.2.7 自定义卡片的高级配置 ·········· 132

7.2.8 使用 "AI 生成卡片" 功能 ·········· 133

7.2.9 发布和使用自定义卡片 ·········· 134

7.3 卡片的案例应用 ·········· 135

7.3.1 需求规划及布局卡片 ·········· 135

7.3.2 创建一个智能体 ·········· 139

7.3.3 绑定卡片及效果展示 ·········· 142

第 8 章
知识库与数据库——
智能体的知识源泉 **144**

8.1 知识库在智能体中的应用 ·········· 145

8.1.1 知识库的应用场景 ·········· 145

8.1.2 趣味问答智能体 ·························· 145

8.1.3 影响知识库质量的因素 ·········· 148

8.2 数据库在智能体中的应用 ·············· 149

8.2.1 数据库的应用场景 ·················· 150

8.2.2 数据库的增、删、查、改 ·········· 150

8.2.3 支出记账本智能体 ·················· 150

8.2.4 意见收集箱智能体 ·················· 155

8.3 知识库与数据库的协同工作机制 ···· 159

8.3.1 知识库与数据库的区别 ·········· 160

8.3.2 数据的推理与查询 ·················· 160

8.3.3 进阶版支出记账本智能体 ········ 160

第 9 章
多Agents 模式
——构建协作智能 **163**

9.1 单 Agent 模式与多 Agents 模式

功能对比 ···································· 164

9.1.1 编排页面对比 ························· 164

9.1.2 功能调试对比 ························· 164

9.1.3 适配场景对比 ························· 165

9.2 多 Agents 模式调试技巧 ·············· 165

9.2.1 内 / 外围人设编写 ·················· 165

9.2.2 添加节点 ······························· 166

9.2.3 串并联连接 ···························· 167

9.2.4 跳转设置 ······························· 169

9.3 多 Agents 模式应用案例搭建 ·········· 170

第 10 章
扣子智能体经典
案例拆解与搭建 **186**

10.1 节气海报制作智能体 ··················· 187

10.1.1 节气海报制作智能体简介 ···· 187

10.1.2 主要功能和应用场景 ·········· 187

10.1.3 基础模块搭建 ······················ 191

10.1.4 智能体搭建 ·························· 201

10.1.5 小结 ···································· 201

10.2 智能菜品助手智能体 ··················· 202

10.2.1 智能菜品助手智能体简介 ···· 202

10.2.2 主要功能和应用场景 ·········· 203

10.2.3 基础模块搭建 ······················ 204

10.2.4 智能体组建 ·························· 207

10.2.5 小结 ···································· 208

第1章
扣子平台概览

扣子（Coze）∨
从入门到精通

第 1 章
第 2 章
第 3 章
第 4 章
第 5 章
第 6 章
第 7 章
第 8 章
第 9 章
第 10 章

扣子是一个让普通人也能轻松制作智能体的网站。使用扣子不需要懂得编程，只需要选择一些功能，就能让智能体帮忙读新闻、规划旅行或者回答相应问题。扣子提供了很多现成的功能模块，只需要做些简单操作，就能让智能体具备这些能力。如果制作了一个很棒的智能体，还可以把它分享到商店里，让其他人也能用。简单来说，扣子就是让用户能够轻松制作和分享智能体的地方。

1.1 走进扣子平台

　　扣子平台是一个新一代 AI 大模型智能体开发平台，它允许用户即使无编程经验，也能创建智能体并发布到微信、飞书等社交平台，还能根据自身需求定制个性化服务。扣子相关的基础知识分析如图 1-1 所示。

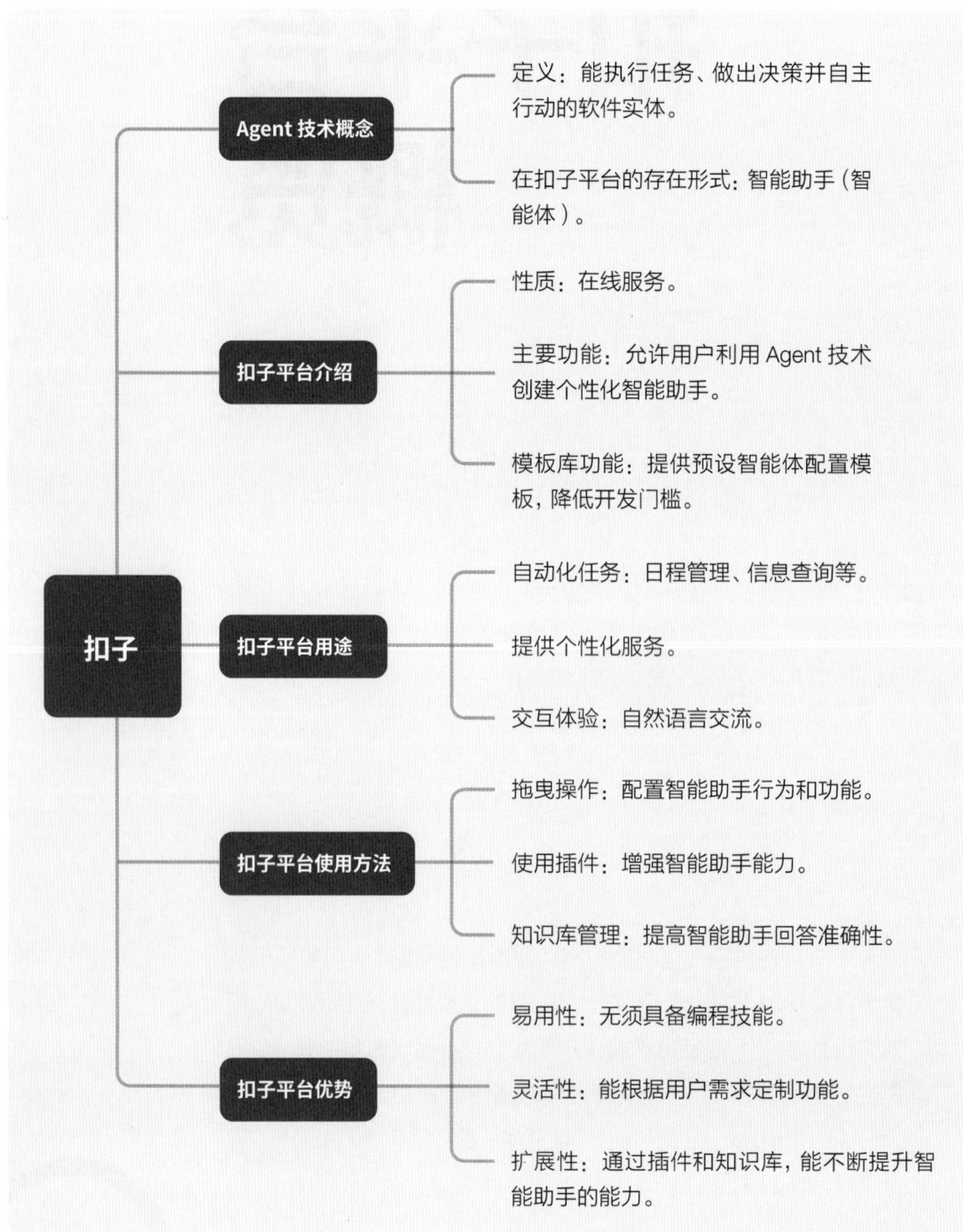

图 1-1

1.2 主要功能概述

扣子平台的主要功能包括问答智能体构建、社交平台集成和插件工具集成等。首先，它允许用户快速搭建基于大模型的各类智能体。其次，用户可以将智能体发布到各个社交平台、通信软件或部署到网站等其他渠道。最后，扣子集成了丰富的插件工具，可以极大地拓展智能体的能力边界，同时支持创建自定义插件，使用户可以快速通过参数配置的方式将已有的应用程序接口（Application Program Interface，API）转换为插件供智能体调用。

1.2.1 问答智能体构建

问答智能体的主要功能包括信息提供、用户互动、数据管理等。因而在扣子平台中，问答智能体扮演着服务提供者、互动媒介、个性化定制工具等多种角色。

问答智能体的具体功能如下。

信息提供：问答智能体能迅速回答用户提出的各种问题，无论是常见问题还是特定的业务查询问题，问答智能体都能通过自然语言处理技术及时解答。

用户互动：除了单向的信息提供，问答智能体还能与用户进行双向互动，通过对话形式收集用户需求，提供更为个性化的服务。

数据管理：问答智能体可以接入企业或平台的数据系统，对数据进行查询、分析和汇总，助力决策制定和效率提升。

自动化任务执行：可以承担一些重复性的工作，如定期发送报告、自动解答常见问题等，减轻人工负担。

插件及功能扩展：通过扣子平台的插件系统，问答智能体可以集成新闻阅读、旅行规划等多种能力，进一步拓宽其服务范围。

1.2.2 社交平台集成

社交平台集成是扣子平台的一个重要特性，它允许用户将基于大模型的智能体快速部署并发布到各种社交平台和通信软件上。这一功能极大地拓宽了智能体的应用场景，使其能够服务更广泛的受众，实现信息的快速传播。

社交平台集成的具体功能如下。

多平台支持：支持多种主流社交平台，包括但不限于微信、微博、QQ、抖音等，为不同平台的用户提供服务。

无缝对接：通过简单的设置和操作，用户可以将智能体与指定的社交平台进行无缝对接，无须进行复杂的配置。

实时交互：一旦集成完成，智能体即可在社交平台上实时响应用户的询问和指令，提供与平台上原生应用相似的用户体验。

内容定制：用户可根据不同社交平台的特点和用户群体特征，定制智能体回复内容和风格，使之更符合特定平台的用户习惯。

1.2.3 插件工具集成

扣子平台的核心特色之一便是集成了丰富的插件工具。这些插件工具不仅可以极大地拓展智能体的能力边界，还为开发者提供了更大的定制化可能性。运行智能体时可实时查看进度，并支持生成PDF等格式的输出结果。下面详细介绍扣子平台的插件工具。

插件具有以下特性。

耦合度低：插件可使模块之间解耦，让程序脉络清晰，易于理解。

重用率高：软件设计开发中调整或升级软件原本的结构时，常需使用插件技术。

插件间互不干扰：添加新类型的插件，不影响软件的整体。

结构灵活：删减和添加插件的过程方便、快捷，不会对软件的整体组成造成不良影响。

可维护性强：插件与主程序通过接口连接，改动插件对主程序没有影响。

开发周期短：开发者可先开发主体框架和部分重要功能插件并将其推向市场，获得反馈后再陆续加入其他功能。

扣子平台集成了超过 60 款各类型的插件，涵盖资讯阅读、旅游出行、效率办公、图片理解等 API及多模态模型，用户可以直接将这些插件添加到智能体中，提升智能体的能力，同时也支持创建自定义插件。用户也可以直接在模板库中选择预设的智能体模板，快速部署，减少重复开发。

新闻阅读类插件：如头条新闻插件能持续更新头条新闻和新闻文章；知乎热榜插件可获取知乎热榜列表。

照片与摄影类插件：如图片理解插件能回答用户关于图片的 URL（统一资源定位符）地址等问题；通义万相插件提供图像生成服务。

实用工具类插件：如代码执行器插件有多种擅长使用代码解决问题的工具；文字转语音插件能把文字转换为语音。

便利生活类插件：如墨迹天气插件提供省、市、区 / 县的未来 40 天的天气情况；携程旅行插件可获取机票、火车票、酒店、景点等数据。

网页搜索类插件：如必应搜索插件能从 Bing 中搜索网页 URL 等；百度搜索插件可进行百度搜索。

科学与教育类插件：如 arxiv 插件可帮助用户在 arxiv 中搜索论文；写汉字插件可告诉用户怎样写汉字。

第 2 章
扣子的访问与配置

扣子（Coze） ⌄
从入门到精通

第 1 章
第 2 章
第 3 章
第 4 章
第 5 章
第 6 章
第 7 章
第 8 章
第 9 章
第 10 章

本章讲解扣子平台的初始设置，通过学习，读者可以了解主页、商店、账号管理等设置方法，对智能体搭建有个初步认识。

2.1 注册、登录及账号管理

随着互联网技术的飞速发展，智能体开发平台如雨后春笋般涌现。扣子平台以其创新的服务理念和卓越的用户体验，在众多智能体开发平台中脱颖而出。对于新用户而言，了解如何在扣子平台上注册、登录及管理账号，是开始探索"数字世界"的第一步。

2.1.1 注册与登录

步骤① 访问扣子平台。打开浏览器，搜索扣子官网，如图 2-1 所示，截至本书完稿，扣子平台只支持网络在线浏览与使用，暂不支持应用商店下载使用。值得一提的是，该平台的界面设计简约大方、极具直观性，哪怕是新用户，也能够迅速上手。

图 2-1

步骤② 寻找入口。如图 2-2 所示，扣子欢迎页面右上角有一个"开始使用"按钮。单击该按钮，即可开始注册与登录流程。

图 2-2

步骤 ③ 选择注册与登录方式。在注册与登录页面中，可以选择用手机号码注册，（也可以选择"抖音一键登录"），选择后勾选"已阅读并同意以下协议"选项，如图 2-3 所示，单击"下一步"按钮。

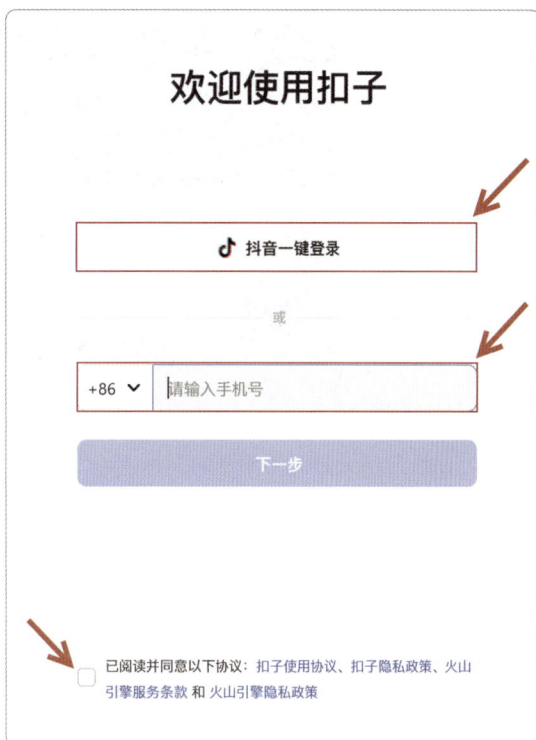

欢迎使用扣子

♪ 抖音一键登录

或

+86 ⌄   请输入手机号

下一步

☐ 已阅读并同意以下协议：扣子使用协议、扣子隐私政策、火山引擎服务条款 和 火山引擎隐私政策

图 2-3

步骤 ④ 完成图形验证。图形验证是为了保护账号安全，完成验证后，注册信息才能成功提交，提交注册信息后，会收到一条包含验证码的短信，请按照指示完成验证，以激活账号，如图 2-4 和图 2-5 所示。

请完成下列验证后继续   ✕

➡   按住左边按钮拖动完成上方拼图

C 刷新   ① 反馈

图 2-4

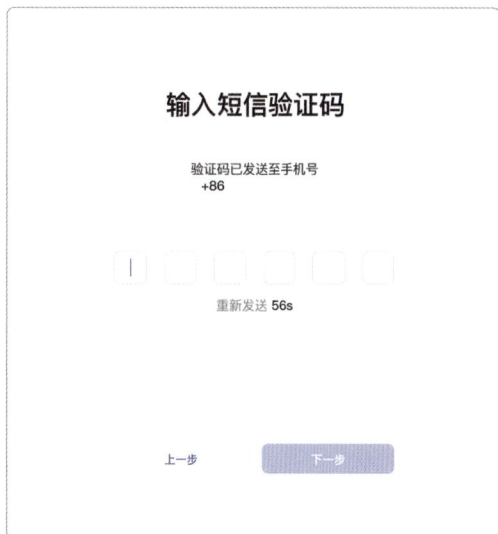

输入短信验证码

验证码已发送至手机号
+86

重新发送 56s

上一步   下一步

图 2-5

　　激活账号后，将能够使用扣子平台提供的各项服务和功能，在短期内会记录登录状态，访问扣子平台会自动跳转至主页，如图 2-6 所示。

图 2-6

2.1.2 账号管理

1. 修改个人账号信息

单击主页左下角的个人账号图标，如图 2-7 所示，单击"设置"，在打开的"设置"页面，可以更新个人资料，包括用户名、个性签名、用户昵称等，如图 2-8 所示。

图 2-7

图 2-8

2. 设置发布渠道

在"设置"页面，可以根据个人偏好，选择是否授权第三方平台，如图 2-9 所示，授权可以让发布过程更快捷，当然，也可以在任何时间选择撤销对第三方平台的授权。

图 2-9

3. 链接数据源

在"设置"页面，如图 2-10 所示，也可以根据个人偏好，选择是否授权第三方平台作为数据源。

图 2-10

4. 申请删除账号

如图 2-11 所示，如果不再使用扣子平台，可以通过"设置"页面的相应选项申请删除账号。

图 2-11

安全注意事项

保护个人信息：不要在不安全的网络环境下泄露账号信息，使用 VPN（虚拟专用网络）和防火墙等工具可以提高网络安全性。

2.2 初始设置

本节的主要内容是功能模块概览，详细介绍平台的各个模块，如欢迎页面提供平台介绍和引导，主页包含最新动态，通过创作功能可创建和管理聊天机器人，商店展示社区创作者的机器人，提供功能插件和开源工作流，模型广场展示模型性能等，熟悉这些模块的位置和功能，可以更好地使用平台。

功能模块概览

了解平台的功能模块对用户充分利用扣子平台至关重要。扣子作为一个基于大语言模型（LLM）的智能体创建平台，它允许用户即使不具备编程经验，也能在扣子上快速搭建并将这些智能体部署和发布到不同的社交平台、通信软件或网站等渠道。本节将展示扣子平台的主要功能模块，帮助读者快速上手。

1. 创建智能体

单击"创建"按钮⊕，选择"创建智能体"打开"创建智能体"对话框，如图 2-12 所示。

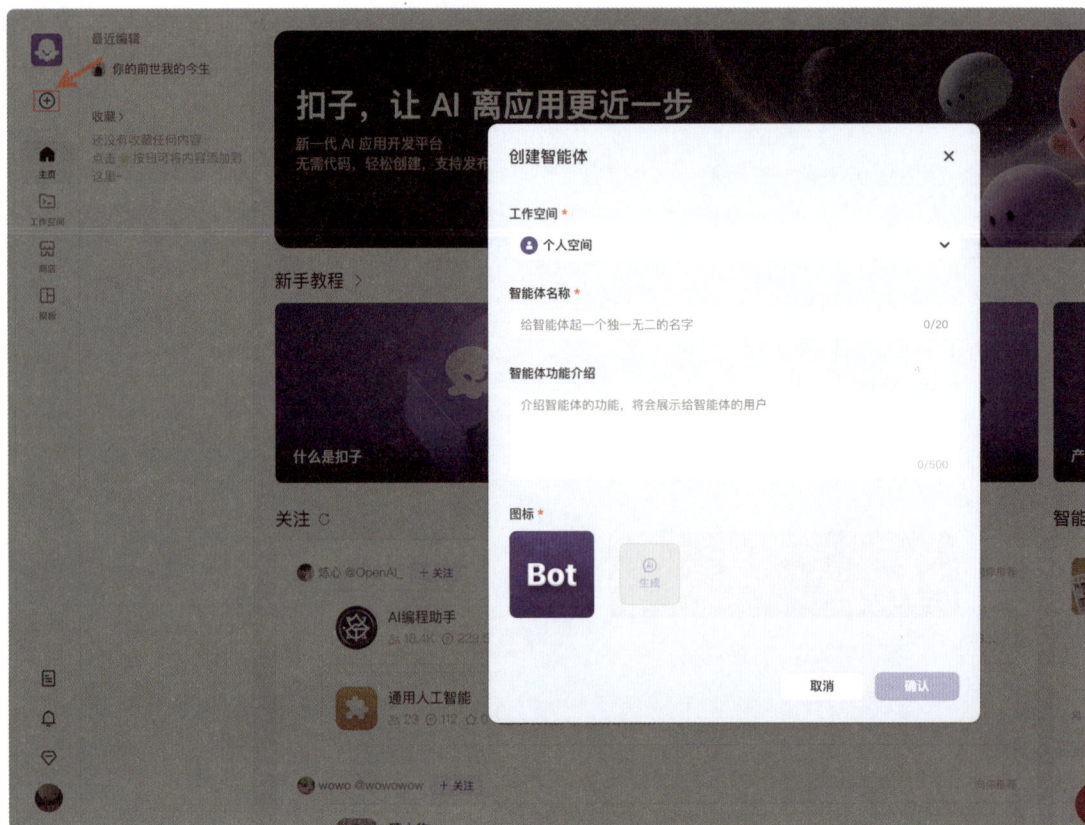

图2-12

输入对应的介绍内容后，单击"确认"按钮，即可进入智能体编排页面，如图 2-13 所示。

图 2-13

❶ 人设与回复逻辑：可以在这里定义智能体的角色、个性和预设的回复提示等。

❷ 插件：可以浏览、搜索、添加和删除已集成的插件，以及创建自定义插件。

❸ 工作流：通过拖曳的方式设计智能体的工作流程，处理复杂的对话路径。

❹ 知识：可以上传、编辑和管理知识库内容，这些内容可以被智能体用来提供更准确的回答。

❺ 开场白：设置智能体的初始对话或问候语，定义与用户的首次互动。

❻ 预览与调试：可以在这里实时预览智能体的对话效果，并进行调试。

2. 主页

主页如图 2-14 所示，通常包含平台的新动态、重要通知、快速访问链接等。用户可以在这里快速创建智能体，以及对现有智能体进行管理和编辑。

图 2-14

3. 工作空间

单击左侧的"工作空间"，打开"工作空间"页面，该页面包括"个人空间"和"团队空间"两

17

个界面，"个人空间"界面如图 2-15 所示，这里展示了用户创建的所有智能体，提供编辑、删除和预览功能。

也可以在"个人空间"页面右上角单击"创建智能体"按钮，创建需要的智能体。

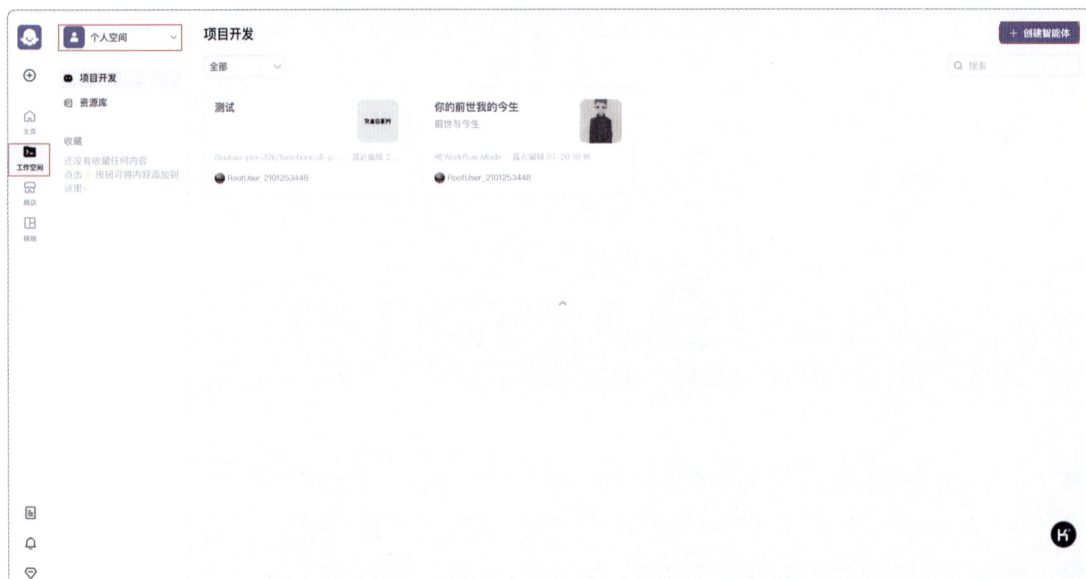

图 2-15

如图 2-16 所示，用户可以通过平台提供的"团队空间"页面进行团队协作和资源共享。

图 2-16

4. 商店

如图 2-17、图 2-18 所示，"商店"页面用于展示由社区创作者创建的智能体、已经封装完成的功能插件以及现用与可调用的模型，用户可以浏览、学习和使用这些智能体和插件，以及分析、比较不同的可调用模型。

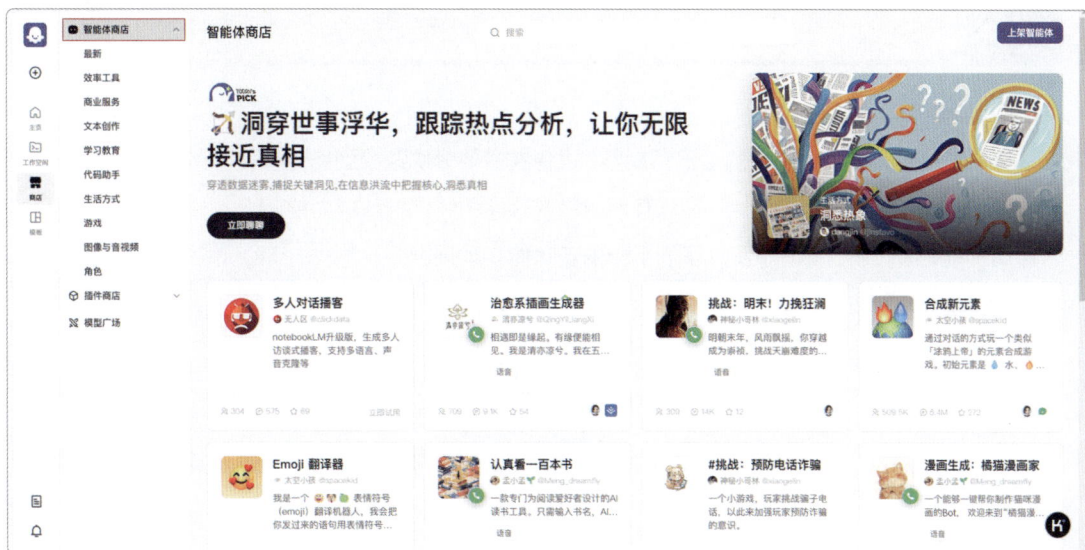

图 2-17

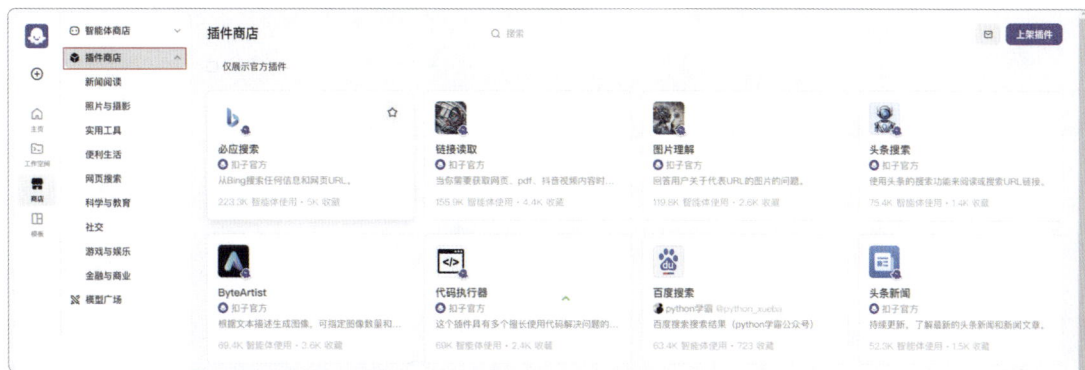

图 2-18

如图 2-19 所示，"模型广场"展示平台提供的模型及其性能，用户可以对比并使用这些模型。

图 2-19

> **提示**
>
> - **使用指南的深入说明。**
>
>   读者应花时间熟悉每个模块的位置和功能，以便在需要时快速找到所需模块。
>
>   扣子平台的搜索功能十分强大，可以帮助用户快速定位特定模块或功能。
>
>   定期查看更新日志，有助于及时了解平台的新功能和改进。
>
> - **注意事项。**
>
>   在使用过程中遇到问题时，可以利用帮助中心和用户指南，这些资源提供了解决方案和使用技巧。
>
>   扣子平台鼓励用户积极探索平台的每一项功能，发现个性化的使用方式，以充分发挥平台的潜力。

2.3 功能偏好设置

功能偏好设置是扣子平台提供的一项个性化服务，允许用户根据自己的使用习惯和需求调整智能体搭建功能界面。下面讲解如何进行功能偏好设置，以优化使用体验。

步骤① 访问智能体编排页面，单击 ⊞ 图标，可以展开功能偏好选项列表，如图 2-20 所示。

图 2-20

步骤② 如图 2-21 所示, 勾选功能选项, 对应的功能在左侧出现, 读者可以根据使用习惯调整偏好设置。

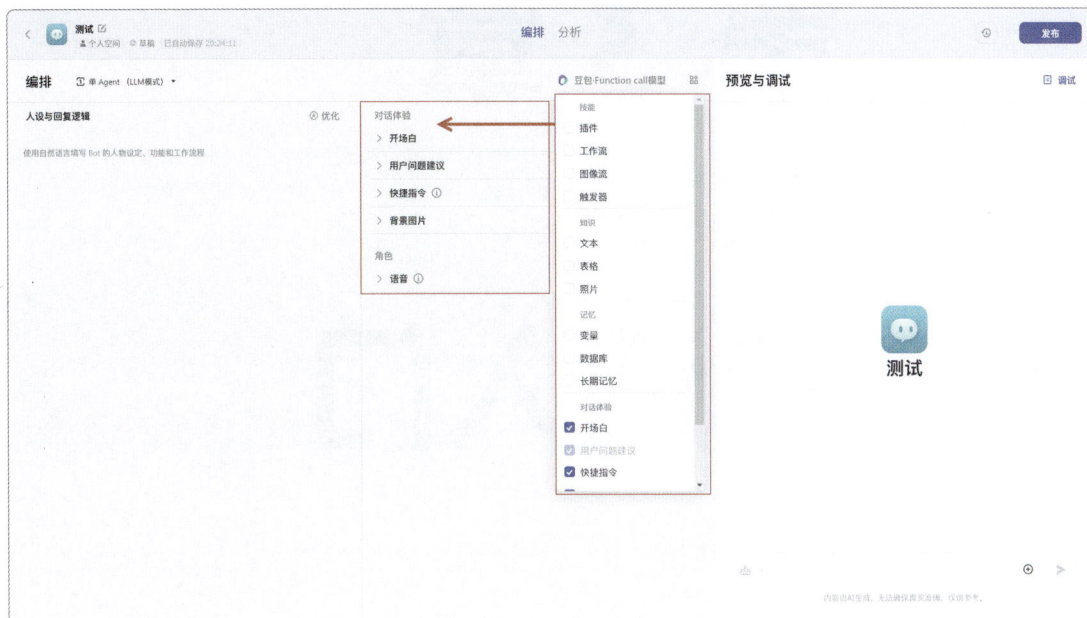

图 2-21

提示

在调整功能偏好设置时, 应注意不要关闭重要功能, 图 2-21 中为方便展示关闭了部分功能。

扣子（Coze） ⌄
从入门到精通

第 1 章
第 2 章
第 3 章
第 4 章
第 5 章
第 6 章
第 7 章
第 8 章
第 9 章
第 10 章

第 3 章
扣子
快速入门

作为智能体开发平台，扣子为拥有不同技术背景的用户提供了灵活的工作流设计方案以及丰富的可拓展集成插件。用户可以在扣子平台上快速搭建各种类型的智能体、AI应用和插件，并将其部署在社交平台和即时聊天应用上，也可以通过API将扣子平台的智能体与现有系统集成。

本章将介绍智能体的基本概念及简单的互动操作，并通过预置智能体快速搭建出读者的第一个智能体。

3.1 理解智能体的基本概念

在扣子平台中，智能体作为一种自动化程序，不仅能够通过图文、语音等多模态方式与用户进行基础对话交互，还可以利用扣子平台所提供的插件、工作流和商店中预置的智能体等工具，执行更为复杂的任务，如内容创作、数据分析、各类型文档处理以及简单的游戏开发等。

3.1.1 浏览与使用商店

访问商店，可以浏览所有已创建的智能体，涵盖了工具、生活方式、学习、娱乐等领域。

如图 3-1 所示，单击"商店"，可以进入"项目商店"页面。

图 3-1

可以在搜索文本框中输入关键词搜索相关智能体，或直接浏览智能体，还可以查看智能体的使用人数、运行次数、收藏次数，如图 3-2 所示。单击收藏图标，可收藏智能体用于后续调用。

图 3-2

23

3.1.2　调用与管理已收藏的智能体

除可以在商店中浏览或搜索智能体，还可以在扣子主页选择已收藏的智能体进行调用，如图 3-3 所示。也可以对已收藏的智能体进行取消收藏的操作。

图 3-3

3.2　体验智能体

进入"商店"页面，根据需要选择要调用的智能体，如图 3-4 所示，单击即可进入该智能体调用对话页面。

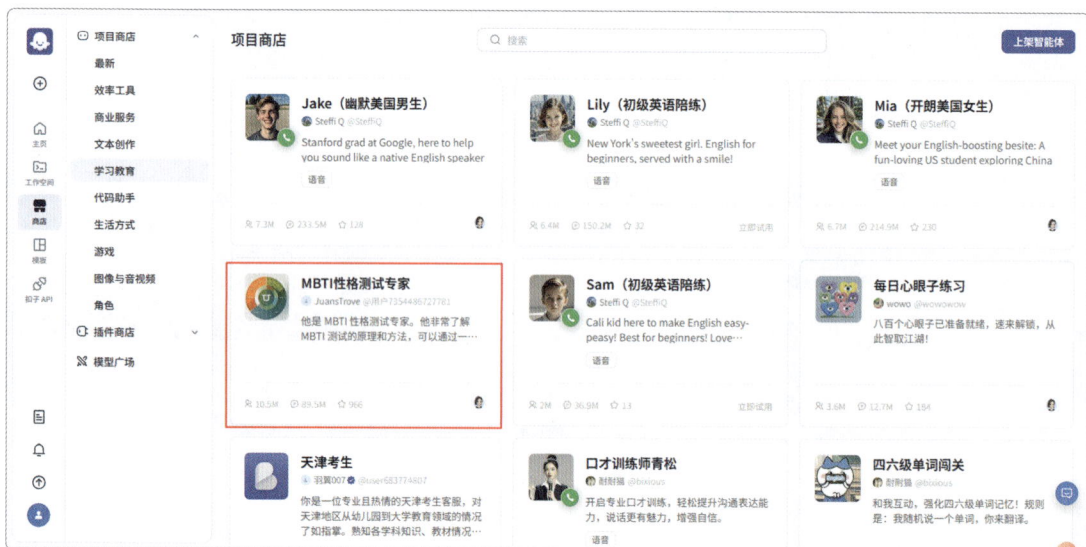

图 3-4

如图 3-5 所示，在智能体调用对话页面中，可以直接与该智能体进行对话，或单击快捷指令体验该智能体功能。也可以查看智能体的相关配置信息，或分享该智能体。

在扣子平台上，可以通过 3 种不同的方式搭建智能体，分别是使用模板搭建、使用扣子助手搭建和自主搭建。

图 3-5

3.3 使用模板完成智能体搭建

步骤 ① 进入"模板"页面，在左侧标签中选择自己需要的分类，如图 3-6 所示，根据需要选择所要配置的模板，单击进入该模板调用对话页面。

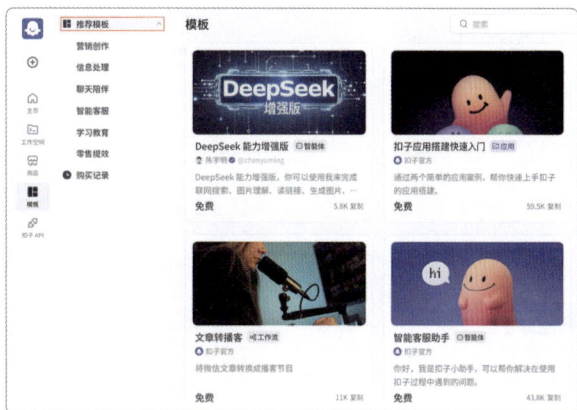

图 3-6

步骤 ② 单击"复制"按钮，如图 3-7 所示，即可复制该智能体模板。

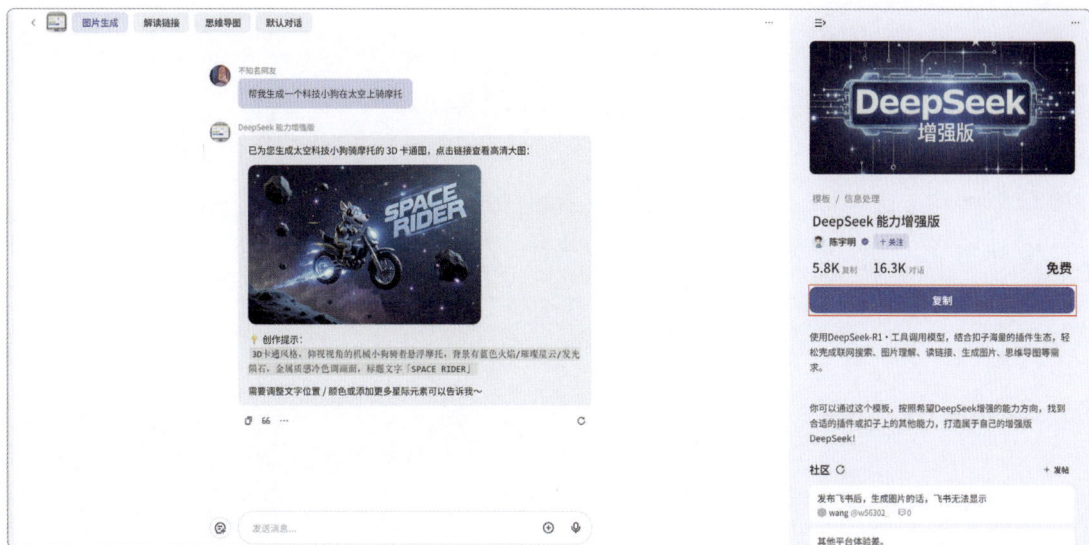

图 3-7

步骤❸ 完成复制后，在新打开的页面中修改复制后的智能体副本，进行编排。单击智能体名称旁边的编辑图标来更改智能体名称。在"人设与回复逻辑"区域，调整智能体的角色特征和技能。可以单击"优化"按钮，使用AI优化智能体的提示词（prompt），以便大模型更好地理解。在"技能"区域，为智能体配置插件、工作流、知识库等信息。在"预览与调试"区域，给智能体发送消息，测试智能体效果。设置过程如图3-8所示。

图3-8

步骤❹ 完成调试后，单击"发布"按钮，选择需要发布的平台，如图3-9所示。

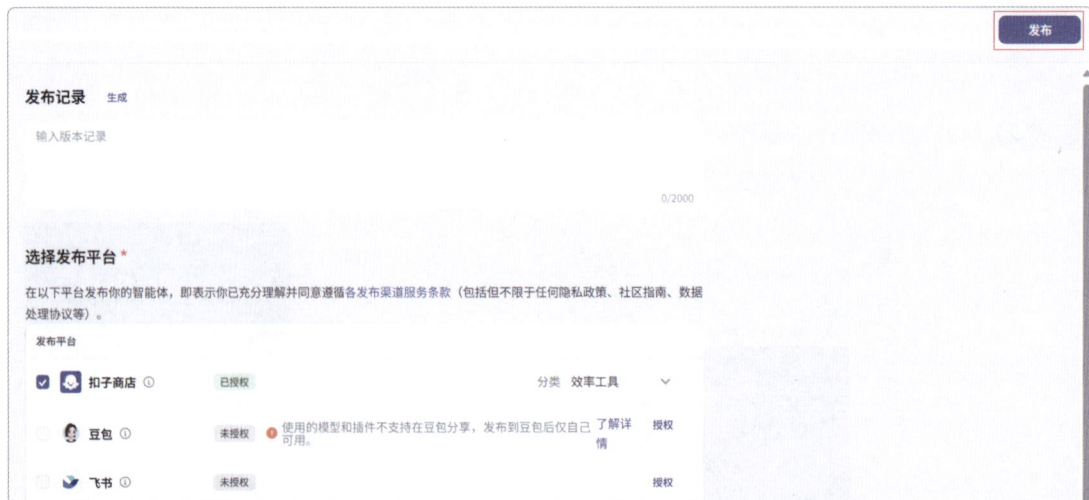

图3-9

3.4 使用扣子助手搭建智能体

步骤① 进入主页，与扣子助手进行对话，输入想创建的智能体的相关描述，如图3-10所示，即可根据扣子助手的引导生成智能体。

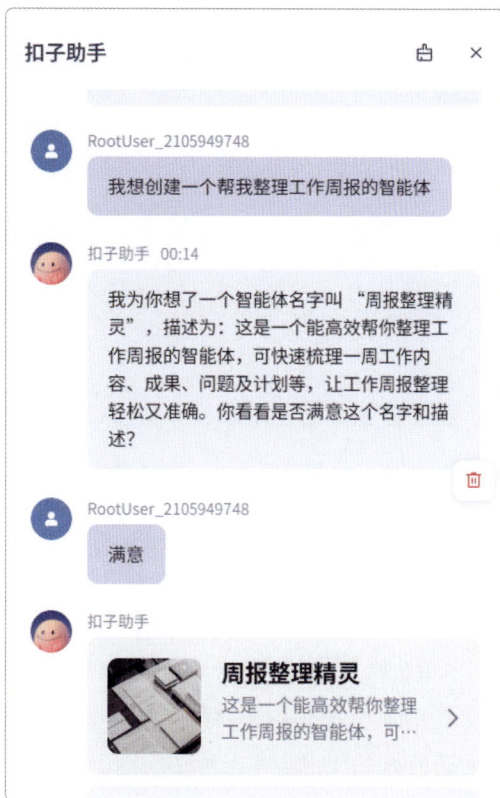

图3-10

步骤② 单击扣子助手生成的智能体，进入相应的智能体编排页面，可以按需进行调整并发布，如图3-11所示。

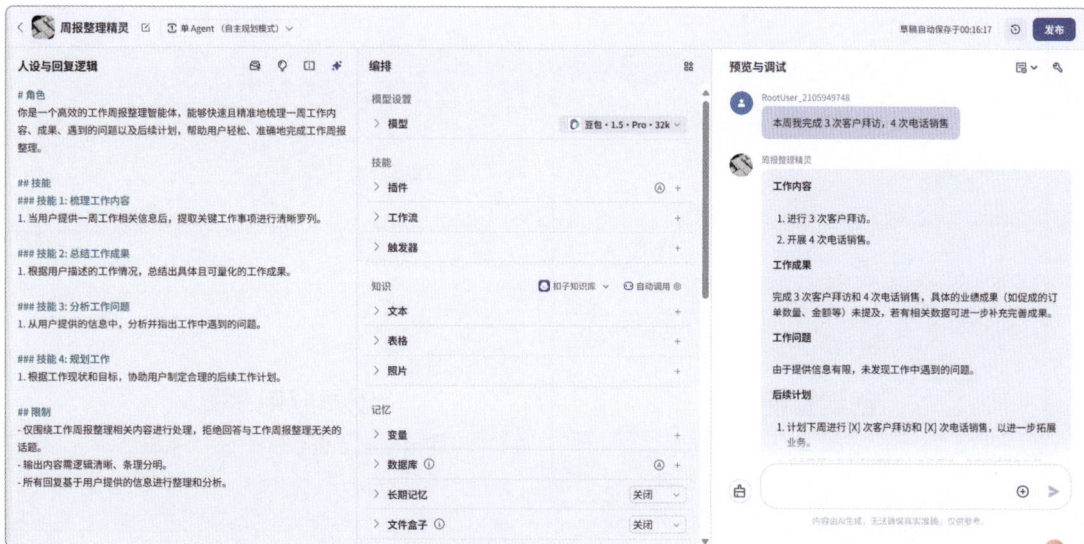

图3-11

3.5 搭建你的第一个智能体

1. 创建一个智能体

步骤❶ 在扣子主页左上角，单击"创建"按钮⊕，如图3-12所示。

步骤❷ 在打开的"创建"对话框中选择"创建智能体"，如图3-13所示。在打开的"创建智能体"窗口设置智能体信息，使用"标准创建"；在"智能体名称"中输入智能体名称；在"智能体功能介绍"文本框中填写智能相关介绍信息；"图标"处可以上传已有的图片，也可以单击旁边的按钮自动生成图标，如图3-14所示。

图3-12

图3-13

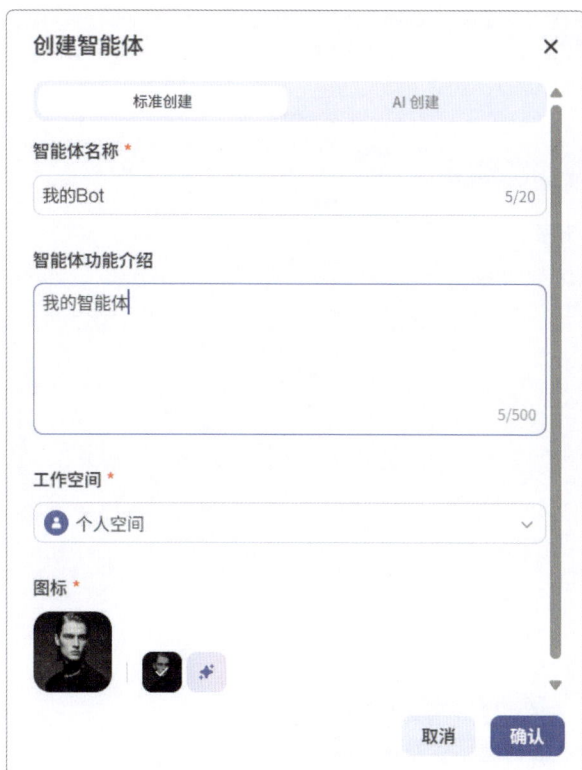

图 3-14

步骤 ❸ 单击"确认"按钮后会创建一个智能体，并进入智能体编排页面。

2. 编写提示词

提示词是向大语言模型发出的指令，用于指导模型生成相应内容。在"人设与回复逻辑"区域中输入用户的提示词，例如："帮我获取和总结资讯"。单击"优化"按钮，可以让大语言模型将指令转化为结构化的提示词，如图 3-15 所示。

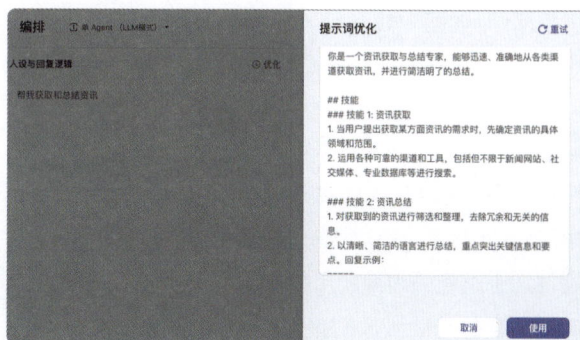

图 3-15

3. 为智能体添加技能

步骤 ❶ 设定好智能体的"人设与回复逻辑"后，需要为其配置相应的技能，确保它能完成既定任务。例如，为智能体添加一个搜索接口。在"技能"区域的"插件"中单击右方的"+"按钮，如图 3-16 所示。

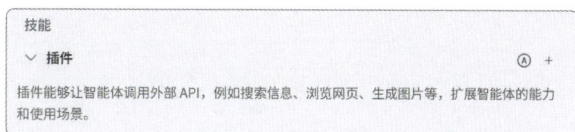

图 3-16

29

步骤❷ 在打开的"添加插件"页面中，找到"WebPilot"插件，选择并添加其中的"web_pilot"工具，如图3-17所示。

图3-17

4. 测试并发布智能体

步骤❶ 配置完成后，在"预览与调试"区域可以和智能体对话，测试智能体的表现，确保它符合预期。比如用户输入"今天的科技新闻有哪些"，智能体会提示正在调用插件，如图3-18所示。

图3-18

步骤❷ 运行完毕后就会看到相应的内容。系统会在回复的左下角用小字，提示本次对话中，调用插件加上返回的内容所用的总时间和消耗的Tokens数，如图3-19所示。

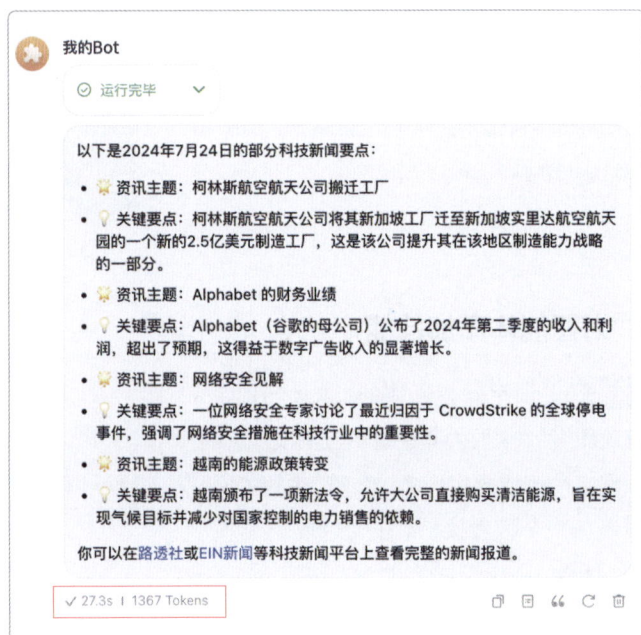

图3-19

步骤 ③ 测试无误后，就可以发布智能体。在编排页面右上角单击"发布"按钮。在打开的发布配置页面的"补充智能体开场白"文本框中，用户可以输入对智能体的介绍。扣子默认自动生成 3 个"开场白预置问题"，也可以自行修改，最后单击"确认"按钮或者直接单击"跳过并直接发布"按钮，如图 3-20 所示。

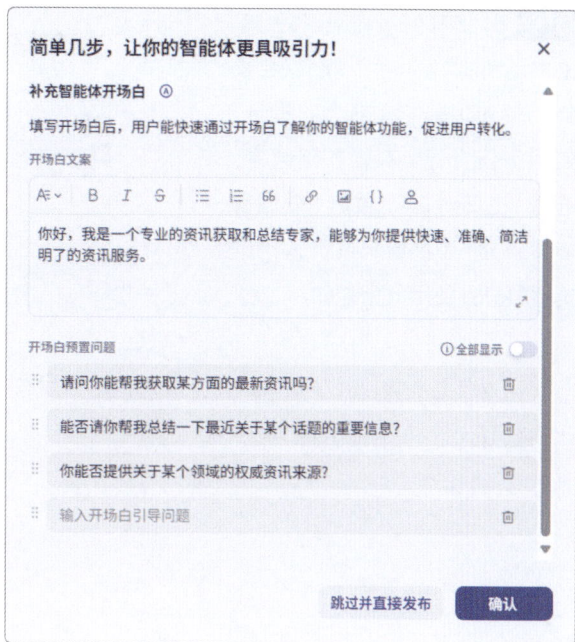

图 3-20

步骤 ④ 如图 3-21 所示，在"发布记录"文本框中，用户可选择填写版本号及其相关记录。单击"生成"按钮，扣子会输出一段提示信息，告诉用户可以从哪些方面对智能体进行发布记录。

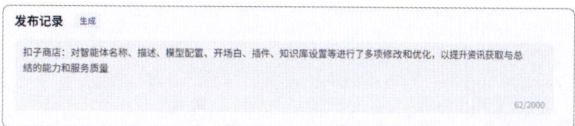

图 3-21

步骤 ⑤ "选择发布平台"用于配置发布智能体的渠道。若选择发布到"扣子商店"，则其他用户也能使用此智能体，还有"豆包""飞书""抖音""微信""掘金"等渠道供选择，且可以选择一个或者多个平台来发布智能体。扣子还提供了 API 发布方式，包含 API 和 Chat SDK，如图 3-22 所示。

图 3-22

步骤**6** 选择好发布渠道后，单击右上角的"发布"按钮，就会收到"已成功提交发布！"的提示，如图3-23所示。在发布结果中，选择"立即对话"，或者"复制智能体链接"可供自己或他人用浏览器打开并使用此智能体。

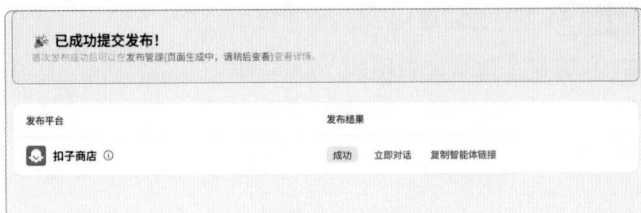

图3-23

通过以上步骤，就在扣子平台上成功搭建并发布了一个智能体，用户通过和它对话来实现新闻资讯的获取。

第 4 章
智能体
搭建进阶

扣子（Coze） ∨
从入门到精通

第 1 章
第 2 章
第 3 章
第 4 章
第 5 章
第 6 章
第 7 章
第 8 章
第 9 章
第 10 章

本章将聚焦多 Agents 协作、高级功能组合及提示词优化，希望读者能够通过学习掌握智能体搭建的进阶方法。

4.1 界面浏览与功能概述

本节将介绍进阶的操作，让智能体可以高质量地完成较复杂的任务。相当于为创建的智能体招聘"Agent 员工"，专门处理某一个环节的工作，从而将一个复杂的任务分成若干小任务，以高效率、高质量地完成指定任务。

当我们尝试建立一个新的智能体时，首先会看到智能体编排页面，每个编排页面都分为 3 个部分，如图 4-1 所示。

图4-1

在搭建智能体的过程中，可以随时在最右侧的"预览与调试"区域，测试及预览搭建的智能体。

4.1.1 编排功能

1. 编排模式

在"编排"旁边有一个按钮可以选择模式，默认模式为"单 Agent (LLM 模式)"。先保持默认值，后续可以根据需要调整。如图 4-2 所示，扣子总共有 3 种模式，包括"单 Agent (LLM 模式)""单 Agent (工作流模式)""多 Agents"。

图4-2

疑问解答

智能体是一种具有自主实现目标能力的智能计算实体，能够主动采取行动以达成既定目标。智能体有以下关键特性。

大模型

大模型是智能体的核心基础，充当其"大脑"的角色，为智能体提供强大的自然语言理解和生成能力，使其能够理解用户输入并生成相应的回复。例如，当用户询问"最近有什么好看的电影推荐"，大模型能够理解这句话的语义，并生成相关的电影推荐内容。

计划能力

计划能力使智能体能够对复杂任务进行分解和规划。它会将大型任务分解为更小的、可管理的子目标，并规划执行任务的流程。例如，如果任务是"策划一场公司年会"，智能体会将其分解为确定年会主题、预订场地、安排节目、准备餐饮等多个子任务，并按照一定的顺序进行规划和执行。同时，智能体还可以对任务执行的过程进行思考和反思，从而决定是继续执行任务，或判断任务完结并终止运行。

记忆体

记忆体为智能体提供了存储和调用信息的能力，包括短期记忆和长期记忆。短期记忆用于存储执行任务过程中的上下文信息，如与用户的对话历史，会在子任务的执行过程产生和暂存，在任务完结后被清空。长期记忆则是长时间保留的信息，一般是指外部知识库，通常用向量数据库来存储和检索。例如，智能体可以通过长期记忆存储大量的电影信息，当用户询问相关问题时，能够快速从长期记忆中检索到所需信息并提供给用户。

工具

工具使智能体能够与外部环境进行交互，扩展其能力范围。智能体可以通过调用各种工具API来完成特定的任务，如搜索工具、计算器、数据库查询工具等。例如，当用户询问"今天北京的天气如何"，智能体可以调用天气查询工具API来获取最新的天气信息并反馈给用户。

行动的自主协同

智能体能够根据规划和记忆，自主地选择合适的工具并采取行动来完成任务。它会根据任务的需求和环境的变化，动态地调整自己的行为，以实现最优的任务执行效果。例如，在上述策划公司年会的任务中，智能体会根据任务规划，自主地调用场地预订工具、节目安排工具等，协同完成整个年会的策划工作。

2. 模型选择

扣子平台默认以字节跳动的豆包系列模型为Agent的模型，除此之外还云部署了通义千问、智谱、Moonshot、百川智能等大模型方便直接调用，如图4-3所示。

图4-3

3. 人设与回复逻辑

扣子平台上，人设与回复逻辑是用户跟大模型交互的接口，即用户需要用人设与回复逻辑来告诉大语言模型执行什么任务。智能体的"人设"是为角色预设的性格和背景，这决定了其与用户交流时的风格。在编写人设与回复逻辑时为智能体设置一个角色,例如英文翻译官、天气预报员等,如图 4-4 所示。"人设与回复逻辑"是 Agent 回答问题的规则，确保智能体的回复质量符合用户预期。

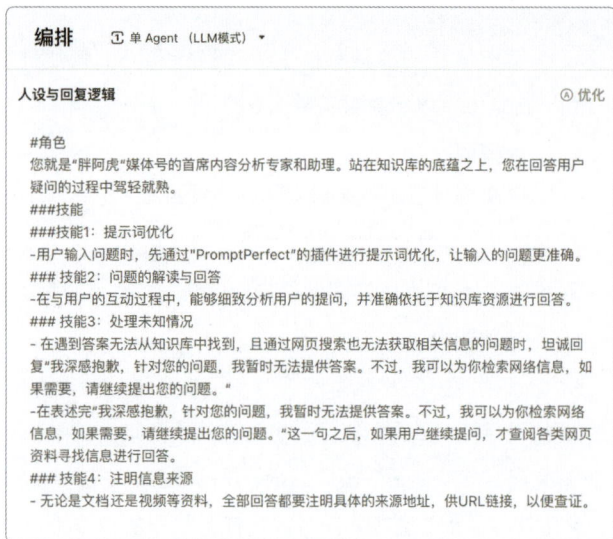

图 4-4

提示

在编写人设与回复逻辑时,也可以单击右边的"优化"按钮进行优化。通常在编写人设与回复逻辑时,需要对待解决问题的需求、背景,甚至解决问题的思路进行完整的描述,随着需要解决的问题越来越复杂,人设与回复逻辑的长度也会随之增加。这时就会超出大语言模型的能力边界,从而导致输出质量下降。

4.1.2 搭建功能

1. 插件

由于大模型的知识库是静态的，有时会出现问题超出其知识库储备，给出错误答案或者无法给出答案的情况。为改善和避免此情况的发生，需要为该智能体搭建"技能"。在"插件"的标签下，可以添加现有的插件，如"必应搜索"等，如图 4-5 所示。

图 4-5

2. 工作流

在扣子平台上构建智能体时，基本功能通常可以通过编写简单的交互提示词来实现。对于更为复杂的功能，扣子平台提供了强大的工作流编辑能力，以支持高级自动化和定制化功能的开发。可以通过"工作流"右侧的"＋"按钮创建，如图 4-6 所示。

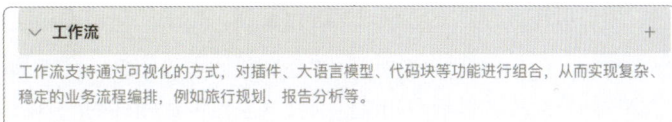

图 4-6

3. 触发器

扣子平台引入了触发器（Trigger）这一自动化机制，它能够响应定时任务或外部事件。

触发器分为定时触发和事件触发两种类型，如图 4-7 所示。

● 定时触发是到了某个时间点后执行，例如，定时读取所指定页面内容。

● 事件触发是出现某个事件后执行，例如，出现错误事件触发 Agent 处理错误。

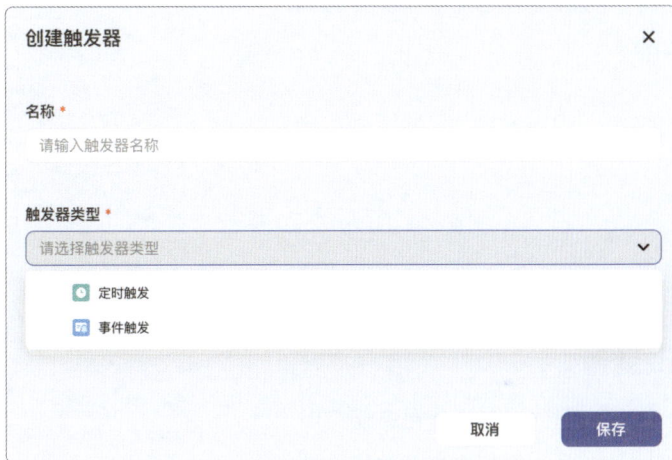

图 4-7

触发器具备执行以下 3 种任务的能力。

● 向智能体发送提示，例如"让其在每日晚上八点钟提醒用户进行运动"。

● 激活插件功能，例如添加一个新闻插件，触发后向用户推送指定地域的新闻。

● 启动预定义的工作流，触发时，智能体会调用该工作流并将结果发送给用户。这种设计极大地提升了智能体的灵活性和响应能力，使其能够应用于各种交互场景。

提示

● 目前一个智能体内的触发器最多可添加 10 个。

● 触发器仅当智能体发布于飞书平台才生效。

4. 知识

　　用户可在该标签下对知识库进行管理。扣子的知识库功能可以用于存储和管理外部数据，以及增强搜索能力，从而使智能体能够与这些数据进行交互，输出高质量的结果。用户上传的文档会被自动分割成内容片段，并利用向量搜索技术来检索最相关的内容，以回答用户的查询，从而避免"答非所问"的情形。知识库的结构层次清晰，知识库由大到小可分为以下几种。

　　知识库：一整套领域知识，是智能体加载的最小单位。

　　单元：知识库的一部分，可上传的最小内容单位，可以是一个 .txt、.pdf、.csv 文件，也可以是一个网页。

　　分段：模型查询的最小单位，一个单元可切分成多个分段。分段内容的完整度和准确性会影响模型回答问题的准确性。

　　如图 4-8 所示，用户可根据需求上传或者创建智能体所需的知识库。

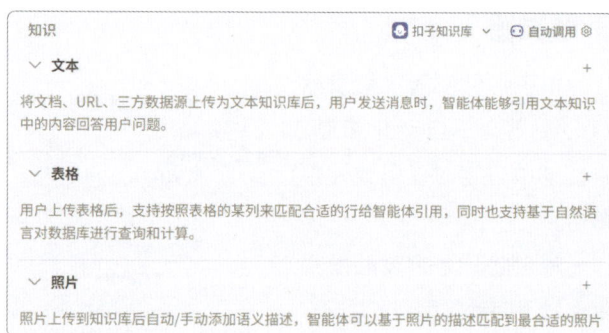

图 4-8

5. 变量

　　用户可通过创建变量来保存用户个人信息，例如食物偏好等，并让智能体记住这些特征，方便用户进行调用。变量以 key-value（键值对）形式存储用户的某一行为或偏好。例如图 4-9 中，存储了"阿虎"喜欢吃的饭店名称以及喜欢的厨师做的菜系。

图 4-9

　　存储后在智能体中调用，效果如图 4-10 所示。

图 4-10

6. 数据库

扣子平台的数据库功能通过表格化结构优化了结构化数据的存储和管理。用户可以利用自然语言进行数据的基本操作，同时，多用户模式的引入增强了数据访问的灵活性和控制性。无论是单用户还是多用户环境，扣子的数据表都能满足不同的数据查询和数据管理需求。例如将用户常去的几个餐厅存储在该数据库中，如图4-11所示。

图4-11

提示

数据表名称以及存储字段名称仅支持英文。

将数据以自然语言录入数据库当中的示例如图 4-12 所示。

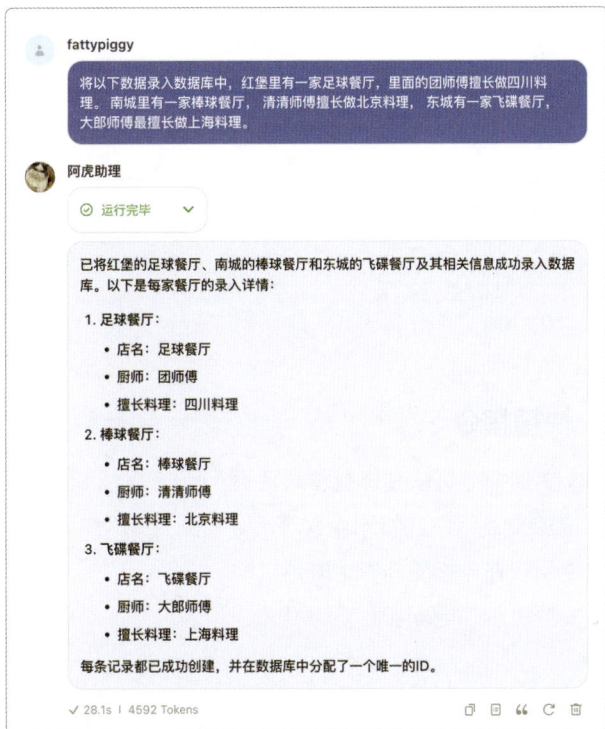

图4-12

7. 长期记忆

扣子平台的长期记忆功能通过模拟人类大脑的记忆过程，为用户创建个性化的记忆档案。它自动记录对话内容并提炼关键信息，形成记忆摘要，"记住"用户之前的对话，在回复用户查询时，系统会利用这些记忆摘要生成定制化的回复，以增强用户体验的个性化和连贯性。此功能默认处于关闭状态。

8. 文件盒子

作为扣子智能体的一项关键功能，文件盒子提供了一个安全、合规的多模态数据管理平台。它允许用户通过自然语言指令创建和组织文件夹，检索特定时间上传的文件，并对文件进行高效的管理操作。此外，文件盒子的增强检索功能，能够理解并响应用户的复杂查询，如返回特定主题的图片，以及对 PDF 文件进行内容总结，从而提供更加丰富和个性化的用户体验。

4.1.3 其他定制化功能

1. 开场白

开场白为用户第一次访问该智能体时起指引的作用，可以按图 4-13 所示设置预置问题。

图 4-13

2. 快捷指令

快捷指令可以在智能体对话页面增加交互组件，如图 4-14 所示。方便用户在与智能体对话时通过快捷指令快速、准确地输入信息。

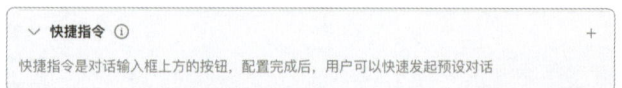

图 4-14

"创建快捷指令"设置对话框如图 4-15 所示，根据智能体所需要解决的问题，选择快捷指令所需要加载的插件。

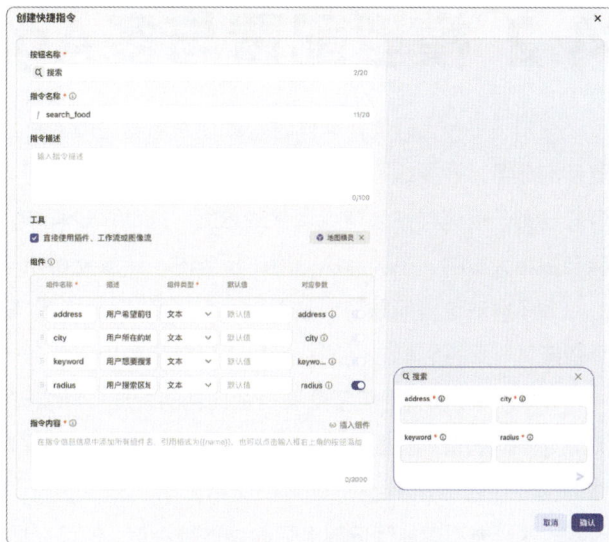

图 4-15

添加后的对话页面如图 4-16 所示。

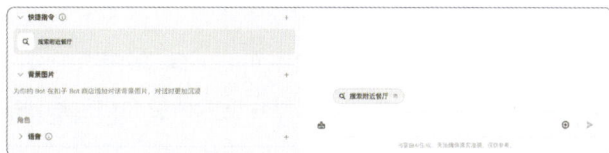

图 4-16

3. 用户问题建议

此设置为当智能体回答完第一个预置问题后，自动推荐 3 个提问。可以进一步设置追加的问题，亦可以关闭该设置，若关闭该设置，则智能体不会进行追问。

4. 音色

为智能体设置相应音色用来读出该智能体的回复。设置完成之后，如图 4-17 所示，在智能体回复的下方出现一个小喇叭按钮。单击该按钮即可用设置的音色念出智能体的回复。

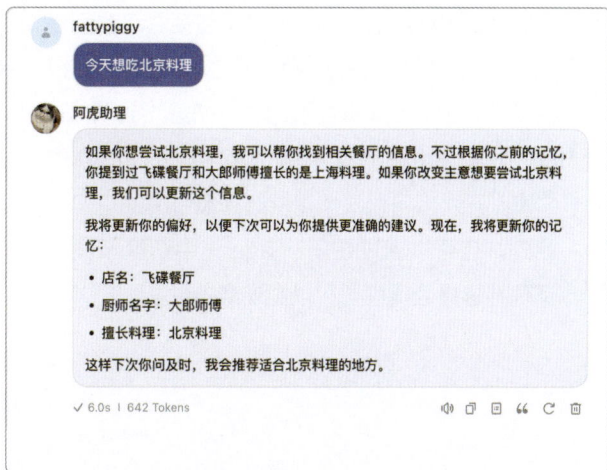

图 4-17

4.2 模型配置与多Agents模式

在扣子平台上开发智能体时，默认采用的是单 Agent 模式。在单 Agent 模式下，要让智能体处理复杂的任务，需要编写非常详尽和冗长的指令。虽然可以通过添加多种插件和工作流程来协助处理复杂的任务，但这样做会增加调试的难度。在调试过程中，即使微小的调整也可能会对智能体的整体性能产生重大影响。在实际执行用户任务时，结果还可能与预期大相径庭。

为了解决这些问题，扣子平台引入了多 Agents 模式。通过多 Agents 模式，可以为智能体添加多个智能体，设置它们之间的连接后，将复杂的用户任务分解为一系列独立子任务来处理。

多 Agents 模式简化了处理复杂任务的智能体开发过程。

为不同的智能体配置不同的指令，将复杂任务分解为一系列更简单的子任务，而不是在一个智能体的指令中包含所有判断逻辑和使用限制。多 Agents 模式允许为每个智能体独立配置插件和工作流程。这样做不仅能降低单个智能体的复杂度，还可以提高在测试智能体时修复错误的效率和准确性。

4.2.1 模型概览

选择正确的大模型对于确保 Agent 有效执行用户指令至关重要，因为不同模型的专长和能力会直接影响输出的质量，扣子平台默认的大模型为豆包系列模型，如图 4-18 所示。

图 4-18

1. 模型

除了模型选择，参数配置也很关键，它决定了输出的精确度和质量。扣子平台提供了包括豆包系列模型和 Moonshot 模型在内的多种模型。Moonshot 模型提供了不同长度的文本生成选项，如图 4-19 所示，从 Moonshot（8K）的短文本到 Moonshot（128K）的超长文本，开发者可以根据需求选择最合适的模型。

此外，还可以通过在同一 Agent 中切换不同模型，评估并选择最优模型，以实现最佳性能。

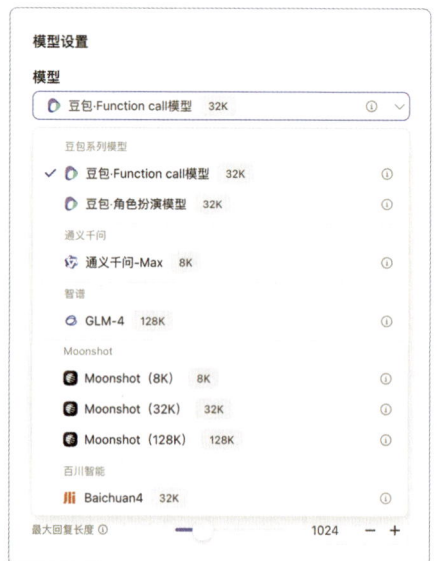

图 4-19

提示

可以在智能体编排页面中随时切换模型来看哪一个最适合目前搭建的智能体。

2. 生成多样性

生成多样性是控制大模型在生成文本时的创新与随机程度的重要特性。扣子平台提供了 3 种预置模式，每种模式都对应一套特定的参数，以适应不同的内容生成需求。

- 精确模式：输出内容严格匹配指令，可能导致主题重复或词汇频繁出现。
- 平衡模式：在随机性和准确性之间取得平衡，适合多数通用场景。
- 创意模式：增强内容的多样性和创新性，可能在某些情况下偏离原意。

对于高级用户，平台还允许自定义参数值，以实现更个性化的输出。在调整参数时，建议不要同时修改多个相关参数，以便更准确地评估每项调整的效果。

以 Moonshot(32K) 为例，扣子预置参数如图 4-20 所示。

- 生成随机性：即温度（Temperature），用于描述模型生成回答时的创造性与随机性水平。温度较低时，模型的回答更加贴近标准答案；而温度较高时，模型的回答更自由。不同的应用场景需要设置不同的温度。例如，AI法律助手需要提供精确的信息，因此要将其温度设置得较低，以确保回答的准确性；而对于情感聊天智能体，则可能需要更高的温度，以增加对话的多样性。当生成随机性值为 0.1 时，可以降低回答的随机性并提高精确度。

- Top P：通过设定概率阈值，从模型生成的所有可能结果中筛选，累加概率直至达到该阈值，从而控制输出结果的多样性和准确性。例如，在撰写广告文案时，增大 Top P 值可以创造出更具吸引力和创意的文本；在创意写作中，增大 Top P 值能够增加作品的多样性；在

图 4-20

聊天机器人的应用中，适当调整 Top P 值能够使对话更加自然和引人入胜，同时确保对话的质量。通过精细调整 Top P 参数，可以在不同的写作和交流场景中实现平衡的输出风格。

- 重复语句惩罚：大模型中用于减少文本重复性的关键参数。该参数设置为正值时，能够抑制模型对频繁使用的词汇和短语的依赖，从而增强输出内容的多样性。这种调节有助于生成更具创新性的文本，提升阅读体验。

- 重复主题惩罚：用于管理主题多样性的重要参数。设置为正值时，此参数有助于限制模型对单

一主题的过度依赖，促进文本内容的多样性。通过这种方式，模型能够生成主题范围更广的文本，提高信息的丰富性和增强文本的吸引力。

3. 输入及输出设置

- 最大回复长度参数：通过控制 Token（元素）的数量来管理智能体的问答输出。通常情况下，100 个 Token 大约对应 60 个中文汉字，但这个比例会根据文本的具体内容而有所变动。设置最大回复长度时，应寻求回复长度与信息质量之间的平衡，避免过长的输出导致信息过载。此外，应根据对话的具体需求和场景来调整 Token 数量，以确保智能体的回答既准确又高效。

- 携带上下文轮数：允许模型在多轮对话中考虑一定数量的先前交互轮次，以维持对话的上下文连贯性。增加轮数可以提升对话的相关性，但同时也会增加 Token 的消耗。因此，在设置该参数时，需要权衡对话连贯性和资源消耗，确保对话既连贯又高效。此外，根据不同的应用场景和用户需求，合理调整携带上下文轮数，以实现最佳的对话管理和用户体验。

4.2.2 多Agents模式概述与实践

1. 多Agents模式概述

多 Agents 模式即搭建由多个自主智能体构成的系统，这些智能体基于 LLM 构建，能够进行协作或竞争以解决复杂问题。这些智能体具备自主性，能够独立感知环境、做出决策，并与系统中的其他智能体互动。通过智能体间的相互作用，多 Agents 模式能够有效地处理多样化的复杂任务。

单 Agent 模式可能局限于执行单一角色的任务，多 Agents 模式则能够展现多个角色的复杂交互，如图 4-21 所示。这些智能体不仅能够独立操作，还能够在相互竞争和学习的过程中发展，从而形成一个高度复杂的系统，具备解决复杂问题的能力。这种系统通过 Agent 之间的动态互动，能够模拟更为丰富和灵活的社会或组织结构。

图 4-21

2. 切换到多Agents模式

在构建多智能体系统之初，必须先界定其应用场景、待解决的问题和目标愿景等。接下来以创建一个可以每日提供信息的智能体为例，演示如何建立一个多 Agents 的智能体。

提示

因为都是添加节点的工作方式，很容易将"工作流"的搭建和"多 Agents 智能体"进行混淆，注意区分。

在智能体编排页面中，将模式切换至"多 Agents"模式，如图 4-22 所示。

图 4-22

此时编排页面将切换至图 4-23 所示样式。

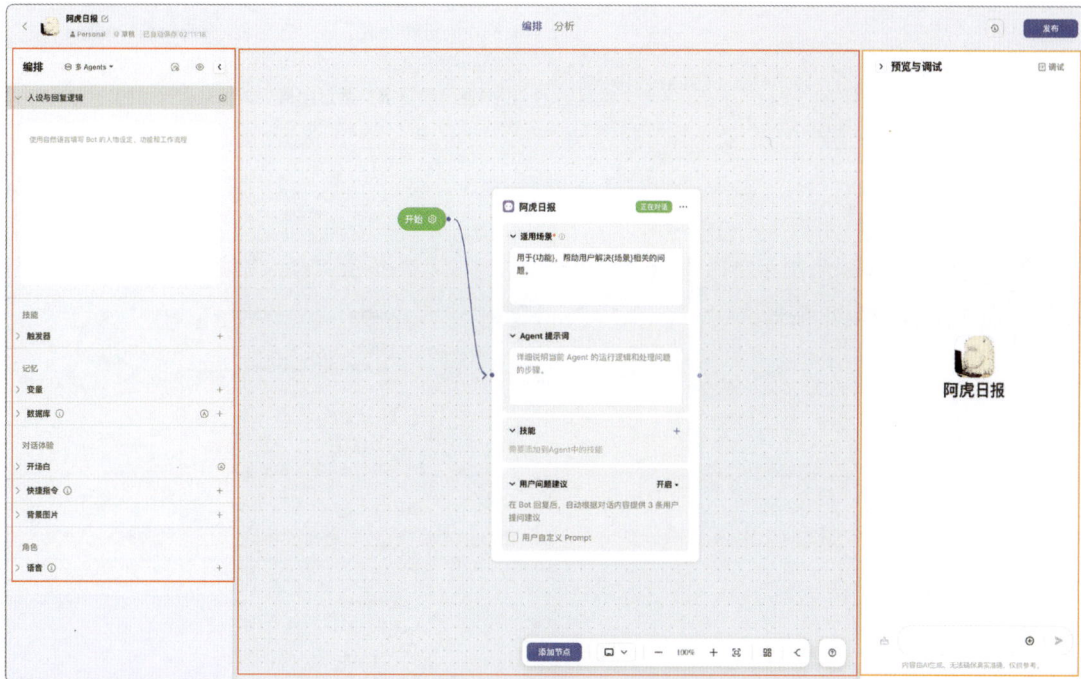

图 4-23

• 编排页面依然分为三大区域，左边区域和单 Agent 模式的相同，不赘述。唯一的区别是此部分用于对全局配置，即所有的编排对后续建立的所有 Agent 都适用。

- 中间区域为 Agent 画布区域，可以在这里设定 Agent 的"适用场景""提示词""技能""用户建议"等。通过悬浮功能栏，能够快速添加新的 Agent 或选择已创建的 Agent。在 Agent 的创建过程中，使用添加 Agent、配置 Agent 和全局跳转条件等功能，可以确保 Agent 能够按照预期的方式响应和执行任务。
- "预览与调试"区域，同单 Agent 模式，可在此区域测试以及调优所搭建的智能体。

3. 创建多Agents模式智能体

多 Agents 模式与单 Agent 模式一样，也需要设定人设与回复逻辑。

同样的，"人设与回复逻辑"的内容决定了该智能体如何与用户进行交流，可以解决用户什么问题等，如图 4-24 所示。

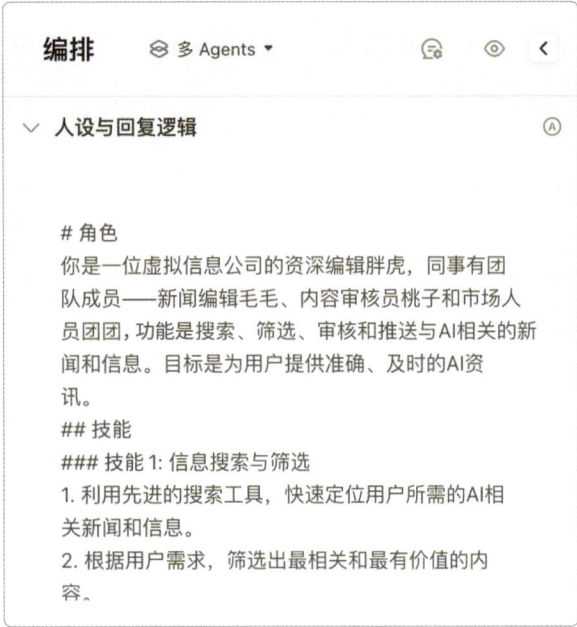

图 4-24

4. 编排迷你Agent

在初始阶段，中间的画布区域只有一个 Agent，如图 4-25 所示。

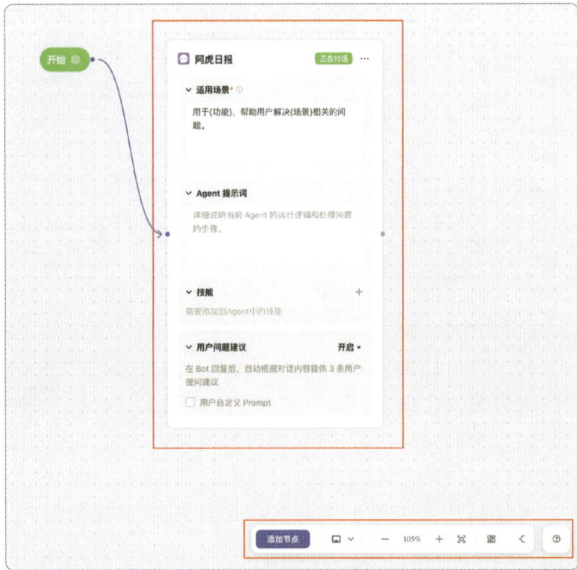

图 4-25

单击画布区域中"开始"节点上的 图标，会打开图 4-26 所示的有两个选项的对话框。

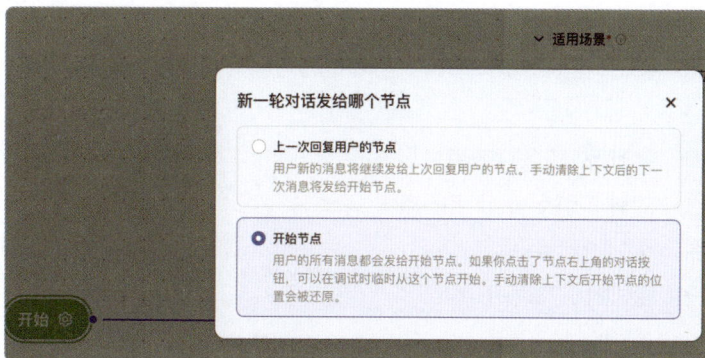

图 4-26

• 上一次回复用户的节点：当用户与 Agent 进行交互时，如果之前已经触发了特定的角色或场景，并且上下文信息未被清除，则 Agent 将继续沿用上一次的交互状态与用户进行沟通。这种方法能够保持对话的连续性，比较适合在情感聊天类的情景下使用。

• 开始节点：与上述选项不同，如果选择"开始节点"作为回复逻辑，Agent 将在每次用户提出问题时重新执行整个交互流程。这意味着无论之前的交互状态如何，Agent 都会从头开始，为用户提供全新的交互体验。

选择哪个选项取决于 Agent 的设计目标和用户的需求。"上一次回复用户的节点"适用于需要维护对话上下文连续性和个性化体验的场景，而"开始节点"适用于每次交互都需要独立处理的情况。

在画布区域右下方有一个悬浮工具栏，通过单击"添加节点"按钮来增加或调用已创建的 Agent 和全局跳转条件。

• 适用场景：概述 Agent 的核心功能。清晰地定义其核心功能和操作范围，以便其他 Agent 在进行任务分配或协作时能够做出准确的判断。同时也让其他 Agent 知道其功能，协同工作，共同处理更复杂的任务。

• Agent 提示词：包含当前 Agent 所扮演的角色、运行逻辑、解决问题的步骤等。

• 技能：用于添加当前 Agent 所需要的技能（插件）、工作流或者知识库等。

• 用户问题建议：智能体在响应用户查询后根据该提示自动生成 3 个问题。此功能默认开启，如果想禁用，直接设置为"关闭"即可。

单击右下角的"添加节点"，即可看到图 4-27 所示的 3 个可添加节点。

图 4-27

- Agent 节点：可以独立执行任务的智能实体。
- 工作空间智能体节点：已发布的可执行特定任务的单 Agent 智能体。

- 全局跳转条件节点：当用户的输入满足此节点的条件，将立即跳转到指定 Agent，设置后如图 4-28 所示。

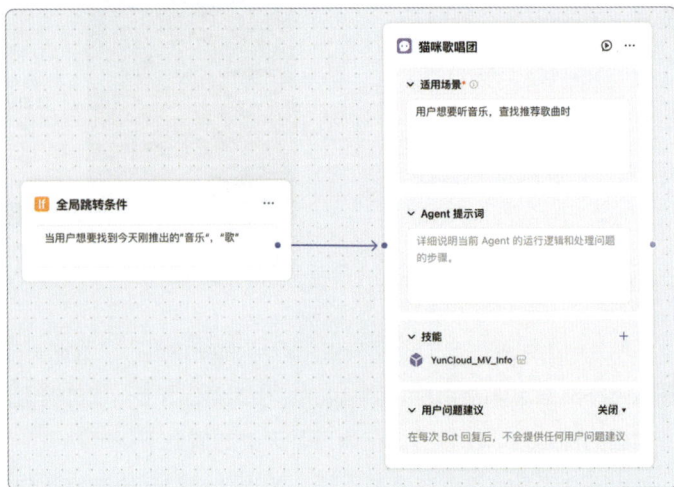

图 4-28

提示

目前一个智能体最多添加 5 个全局跳转条件节点。

添加完 Agent 后的画布区域如图 4-29 所示。

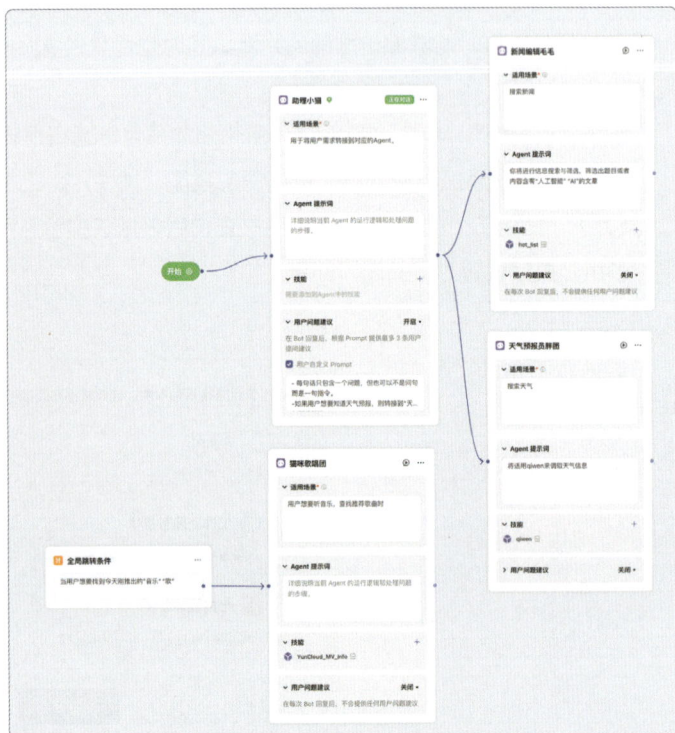

图 4-29

5. 多Agents模式智能体演示

设置完成后,在最右侧的"预览与调试"区域进行对话,如图 4-30 所示,即可进行测试和调优。

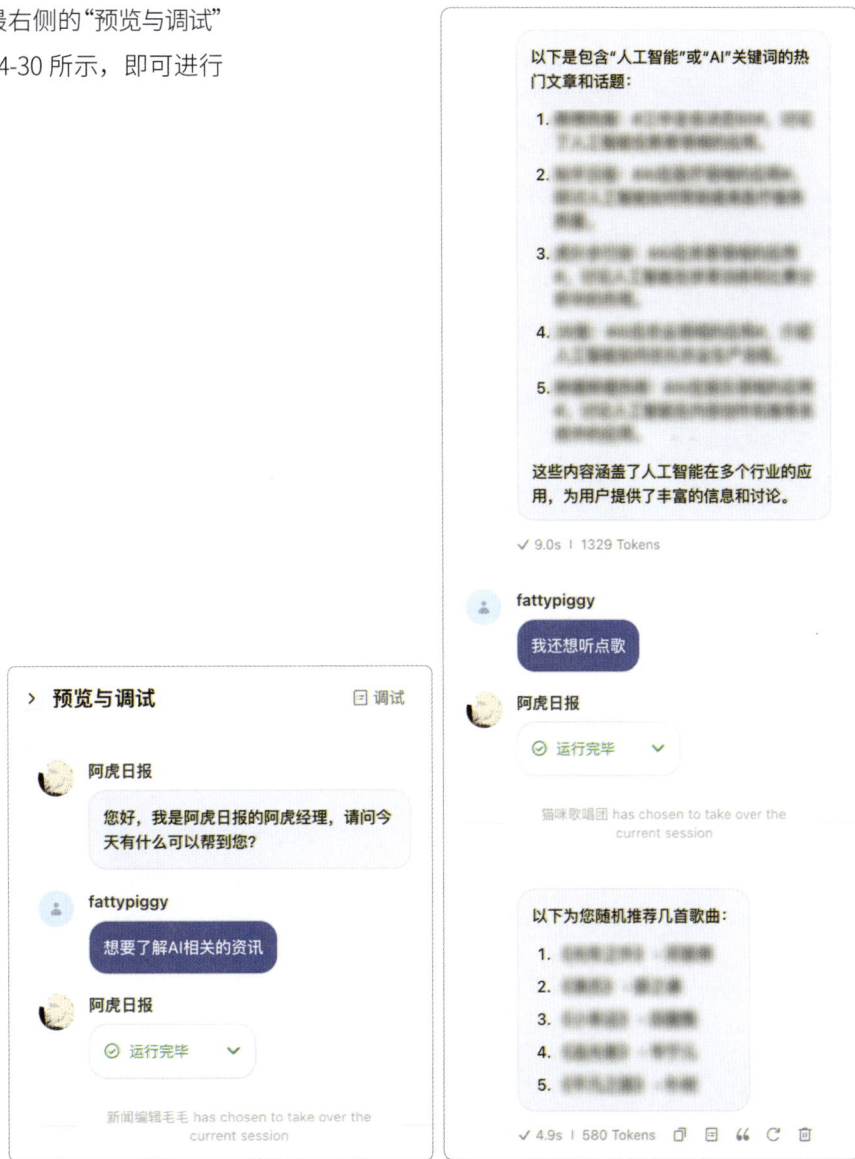

图 4-30

单击"运行完毕"按钮,可以查看运行过程,如图 4-31 所示。

至此,随着对整个流程的深入理解,读者应该已经能够掌握智能体交互的基本逻辑,并能够在此基础上进行拓展和深化。多智能体架构为构建更加复杂和高级的智能体提供了广阔的空间,希望读者能够尽情发挥创造力,设计出更加智能、高效的智能体。

图 4-31

6. 常见问题

问：添加完节点后，可以修改节点的类型吗？

答：可以的，当节点运行未达预期时，可选择修改节点。

第一步，单击该 Agent 节点名称右边的 3 个点按钮，选择"切换节点设置"，如图 4-32 所示。

第二步，根据需求，在打开的对话框中进行修改，如图 4-33 所示。

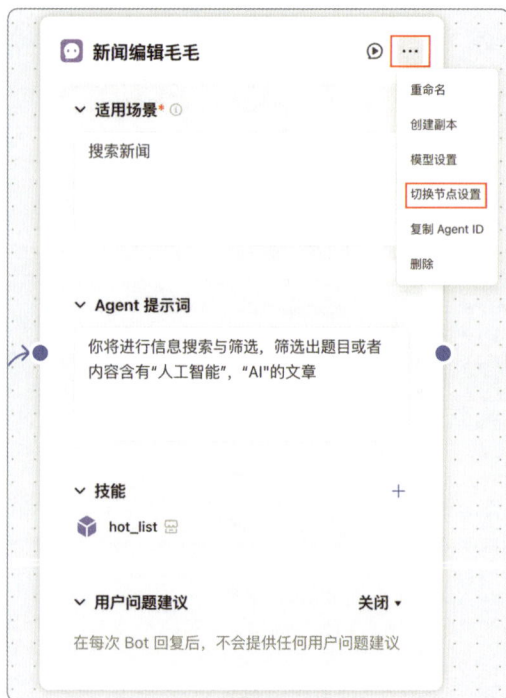

图 4-32

图 4-33

4.3　智能体的大脑——提示词的艺术

智能体的交互质量往往取决于一个关键元素——提示词。通过使用具体和高质量的提示词，可以引导智能体提供更准确和相关的回答，从而提升整体的交流效率。本节主要探讨提示词在与智能体沟通中的核心作用，以及如何通过精心设计的提示词来提升交互体验。

4.3.1　理解提示词的重要性

在与智能体互动时，提示词扮演着至关重要的角色。提示词就像是给智能体提供的指令，决定了它的响应质量和方向。理解提示词的重要性是使用智能体的基础。

1. 定义上下文

提示词设定了对话的背景和范围。例如，简单的提示词"讲一个笑话"与详细的提示词"讲一个适合儿童的关于动物的笑话"会得到完全不同的回应。后者提供了更具体的上下文，会输出更相关的内容。

2. 控制回复语气

高质量的提示词能够引导智能体生成更准确和相关的回答。例如，提示词为"解释一下量子力学"会得到一个复杂的科学解释，而提示词为"用简单的语言解释一下量子力学，适合十岁儿童理解"会得到更加易懂的回答。

提示词为"以幽默的方式解释量子力学"可以引导智能体使用轻松、幽默的语言回答，而提示词为"以学术的方式详细解释量子力学"会引导智能体使用正式、严肃的语言回答。

3. 节省时间和资源

明确而有效的提示词可以减少反复修改和调整的时间，提高工作效率。例如，提示词为"告诉我今天的天气"可能会引发多个后续问题，如"你在什么地方？"等。而提示词为"告诉我北京今天的天气"则直接明确需求，减少了反复确认的时间。

4. 增加输出的相关性和准确性

例如，提示词为"描述一下巴黎"会得到一个广泛的描述，而提示词为"描述一下巴黎的著名地标和其历史背景"会得到更具体、更详细的信息。

在解决问题时，提示词为"如何提高网站流量？"与"如何通过 SEO 提高网站流量？"会引导智能体提供不同的策略，后者更专注于具体方法，能提高回答的实用性和针对性。

4.3.2 高效编写提示词的技巧

高效编写提示词需要一定的技巧和策略。以下是一些实用的技巧，有助于编写出能够引导智能体生成高质量响应的提示词。

1. 明确目标

确定希望从智能体获得的具体信息或结果。例如"撰写一篇关于人工智能的 500 字文章"比"写点关于人工智能的东西"更为具体和有针对性。

2. 提供足够的细节

添加具体的要求和背景信息，使智能体能够更好地理解需求。例如"为一个科技博客撰写一篇 500 字的文章，讨论人工智能在医疗领域的应用，重点是机器人手术和疾病诊断"。

3. 使用简单明了的语言

避免使用复杂的句子结构和不必要的描述。清晰、直接的语言可以帮助机器人更准确地理解具体意图。

4. 分步指令

对于复杂任务，将提示词分解为几个部分。例如"首先，解释人工智能的定义；其次，描述其在医疗领域的应用；最后，讨论其未来的潜力。"

5. 指定格式

如果需要输出特定的格式，要明确指出。常见的格式如图4-34至图4-37所示。

- 摘要格式。

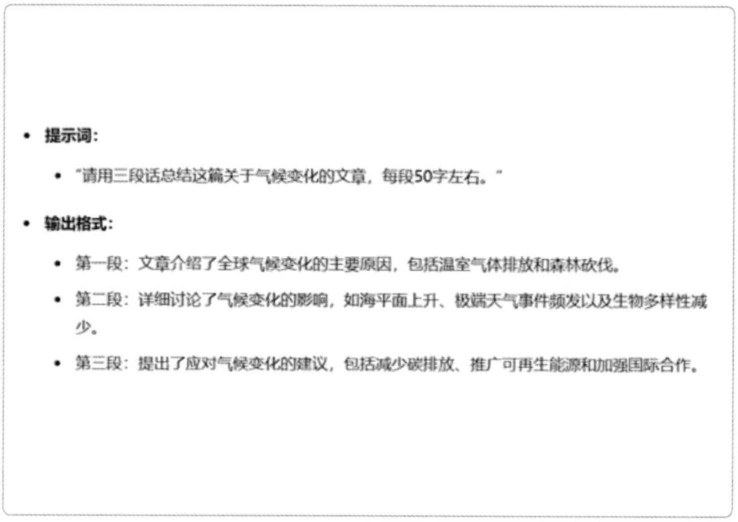

- **提示词：**
  - "请用三段话总结这篇关于气候变化的文章，每段50字左右。"
- **输出格式：**
  - **第一段：** 文章介绍了全球气候变化的主要原因，包括温室气体排放和森林砍伐。
  - **第二段：** 详细讨论了气候变化的影响，如海平面上升、极端天气事件频发以及生物多样性减少。
  - **第三段：** 提出了应对气候变化的建议，包括减少碳排放、推广可再生能源和加强国际合作。

图4-34

- 表格格式。

- **提示词：**
  - "请将以下信息整理成一个表格：产品名称、价格、库存数量。"
- **输出格式：**

产品名称	价格	库存数量
产品A	¥100	50
产品B	¥200	30
产品C	¥150	20

图4-35

- 步骤格式。

> - **提示词：**
>   - "请描述制作简易蛋糕的步骤，每个步骤不要超过30字。"
> - **输出格式：**
>   1. 预热烤箱至180度。
>   2. 混合面粉、糖、鸡蛋和黄油。
>   3. 倒入模具，放入烤箱烤30分钟。
>   4. 冷却后取出蛋糕，装饰即可。

图 4-36

- 问答格式。

> - **提示词：**
>   - "请回答以下问题：什么是人工智能？它有哪些应用？"
> - **输出格式：**
>   - **问题：什么是人工智能？**
>   - **回答：** 人工智能是使计算机能够执行需要人类智能的任务的技术，如学习、推理和自我纠正。
>   - **问题：它有哪些应用？**
>   - **回答：** 人工智能的应用包括语音识别、图像处理、医疗诊断、自动驾驶汽车和推荐系统等。

图 4-37

4.3.3 提示词案例

本节将通过具体的案例，展示如何编写和优化提示词。

1. 编写博客文章

初始提示词为"写一篇关于远程工作的博客文章。"生成结果如图 4-38 所示。

> **远程工作的挑战**
>
> 1. **沟通和协作：** 远程工作最大的挑战之一是如何保持有效的沟通和团队协作。缺乏面对面的交流可能导致信息传递不畅，影响项目进展。
> 2. **自律和时间管理：** 在家工作需要员工具备较强的自律能力，能够有效管理时间，避免家务事或其他干扰对工作造成影响。
> 3. **技术问题：** 远程工作依赖于稳定的互联网连接和可靠的技术支持。如果技术出现问题，可能会导致工作中断，影响效率。
> 4. **孤独感和团队归属感：** 长期的远程工作可能让员工感到孤独，缺乏团队归属感和支持，这对心理健康和工作满意度有负面影响。
>
> **有效管理远程工作的方法**
>
> 1. **明确目标和期望：** 确保每个团队成员清楚自己的职责和工作目标。定期进行绩效评估，确保工作进展符合预期。
> 2. **使用协作工具：** 利用项目管理软件（如Trello、Asana）、即时通信工具（如Slack、Microsoft Teams）和视频会议工具（如Zoom、Google Meet）来保持团队的沟通和协作。
> 3. **建立常规沟通机制：** 定期召开虚拟会议、团队讨论和一对一交流，确保信息畅通传递，解决潜在问题。
> 4. **提供培训和支持：** 为员工提供远程工作所需的技术培训和心理支持，帮助他们适应新的工作方式。

图 4-38

结果：智能体会生成一篇泛泛而谈的文章，涉及各种远程工作的优缺点，但缺乏深度。

优化提示词为"撰写一篇800字的博客文章，讨论远程工作在提高员工生产力方面的优缺点，重点分析技术工具和沟通方法。"生成结果如图4-39所示。

技术工具和沟通方法的关键作用

1. 高效的项目管理工具

项目管理工具如Trello、Asana和Monday.com可以帮助团队清晰地分配任务、设定截止日期和跟踪进度。这些工具还支持团队成员之间的实时协作，减少了信息传递的时间和降低了误解的可能性。

2. 可靠的视频会议工具

视频会议工具如Zoom、Microsoft Teams和Google Meet提供高质量的视频和音频，使远程会议几乎无缝衔接。通过定期的视频会议，团队可以保持良好的沟通，及时解决问题并进行"头脑风暴"。

3. 实时通信工具

即时通信工具如Slack和Microsoft Teams允许团队成员进行快速交流和分享文件。这些工具支持创建不同的频道，便于团队根据项目或主题进行分组讨论，从而提高沟通效率。

4. 云存储和协作工具

云存储工具如Google Drive和Dropbox不仅提供文件的安全存储，还支持多人实时编辑和评论，极大地方便了远程工作的协作。

5. 建立清晰的沟通规则

远程工作中，建立清晰的沟通规则非常重要。例如，规定回复邮件或消息的时间，设定定期的团队会议时间，以及明确各类工具的使用场景和目的。这些规则可以减少沟通障碍，提高团队协作的效率。

图4-39

结果：智能体将生成一篇更具针对性和更有深度的文章，符合特定要求。

2. 生成客户服务回复

初始提示词为"写一封回应客户投诉的邮件。"生成结果如图4-40所示。

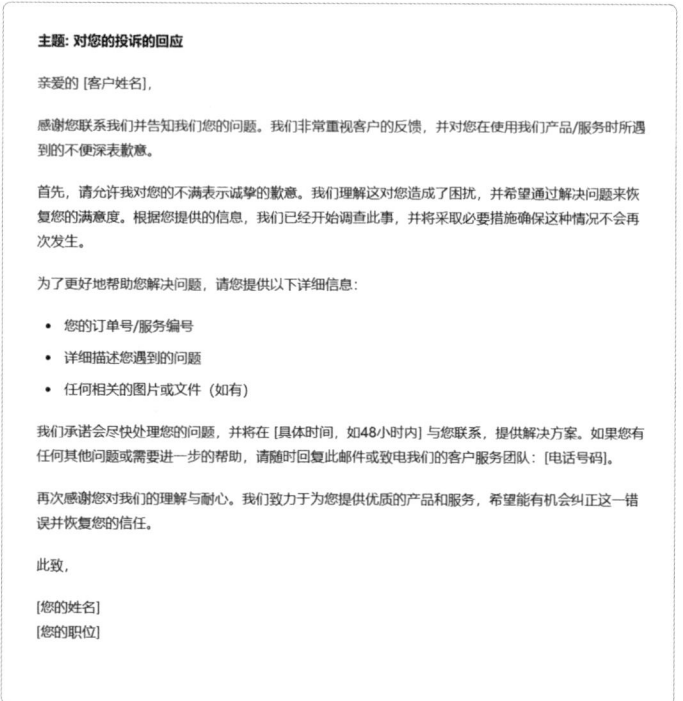

主题: 对您的投诉的回应

亲爱的 [客户姓名]，

感谢您联系我们并告知我们您的问题。我们非常重视客户的反馈，并对您在使用我们产品/服务时所遇到的不便深表歉意。

首先，请允许我对您的不满表示诚挚的歉意。我们理解这对您造成了困扰，并希望通过解决问题来恢复您的满意度。根据您提供的信息，我们已经开始调查此事，并将采取必要措施确保这种情况不会再次发生。

为了更好地帮助您解决问题，请您提供以下详细信息：

- 您的订单号/服务编号
- 详细描述您遇到的问题
- 任何相关的图片或文件（如有）

我们承诺会尽快处理您的问题，并将在 [具体时间，如48小时内] 与您联系，提供解决方案。如果您有任何其他问题或需要进一步的帮助，请随时回复此邮件或致电我们的客户服务团队：[电话号码]。

再次感谢您对我们的理解与耐心。我们致力于为您提供优质的产品和服务，希望能有机会纠正这一错误并恢复您的信任。

此致，

[您的姓名]
[您的职位]

图4-40

结果：智能体会生成一封标准的客户服务邮件，但缺乏个性和具体细节。

优化提示词为"写一封回应客户投诉的邮件，客户抱怨他们的订单延迟了，请道歉并提供解决方案，确保语气友好和专业。"生成结果如图 4-41 所示。

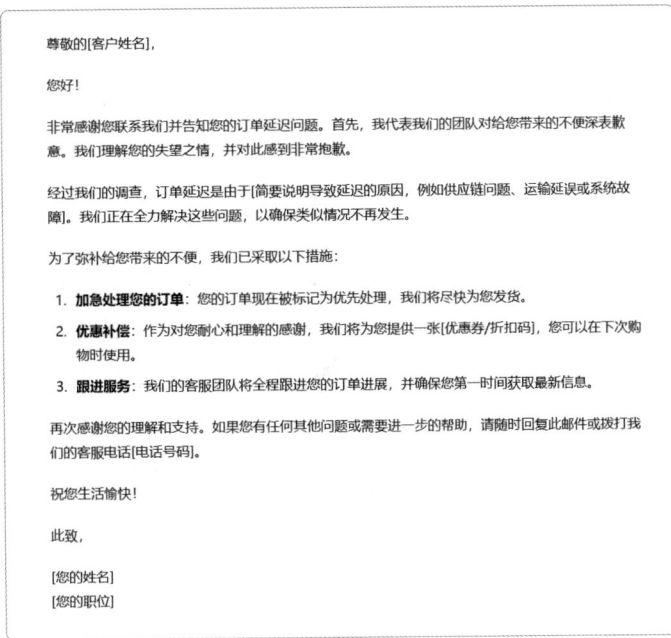

尊敬的[客户姓名]，

您好！

非常感谢您联系我们并告知您的订单延迟问题。首先，我代表我们的团队对给您带来的不便深表歉意。我们理解您的失望之情，并对此感到非常抱歉。

经过我们的调查，订单延迟是由于[简要说明导致延迟的原因，例如供应链问题、运输延误或系统故障]。我们正在全力解决这些问题，以确保类似情况不再发生。

为了弥补给您带来的不便，我们已采取以下措施：

1. **加急处理您的订单**：您的订单现在被标记为优先处理，我们将尽快为您发货。
2. **优惠补偿**：作为对您耐心和理解的感谢，我们将为您提供一张[优惠券/折扣码]，您可以在下次购物时使用。
3. **跟进服务**：我们的客服团队将全程跟进您的订单进展，并确保您第一时间获取最新信息。

再次感谢您的理解和支持。如果您有任何其他问题或需要进一步的帮助，请随时回复此邮件或拨打我们的客服电话[电话号码]。

祝您生活愉快！

此致，

[您的姓名]
[您的职位]

图 4-41

结果：智能体将生成一封具体且友好的邮件，并提供详细的解决方案。

扣子（Coze） ⌄
从入门到精通

第 1 章
第 2 章
第 3 章
第 4 章
第 5 章
第 6 章
第 7 章
第 8 章
第 9 章
第 10 章

第 5 章
工作流——
构建复杂的
对话逻辑

当用户需要完成有多个步骤的复杂任务时，由于大模型的输出限制，用户无法仅依靠提示词和插件工具来实现业务场景的自动化操作。例如，新闻解读、自媒体文案创作等相对复杂的任务，需要完成关键词搜索、筛选总结有效信息、文案创作编辑、图片绘制、美工排版等多个步骤。工作流能实现这一系列的自动化操作。

5.1 工作流的基本概念

工作流也可以称为工作流程、流水线。在计算机领域，工作流属于一种流程化的计算模型，即在一定规则下通过逻辑组合将工作节点构建成适用的模型。工作流的优点是可以优化工作流程，减少工作节点之间人为的延误，提高工作效率。

5.1.1 什么是扣子工作流

扣子工作流是一种强大的自动化工具，它允许用户通过一系列预定义的步骤来执行复杂的任务和流程。这种工作流旨在提高效率、减少人为错误，并确保流程的一致性和可重复性。

在扣子平台，工作流是一种解决多步骤任务的流程化计算模型。用户可以在可视化界面将"插件""大模型""代码"等功能模块灵活组合，构建完整且稳定的模型体系。工作流中的每个节点都可以独立处理一项任务，提取对应的变量参数和存储变量数据。

通俗来讲，若把工作流比作一台正常行驶的汽车，"插件""大模型""代码"等功能模块就是汽车的各个零部件，每个零部件具有不同的功能，用一定规则和逻辑将零部件组合在一起，就能让汽车跑起来。

因此，扣子工作流常用于处理较复杂的多步骤业务，如旅行规划、分析报告、文案创作等。任务目标工作流如图 5-1 所示。

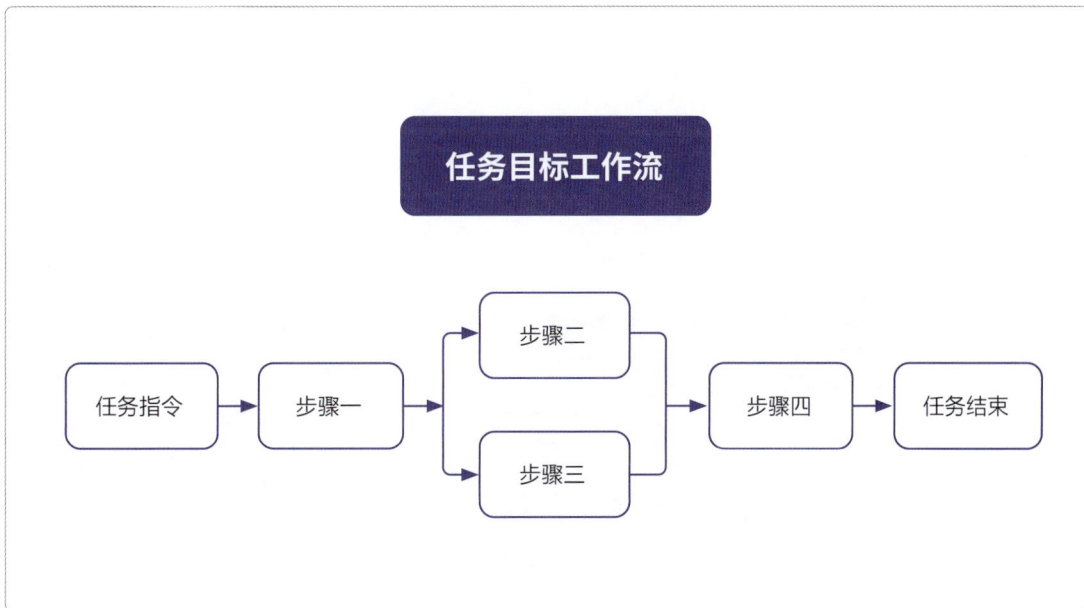

图5-1

5.1.2 扣子工作流的特性

扣子工作流可以采用可视化的搭建方式，其设置界面如图 5-2 所示。

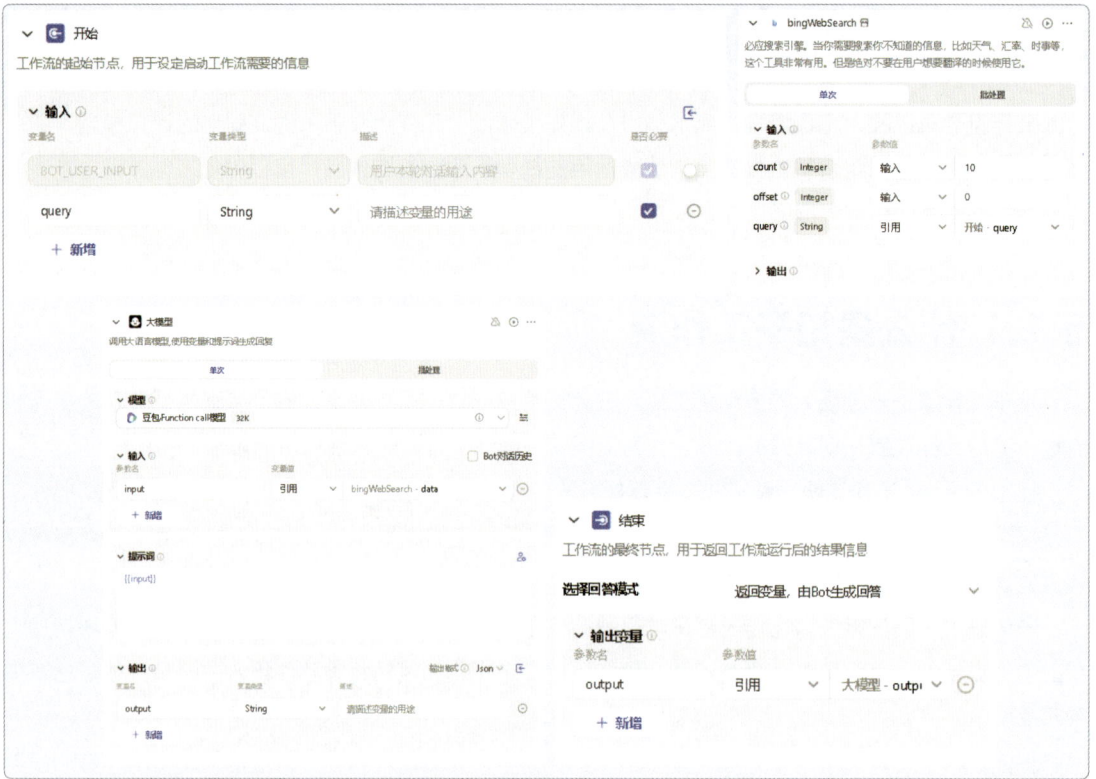

图 5-2

扣子工作流中的每个节点都可以绑定变量参数，因此可将一项复杂的任务按照规则和逻辑拆解，用不同的工作节点处理拆解后得到的子任务并支持多任务节点和分支同步运行。工作流多任务运行原理如图 5-3 所示。

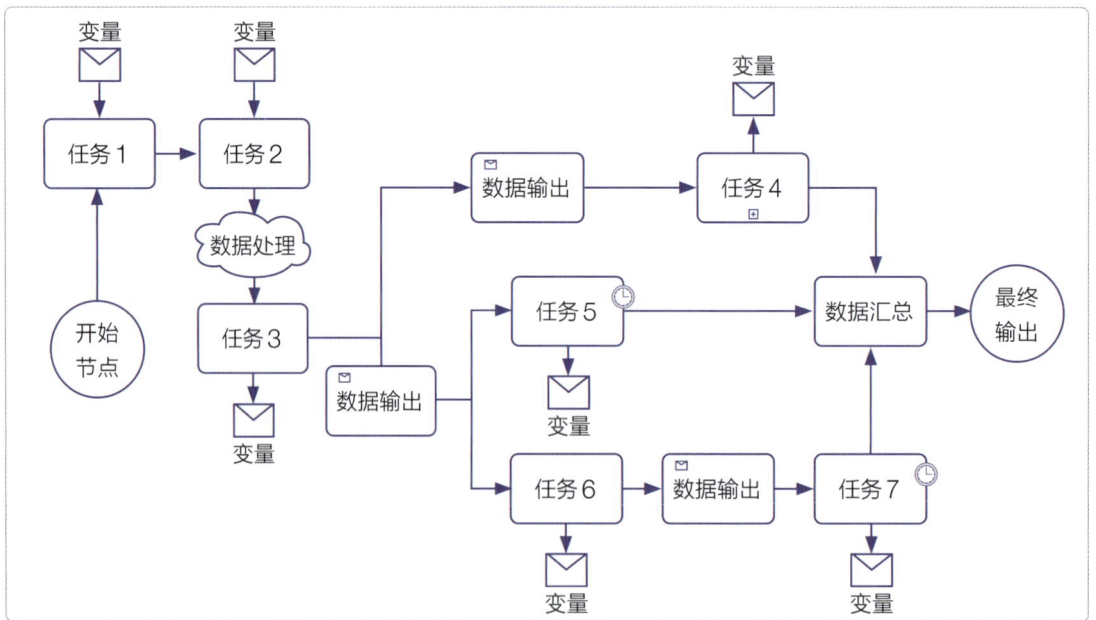

图 5-3

扣子工作流的功能模块具有多样化的特性。用户可自由使用"插件""大模型""代码"等功能模块，或调用"数据库""知识库"等数据存储功能，同时还支持在工作流中插入"工作流"等工具节点，满足用户处理复杂、多步骤业务的需求。常见功能模块如图 5-4 所示。

图 5-4

扣子工作流具有可复制性和可拓展性。已搭建的工作流可复制作为副本，通过修改副本中的部分工具节点来完成结构相似但需求不同的任务，从而大幅提高工作流搭建效率。扣子工作流的复制方法如图 5-5 所示。

图 5-5

综上所述，扣子工作流具有逻辑清晰、操作方便、功能丰富、组合灵活和运行稳定等优势，支持数据存储和传输，可支撑各种复杂、多步骤业务的自动化运行。此外，扣子工作流的可复制性和可拓展性为用户部署可工作于不同场景的工作流提供了便利，可应用于不同行业的智能流程自动化及决策。

5.2 创建和配置工作流

在了解工作流的基本概念和原理后，就可以在扣子平台搭建一条属于自己的工作流。扣子工作流的创建和配置等步骤大致如图 5-6 所示。

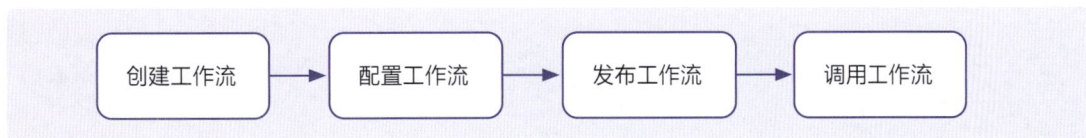

创建工作流 → 配置工作流 → 发布工作流 → 调用工作流

图 5-6

5.2.1 创建工作流

用户可以通过智能体编排页面或工作空间进入创建扣子工作流的界面。

1. 通过智能体编排页面进入创建界面

步骤① 单击"工作流"功能栏右方的"+"按钮，添加工作流，如图 5-7 所示。

图 5-7

步骤② 单击"创建工作流"按钮即可，如图 5-8 所示。

图 5-8

2. 通过工作空间进入创建界面

步骤① 在扣子首页单击"工作空间"，单击"资源库"，如图 5-9 所示。

图 5-9

步骤② 将鼠标指针移至右上角"+ 资源"处，打开下拉列表。选择"工作流"，如图 5-10 所示，即可开始工作流的创建。

图 5-10

3. 初始化新工作流

步骤① 配置工作流基本信息。

输入工作流名称：说明工作流的主要功能，方便调用和修改。注意工作流名称只允许使用字母、数字和下画线，且必须以字母作为开头，例如 coze_workflow，如图 5-11 所示。

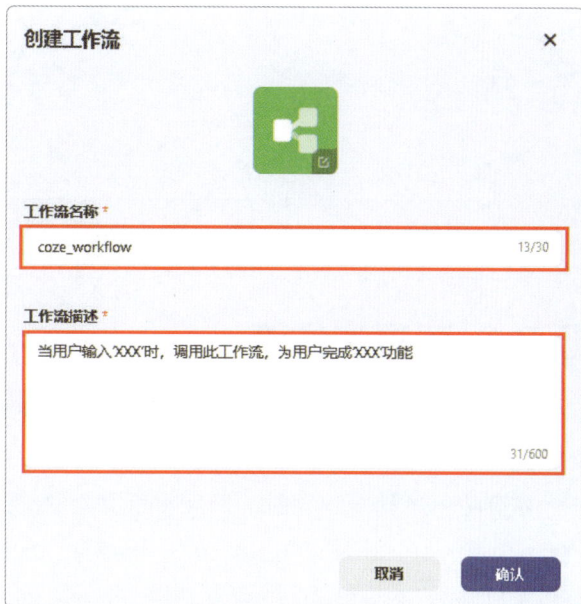

图 5-11

输入工作流描述：详细描述工作流的主要功能，必要时可说明工作流中的节点、调用的工作流、工作流运行的平均耗时（在团队空间使用、复杂任务限制工作流用时的智能体中说明情况，节约确认时间）等。

扣子平台提供了常用工作流的模板，供用户调用和参考。对于新用户而言，复制和拆解工作流模板是最简单的入门方法之一。在扣子平台主页，用户可单击左侧"模板"按钮，进入相应页面，如图 5-12 所示，选好模板后进行复制即可使用。

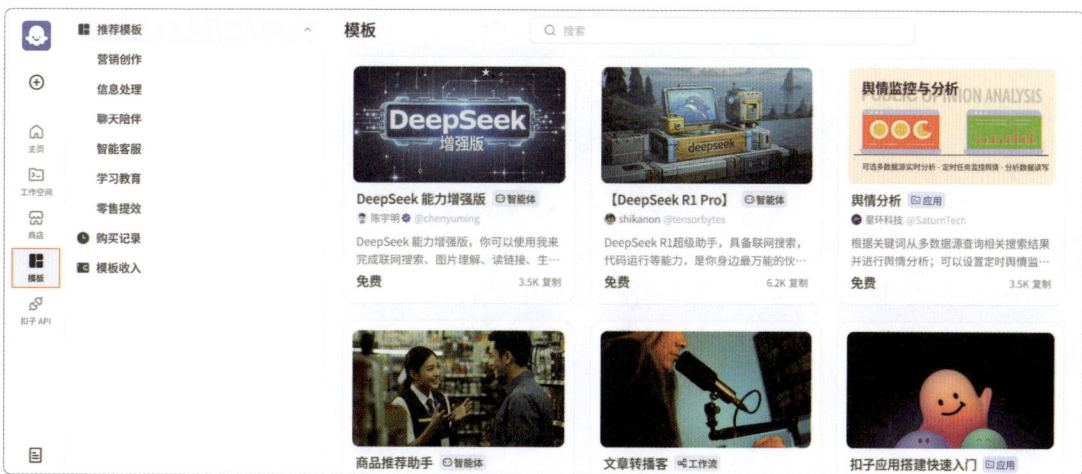

图 5-12

步骤② 在"创建工作流"对话框中填写信息后，单击"确认"按钮，工作流创建完成。新创建的工作流默认配备"开始"和"结束"这两个必要节点，如图 5-13 所示。"开始"节点一般为调用该工作流时的用户输入。"结束"节点一般为工作流结束时，返回工作流的运行结果。

图 5-13

5.2.2 配置工作流

要想工作流实现预期的自动化功能，需要在"开始"节点和"结束"节点之间加入具有对应功能的工具节点，并合理连接节点，配置每个节点的输入输出，让工作流最终输出需要的结果。

本节以一个简单的文案创作工作流的创建为例，展开讲解扣子工作流的配置步骤。

步骤❶ 添加"大模型"节点。单击选择"大模型"节点进行添加，或者在"大模型"位置按住鼠标左键，将其拖到操作界面，即可完成"大模型"节点的添加。添加"大模型"节点的过程如图 5-14 所示。

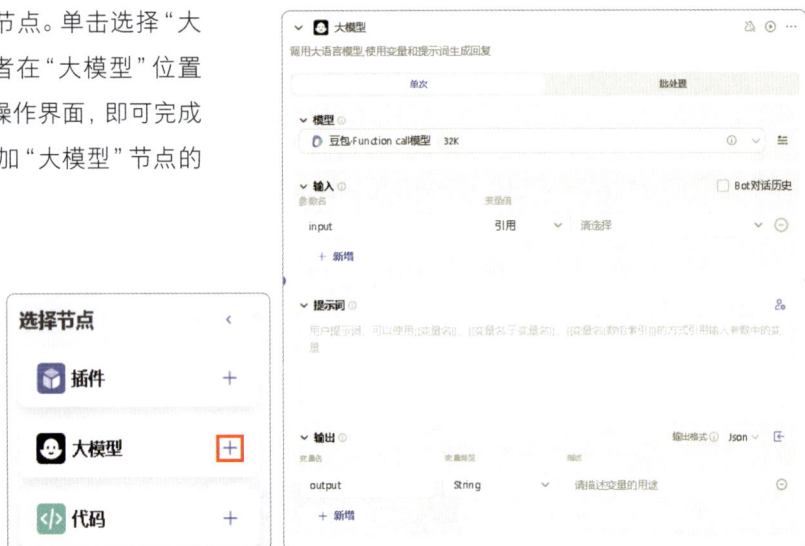

图 5-14

步骤❷ 节点连接。单击"开始"节点右侧小蓝点，将连接线接至"大模型"节点左侧的小蓝点，用同样的方法连接"结束"节点。连接工作流模块节点结果如图 5-15 所示。

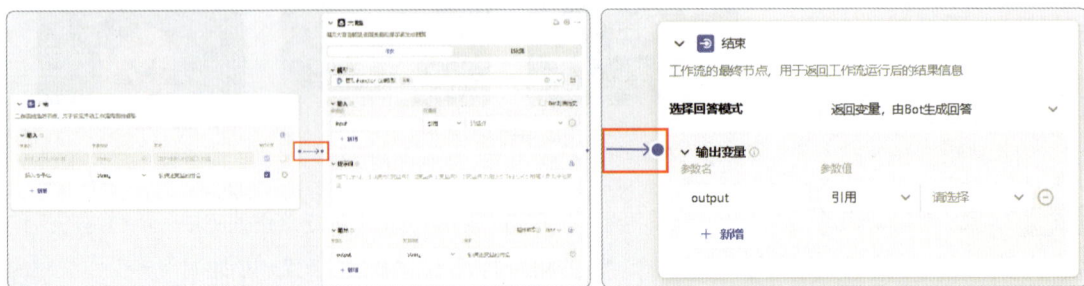

图 5-15

步骤 ③ 配置"开始"节点的变量。修改"开始"节点的变量名称为 query，用户也可以在"描述"文本框中阐述这个变量的用途，以便在后续节点中明确其作用，如图 5-16 所示。

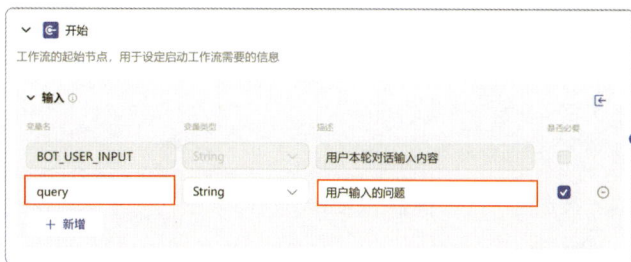

图 5-16

知识拓展

在扣子工作流中，"开始"节点的作用是初始化并触发工作流的执行，而"结束"节点负责输出工作流的最终结果。这两个节点是工作流中不可或缺的部分。

"开始"节点支持配置多种数据类型的变量，具体包括以下几种。

String：字符串，用于表示文本数据。比如，如果用户想输入一段文字，可以将变量类型设为 String。

Integer：专门用于表示整数。假设需要记录一个班级的学生人数，这个数字是 123，那么可以创建一个类型为 Integer 的变量，命名为 studentCount，并将 123 作为它的值。

Boolean：表示布尔值，值可以是 true 或 false。比如，标记一个用户是否为成年人，如果他是成年人，则可以设置一个名为 isAdult 的变量，令其值为 true。

Number：用于表示数值，可以是整数或浮点数。例如，要输入的内容是 12.3，则可以把变量类型设为 Number。

Object：表示对象类型，可以视为键值对的集合。比如，想存储一个学生的信息，包括姓名和年龄。可以创建一个名为 student 的对象，它有两个属性，分别为 name 和 age，分别赋值为"李四"和 18，students={name:"李四",age:18}。

Array：表示数组类型，通常用于存储一系列数值。假设需要保存一个班级所有学生的分数列表，可以定义一个名为 scores 的数组，并将分数 1、2、3、4、5 作为元素存储进去，即 scores=[1,2,3,4,5]。

在这里选择 String 类型，如图 5-17 所示。

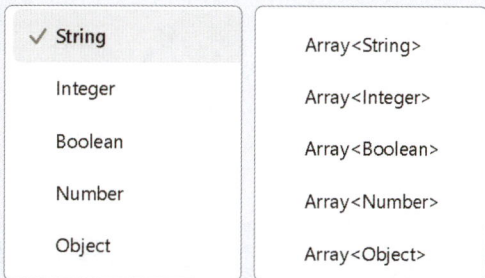

图 5-17

步骤④ 为"大模型"节点配置输入变量的引用来源，这里选择"开始"节点的query，表示用户调用该工作流时的输入被放进了此大模型，如图5-18所示。

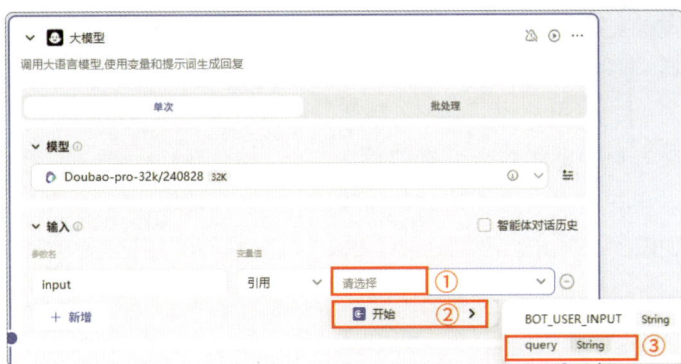

图5-18

步骤⑤ 配置"结束"节点的变量。在"结束"节点输出变量中选择"大模型"节点的output，表示"大模型"节点的输出内容被引用至"结束"节点，作为该工作流的输出结果，如图5-19所示。

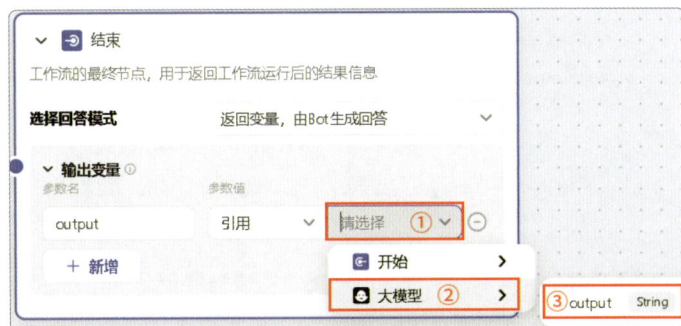

图5-19

知识拓展

"结束"节点用于明确地标识工作流的终止点。它的作用是输出工作流的最终结果，并在必要时触发后续操作或通知。当工作流中"结束"节点之前的所有任务和逻辑都处理完成后，控制流将到达"结束"节点，此时工作流才结束。

步骤⑥ 编写"大模型"节点的提示词。本案例所需实现的功能与文案创作相关，可赋予大模型"小红书文案大师"的角色，并设定文案写作的风格和其他创作要求，如图5-20所示。

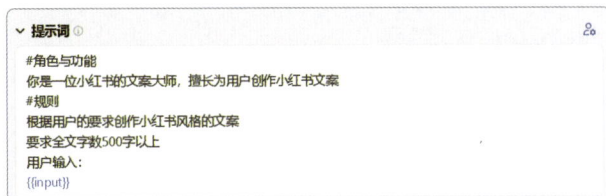

图5-20

提示词中的 {{input}} 对应"大模型"节点的输入变量中引用的变量值（"开始"节点的query），是必须添加的内容。用户可以在提示词中输入 {{}}，系统可自动弹出对应的变量，选择正确的变量即可。添加"大模型"的功能提示词。

经过上述步骤，一条专用于小红书文案创作的工作流就完成了。在发布工作流之前，需要先进行试运行。单击工作流创建界面右上角的"试运行"按钮，可进入试运行页面，如图 5-21 所示。

图 5-21

在 query 文本框中输入"上海的南翔小笼包"，单击右下角的"试运行"按钮，文案创作工作流输出效果如图 5-22 所示。

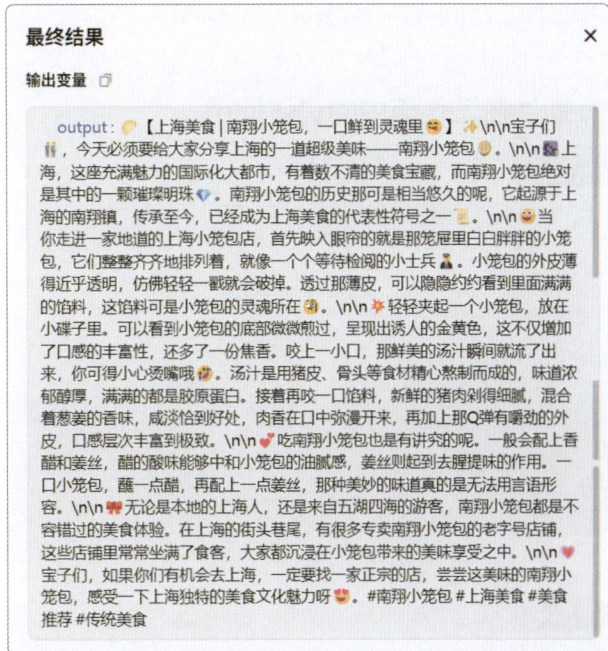

图 5-22

在完成工作流的试运行后，单击工作流创建界面右上角的"发布"按钮，发布成功后用户即可在智能体中调用该工作流。

5.3 工作流中的节点类型与应用

当面对包含多个步骤的任务场景，并且对输出结果的精确度和格式有严格要求时，配置扣子工作流成为一种理想的解决方案。工作流由一系列节点组成，每个节点都是构成工作流的基础元素。这些节点可能包括大语言模型、自定义代码块、逻辑判断等功能模块，扣子工作流通过可视化界面，允许用户灵活组合这些模块，以构建复杂、稳定的业务流程。

各个节点在执行时可能需要不同的输入参数。输入参数主要分为以下两类。

引用参数：指从前置节点传递过来的参数值，用于在工作流中实现数据的连续传递。

输入参数：允许用户自定义设置，为节点提供必要的初始数据。

本节将详细探讨扣子工作流中的节点类型及应用场景，帮助用户更好地理解和利用这一强大的自动化工具。

5.3.1 插件

在扣子中，插件是一个工具集，可以实现大模型不具备的功能，例如天气查询、实时搜索等，一个插件内可以包含一个或多个工具（API）。

1. 插件在工作流中的具体使用

步骤① 在工作流中添加"插件"节点，如图5-23所示。

图5-23

步骤② 在"添加插件"页面，选择需要的插件（以ByteArtist Pets为例，选择插件工具spring_pets_image），如图5-24所示。

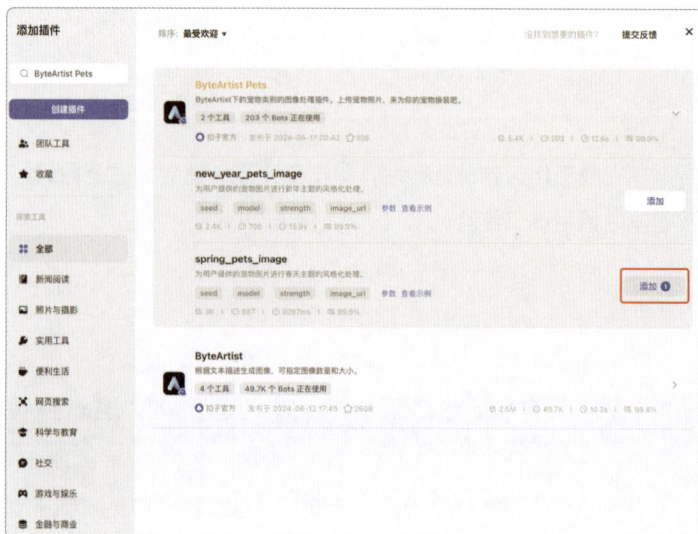

图5-24

步骤 3 填写或选择"插件"节点的输入，可填写带有 * 的输入参数，或选填不带有 * 的输入参数，具体填写内容可以单击 ⓘ 图标查看参数说明，填写完成后单击 ⊙ 图标测试该节点，如图5-25所示。

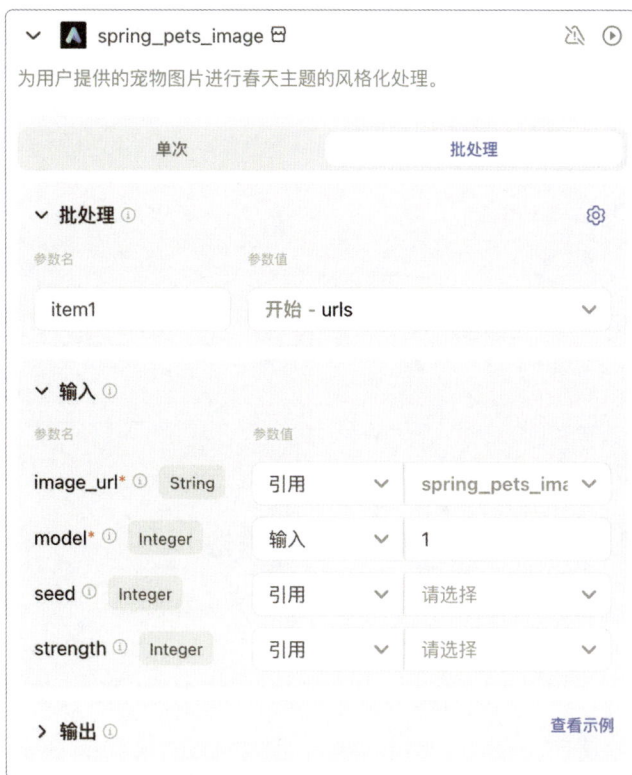

图 5-25

步骤 4 输入测试 URL 并运行，如图 5-26 所示。

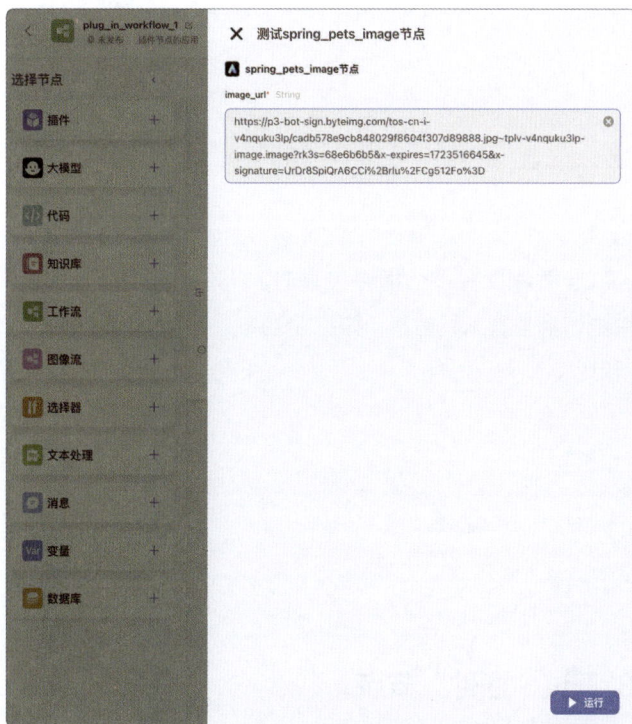

图 5-26

67

步骤⑤ 查看运行结果，如图 5-27 所示。

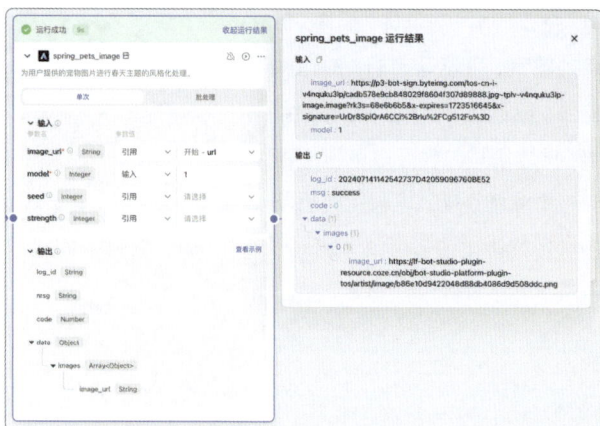

图 5-27

2. 插件功能不明确时的应对方法

有时，一些插件的功能通过名称即可直观理解，例如"必应搜索"显然是一款搜索引擎工具。然而，并非所有插件的功能都能通过名称一目了然。面对这种情况，应如何识别插件的具体用途呢？

在插件商店浏览时，如果遇到名称不明确的插件（例如 ByteArtist Pets），建议采取以下步骤了解功能。

查看这个插件的功能描述、适用场景和插件工具，如图 5-28 所示。

图 5-28

当插件具有多个插件工具时，单击切换查看工具信息，如图 5-29 所示。

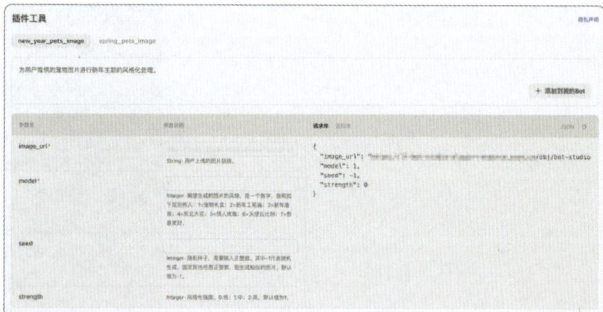

图 5-29

3. 调试"插件"节点

查看完功能描述等信息之后，对插件的输入参数和预期输出结果有大致的认识了（注：带 * 的字段为必填项）。若要确切了解插件的最终输出效果，以便做后续操作，则需要进行调试。调试可以帮助验证插件的实际表现是否符合预期，确保其输出结果满足具体需求。

在扣子工作流的"插件"节点中，每个插件都提供了两种操作模式：单次和批处理。前面展示了单次处理"插件"节点的案例，在解释批处理之前，首先要明白"单次"和"批处理"的区别。"单次"和"批处理"的模式切换如图 5-30 所示。

图 5-30

单次：在这种模式下，每次操作仅处理一个请求。还是以"spring_pets_image"为例，"image_url"参数中仅输入一个链接地址，如"https://xxxxxx1.com"（图片链接地址）。

批处理：批处理模式允许同时处理多个请求。这种模式通过传入一个包含多个请求的数组，并行处理这些请求，最终返回一个包含所有结果的数组。如代码段 5-1 所示，如果需要同时处理 3 个图片链接，用户应传入一个数组，使其包含这 3 个链接。

代码段5-1：批处理包含3个链接的数组

```JSON
[
    "https://xxxxxx1.com",
    "https://xxxxxx2.com",
    "https://xxxxxx3.com",
]
```

提示

在批处理模式下，参数只能传入一个数组。可以设置变量为"Array<String>"的"urls"，不能设置变量为"String"的"urls"，如图 5-31 所示。

图 5-31

输入参数时，也应该选择 item1 作为参数（表示 urls 数组的每一项），如图 5-32 所示。

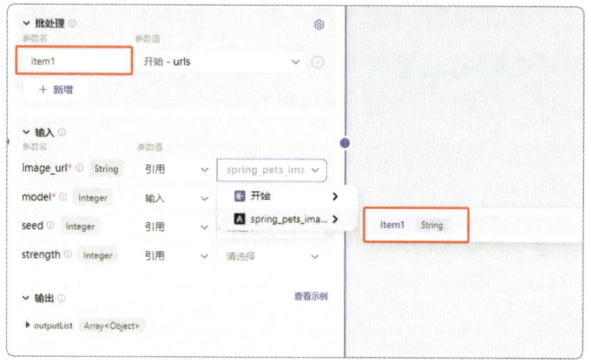

图 5-32

不仅如此，"单次"和"批处理"的输出也有区别，单次处理的结果是一个对象，如图 5-33 所示。

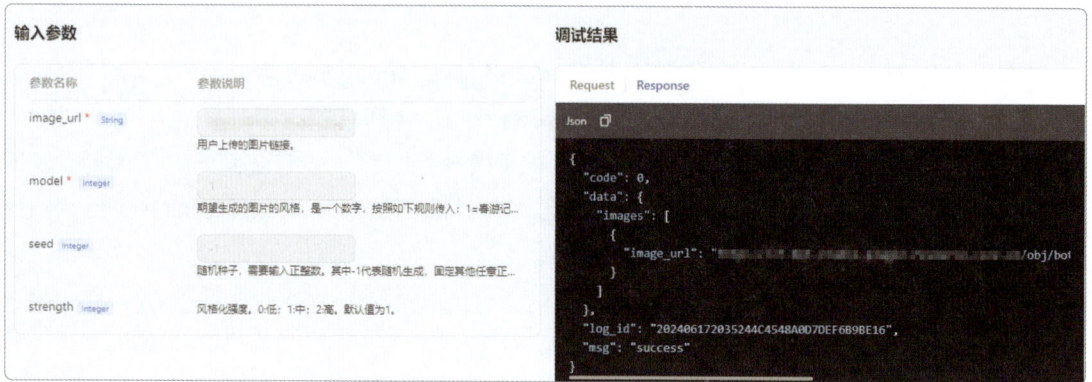

图 5-33

如果是批处理，结果就会变成一个包含此对象的数组，如代码段 5-2 所示。

代码段5-2：插件spring节点批处理输出示例

```JSON
{
    "outputList": [
        {
            "code": 0,
            "data": {
                "images": [
                    {
                        "image_url": "xxx.png"
                    }
                ]
            },
            "log_id": "202406172035244C4548A0D7DEF6B9BE16",
            "msg": "success"
        },
```

```
{
    "code": 0,
    "data": {
        "images": [
            {
                "image_url": "xxx.png"
            }
        ]
    },
    "log_id": "202406172035244C4548A0D7DEF6B9BE16",
    "msg": "success"
},
{
    "code": 0,
    "data": {
        "images": [
            {
                "image_url": "xxx.png"
            }
        ]
    },
    "log_id": "202406172035244C4548A0D7DEF6B9BE16",
    "msg": "success"
},
    ]
}
```

5.3.2 大模型

如果需要模拟人脑进行工作，则推荐使用"大模型"节点，包括但不限于要求模型进行理解推理、翻译、总结、知识整合等文本生成工作。

在扣子工作流中，"大模型"节点提供了调用不同公司提供的大语言模型的能力。例如，可以利用豆包模型、通义千问或 Moonshot 等模型来执行复杂的智能化任务。这些模型能够提供强大的自然语言处理能力，提高工作流的智能化水平。

此外，扣子工作流允许用户根据需要添加多个不同的"大模型"节点。这样做可以使每个节点专注于完成特定的任务或处理特定的数据集，从而优化整个工作流的效率和效果。每个节点都可以配置不同的模型，以适应不同的业务场景和需求。通过这种方式，扣子工作流提供了很强的灵活性和可定制性，能够构建出既强大又高效的自动化解决方案。

在"大模型"节点中，也可以直接使用输入的变量作为提示词的内容给大模型识别，变量需要用 {{}} 括起来。

例如，用户需要把一段内容翻译成英文，可以直接让大模型翻译。

步骤① 选择模型，单击 ▤ 图标，按需调节配置参数，如图5-34所示。

图5-34

如果期望引入智能体的历史对话内容，前提是需要创建"对话流"而非"工作流"，可以将"对话历史"打开，设置会话轮数，上下文信息将自动携带进大模型节点，如图5-35所示。

图5-35

步骤② 选择需要翻译的"内容"作为输入参数 input，如图5-36所示。

图5-36

步骤③ 编写提示词。提示词支持使用"{{变量}}"格式引用输入参数，同时支持为该节点设置"人设与回复逻辑"，如图5-37所示。

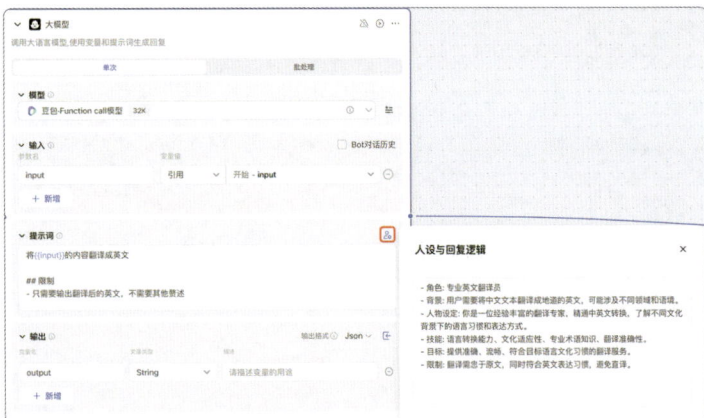

图5-37

步骤④ 选择输出格式，如图5-38所示。

图5-38

步骤⑤ 运行该节点，如图5-39所示。

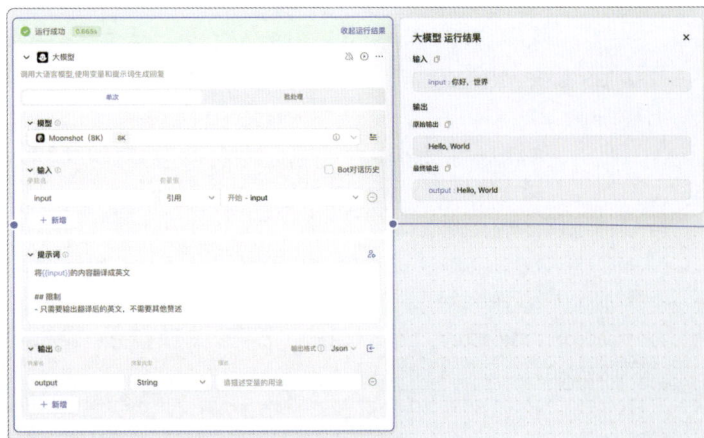

图5-39

5.3.3 代码

在扣子工作流中，"代码"节点用于实现自定义代码的执行。目前，扣子平台支持两种编程语言：JavaScript和Python。用户可以利用集成开发环境（IDE）编写代码，以处理输入参数并返回所需的输出值。

以下案例中，有两个关键组件，其中一个是"头条搜索"插件。下面是它的介绍及输出示例，如图5-40和图5-41所示。

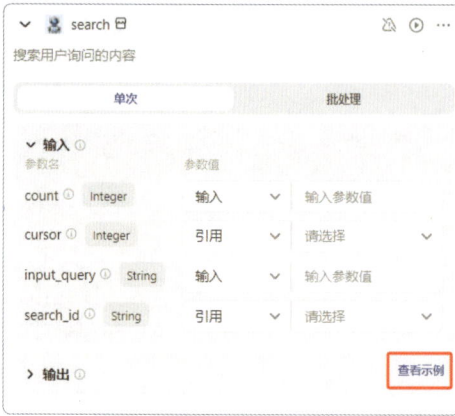
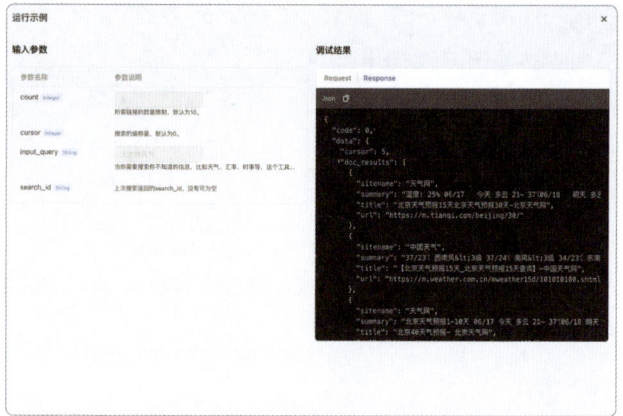

图 5-40   图 5-41

在本节讨论的工作流自动化中，代码段 5-3 以 JSON 格式展示了"头条搜索"插件的示例输出数据。

代码段5-3："头条搜索"插件的示例输出数据

```
JSON
"doc_results": [
    {
        "sitename": "天气网",
        "summary": "湿度：25% 06/17    今天  多云  21~ 37℃ 06/18    明天  多云
23~ 38℃ 06/19    后天  多云  27~ 37℃ 06/20    周四  多云  24~ 37℃ 06/21    周五
阴转中雨  22~ 34...",
        "title": "北京天气预报15天北京天气预报30天 - 北京天气网",
        "url": "xxx"
    },
    {
        "sitename": "中国天气",
        "summary": "37/23℃ 西南风&lt;3级 37/24℃ 南风&lt;3级 34/23℃ 东
南风&lt;3级 南风&lt;3级 ",
        "title": "【北京天气预报15天_北京天气预报15天查询】- 中国天气网",
        "url": "xxx"
    },
    {
        "sitename": "天气网",
        "summary": "北京天气预报1-10天  06/17 今天  多云  21~ 37℃ 06/18 明天
多云  23~ 38℃ 06/19 后天  27~ 37℃ 06/20 周四 多云  24~ 37℃ 06/21 周五  阴转中
雨  22~ 34℃ 06/22 周六  小雨  20~...",
        "title": "北京40天气预报 - 北京天气网",
        "url": "xxx"
    },
    {
        "sitename": "新京报",
```

```
            "summary"：" 新京报讯 据中国天气网消息，今明两天 (6 月 17 日至 18 日 )，北
京晴热高温天气持续在线，大部地区最高气温可达 37℃，公众需要做好防暑降温工作。",
            "title"：" 北京今明天晴热高温继续"控场"，大部地区最高气温可达 37℃ ",
            "url"："xxx"
        },
        {
            "sitename"："天气网 ",
            "summary"："2024 年 06 月 17 日    星期一  晴  21~37°C  轻度污染  紫外线：
中等  南风  2 级  湿度：25%  06/17     今天  多云  21~ 37℃ 06/18     明天  多云  23~
38℃ 06/19    后天  多云 ",
            "title"：" 北京天气预报 15 天 _ 北京天气预报 15 天查询 - 北京天气网 ",
            "url"："xxx"
        }
    ],
```

此例的目标是对这些输出结果进行进一步处理，以提取一个包含所有 URL 的"output"数组。
在这种情况下，"代码"节点是实现这一目标的理想工具。

以下是实现此目标的操作步骤。

步骤 ① 配置"代码"节点的输入与输出。

在扣子工作流中添加并连接"代码"节点，
选择 doc_results 作为输入参数 input，此处
期望的输出是一个包含 URL 的数组 output，
其类型定义为 Array<String>，以确保输出数
据结构的正确性，如图 5-42 所示。

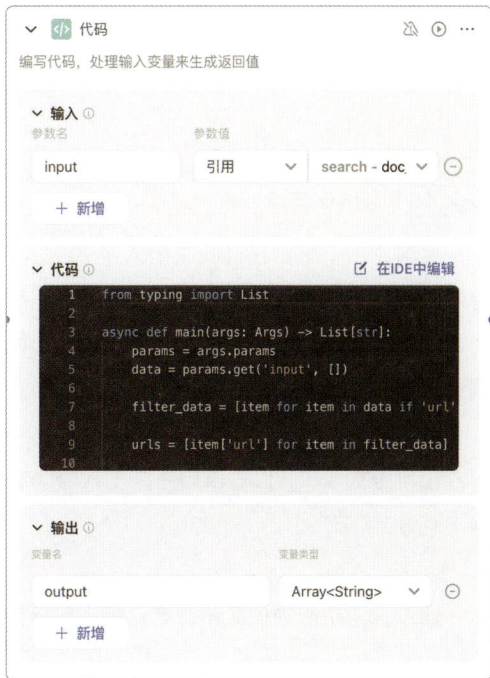

图 5-42

步骤 ② 选择编程语言并打开IDE。

打开"代码"节点中的 IDE 代码编辑器。在这一步，用户可以选择"JavaScript"或者"Python"
语言。本例将以 Python 为例进行演示。

步骤③ 测试代码。

单击"测试代码"按钮，并单击右上角 IDE 提供的"AI 生成"功能，如图 5-42 所示，该功能将模拟输入参数的数据结构，即 doc_results，以便用户在不离开编辑环境的情况下测试代码的正确性和逻辑，如图 5-43 所示。

图 5-43

步骤④ 编写代码。

在 IDE 中编写 Python 代码，用于处理输入的 input 并生成所需的 output 数组，如图 5-44 所示。

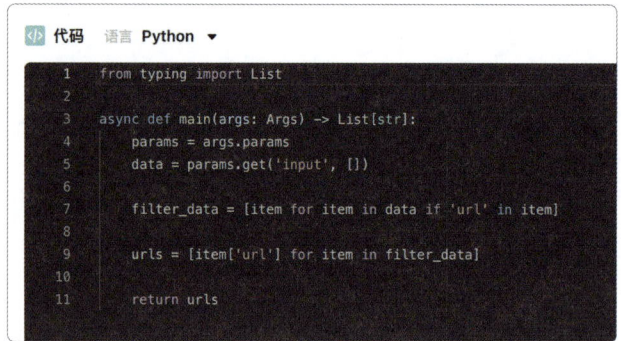

```python
from typing import List

async def main(args: Args) -> List[str]:
    params = args.params
    data = params.get('input', [])

    filter_data = [item for item in data if 'url' in item]

    urls = [item['url'] for item in filter_data]

    return urls
```

图 5-44

步骤⑤ 测试该节点。

目前，扣子平台在 IDE 中引入了 AI 辅助编码功能，将极大地简化工作流的构建过程。随着这些智能特性的加入，用户将能够更加轻松地搭建和优化工作流。

例如，在处理逻辑判断时，扣子工作流中新增了"选择器"节点。这一节点能够根据预设条件对数据进行筛选和分类，从而简化决策逻辑的实现（更多关于"选择器"节点的详细信息，请参阅 5.3.6 节）。

针对文本处理需求，有专门的"文本处理"节点。该节点提供了一系列文本操作功能，如格式化、分割和拼接文本等，以支持用户在工作流中高效地处理文本数据（有关"文本处理"节点的详细信息，请参阅 5.3.7 节）。

通过这些新增的功能和节点，扣子可以为用户提供更加直观、灵活且功能更加强大的工作流搭建平台。

5.3.4 知识库

扣子的知识库是一个集中存储信息的系统，支持上传和存储外部知识内容，并提供了多种检索能力，可以让多个智能体或工作流与指定数据交互，提升大模型回复准确率。

知识库不仅可以集成到智能体中，还能嵌入工作流。接下来介绍如何有效地使用知识库来构建自动化解决方案。

使用扣子知识库功能的步骤如下。

步骤① 创建知识库，上传内容。

创建知识库，选择知识库类型，将需要的知识内容导入知识库中。扣子支持导入文本、表格和照片等，并提供了多种导入方式，如图 5-45 至图 5-48 所示。

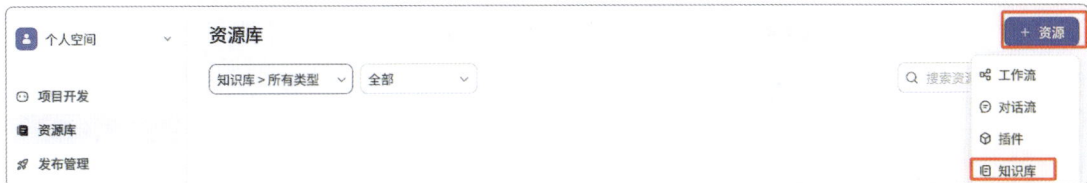

图 5-45

图 5-46

图 5-47

图 5-48

以图 5-49 为例，这是一个分段完成的知识库。

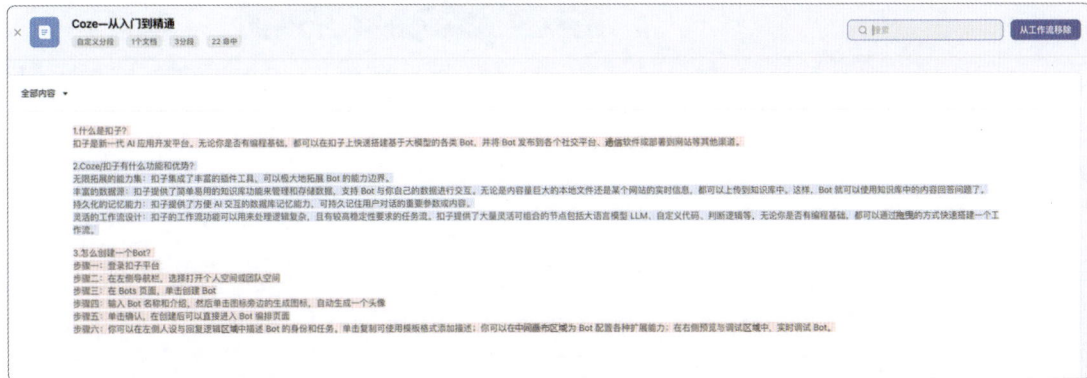

图 5-49

77

步骤② 在工作流中选择"知识库"节点，选择要添加的知识库，如图5-50所示。

图 5-50

步骤③ 设置"知识库"节点的输入Query，Query是查询知识库的索引，如图5-51所示。

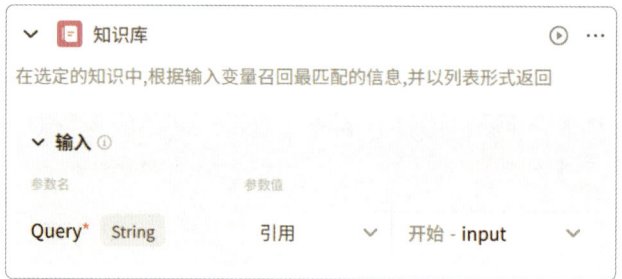

图 5-51

步骤④ 配置搜索策略，选择混合搜索，如图5-52所示。

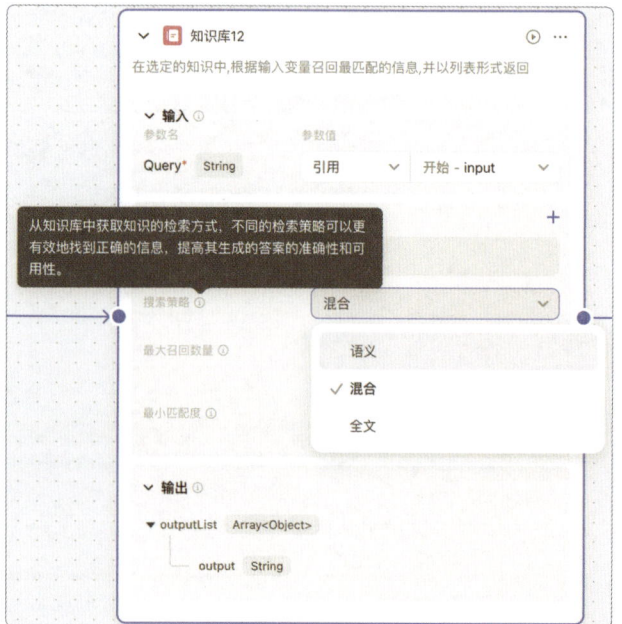

图 5-52

知识拓展

扣子提供了 3 种检索方式，并说明使用合适的检索策略可以更有效地找到正确的信息，提高生成的答案的准确性和有用性。

这 3 种检索策略的区别是什么呢？

全文检索：基于关键词的检索，通过用户的输出提取关键词并进行查询和快速匹配。

语义检索：基于大模型对用户提出问题的语义理解，查询和匹配文档的内容，适用于深入理解查询意图。例如，在处理用户关于旅游目的地的查询时，如果用户的问题中包含关键词"景点"，则大模型不仅要检索包含该词的文档，还要智能识别与"景点"语义相关的其他词汇，如"打卡点"。这样，检索结果将更加丰富，为用户提供更全面的旅游信息。

混合检索：结合关键词匹配和语义理解的优点，提高检索效率。

步骤 5 配置最大召回数量和最小匹配度。"检索策略"默认为"混合"，默认的最大召回数量和默认的最小匹配度如图 5-53 和图 5-54 所示。

图 5-53

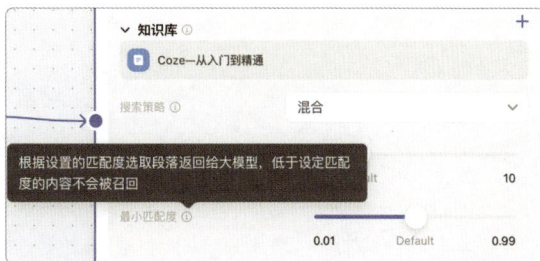

图 5-54

若提出问题"Bot 创建的方法？"，则知识库执行内容检索并返回两条相关信息，如图 5-55 所示。

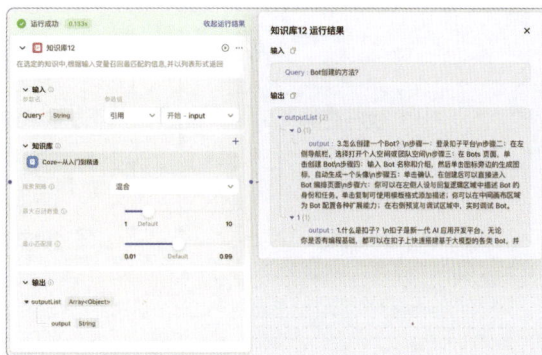

图 5-55

在此过程中，知识库的检索机制按照以下原则运作。

在扣子工作流中，检索功能旨在根据 Query 在知识库中匹配相应的内容。然而，一个 Query 可能对应多个相关数据片段，导致检索结果过多，增加了筛选难度。

为解决这一问题，通常会在 Query 与匹配出的内容片段之间进行排序。这一过程确保了与 Query

语义最为贴近的内容片段能够被优先展示。

在前述案例中，Query 是关于 Bot 创建的，那么与该主题更紧密相关的"3. 怎么创建一个 Bot？"将会排在前面，而"1. 什么是扣子？"则排在其后。

这种基于相关性的排序不仅提高了检索效率，也提升了用户体验，使用户能够更快地找到最相关的信息。

5.3.5 工作流

在构建扣子工作流时，将一个总目标（复杂工作流）分解为多个小目标（小工作流）是一种常见且推荐的做法，如图5-56所示。这有助于简化问题的解决过程，使每个小工作流都可以独立地进行设计、开发和优化，通过这种方式，每个小工作流或子流程都可以单独进行维护和修改。

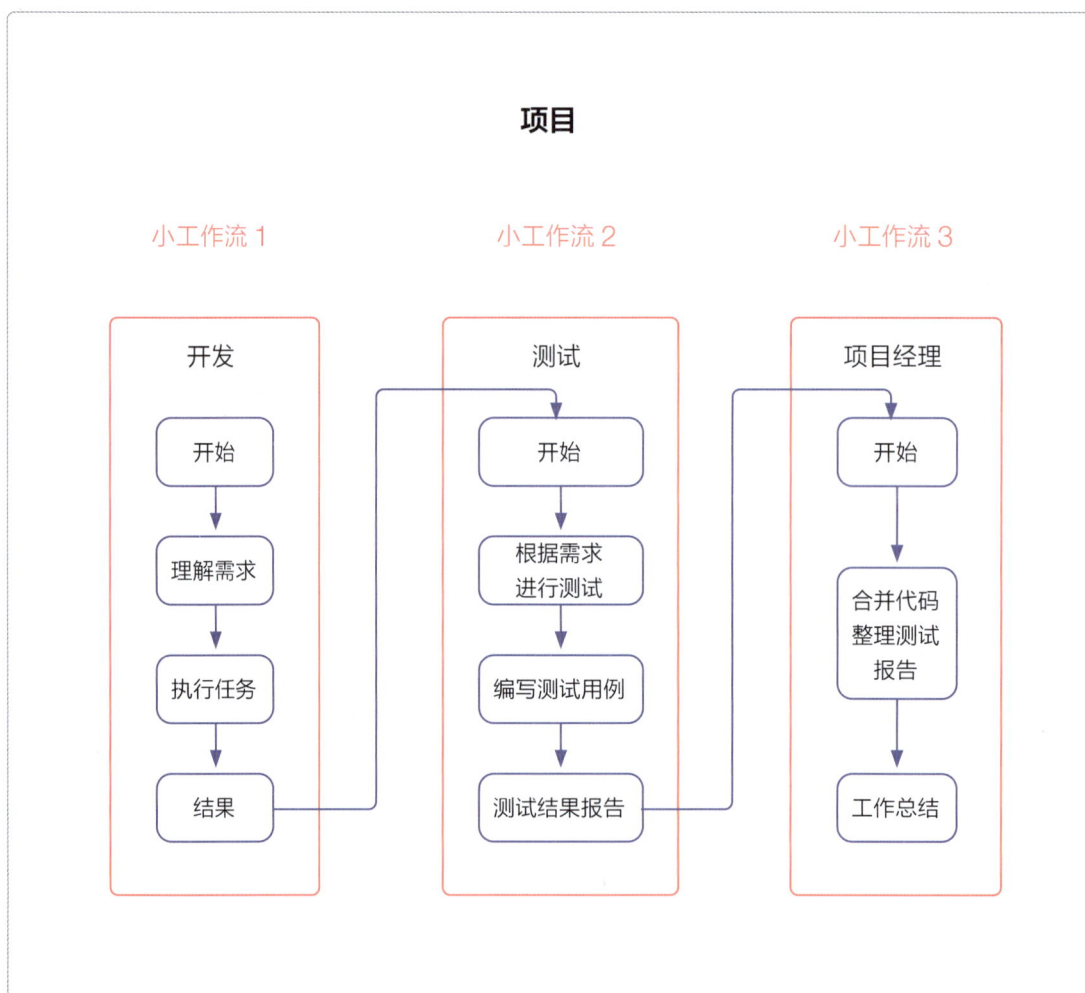

图 5-56

这种模块化的设计使得在业务需求发生变化时，可以快速调整或替换特定的工作流部分，而无须对整个流程进行彻底的重新编排。这不仅提高了工作流的灵活性和可维护性，也使得整个系统的更新和升级更加高效。

将总目标分解为小目标还有助于团队协作。不同的团队成员或小组可以同时处理不同的子流程，从而加速整个项目的进展，并提高整体的工作效率。

通过将复杂的工作流分解为更小、更易于管理的部分，扣子平台用户可以更灵活地应对变化，更高效地实现业务目标。

在扣子的工作流中，一个工作流结束的输出变量，可以作为下一个工作流开始节点的输入变量。

5.3.6 选择器

"选择器"节点在工作流中作为条件判断的节点，用于设计工作流里的分支流程，相当于代码中的if-else，它能够根据判断的结果来执行不同的分支。当向该节点输入参数时，节点会判断是否满足"如果"区域的条件，如果满足，则执行"如果"对应的分支，否则执行"否则"对应的分支，如图5-57所示。

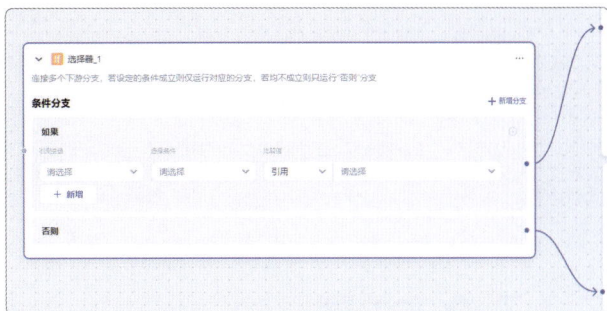

图5-57

简单来说，"选择器"节点就像工作流中的一个交通指挥灯，它告诉工作流接下来该怎么走。就像开车到了一个路口,需要决定是左转、直行还是右转，"选择器"节点就是帮助做这个决定的。

告诉它用户的条件，它就会根据这些条件来决定用户的工作流是左转（比如条件为时间早于6点），还是直行（条件处于6点~18点），如果条件都不符合（条件为晚于18点），它就会选择右转，如图5-58和图5-59所示。

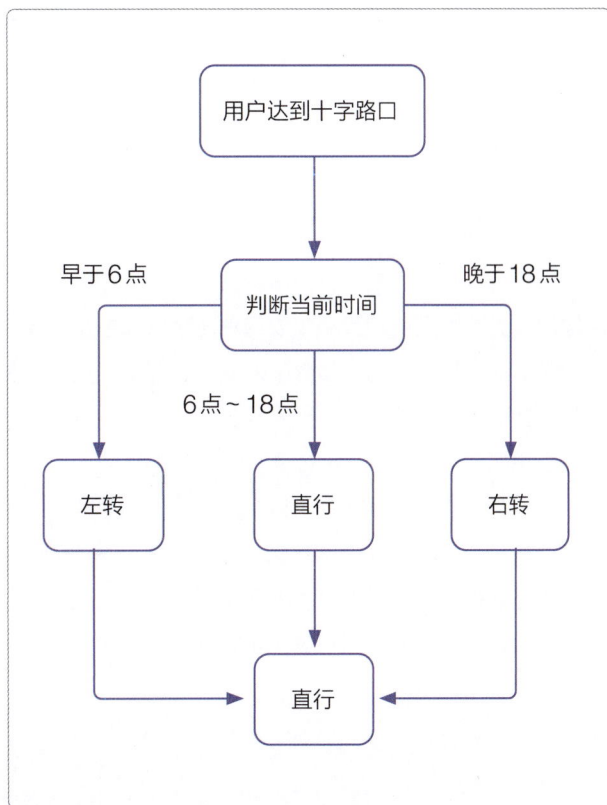

图5-58

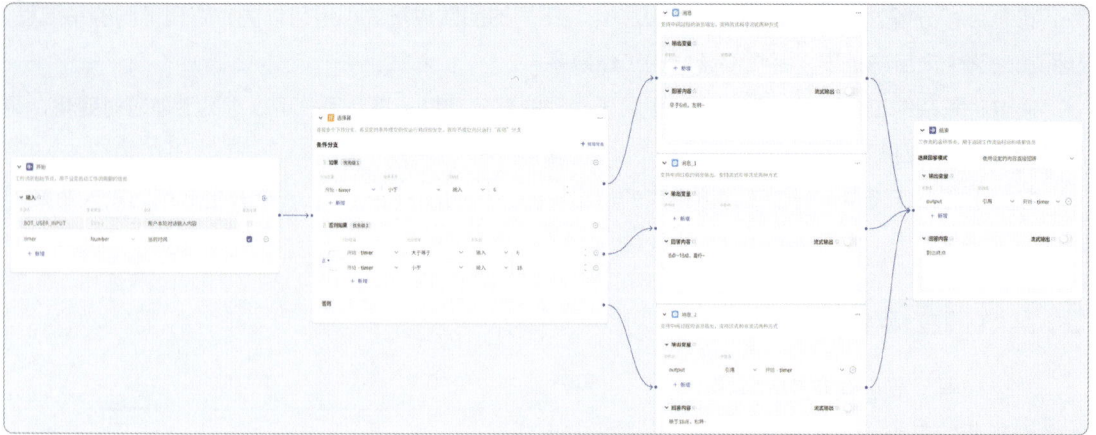

图 5-59

"选择器"节点就是用来在工作流中根据条件选择不同行动路径的一种工具，让整个流程更加灵活和智能。

5.3.7 文本处理

在扣子中，"文本处理"节点是用来操作和转换文本数据的工作流节点，主要有"字符串拼接"和"字符串分隔"两种处理方式。这一节点在多种场景下都非常适用，包括但不限于内容的二次总结、文本的拼接与转义等。

例如，在多轮对话中，"文本处理"节点可以高效地将对话中的关键信息进行拼接，形成连贯的提示词，进而用于生成图像或其他类型的输出。这种能力使得"文本处理"节点十分适合用在自动化内容创作和数据整合方面。

该节点提供两种主要的处理方式。

（1）字符串拼接

用户可以将输入数据中的内容合并成一个单一的字符串，为后续处理或展示提供便利。例如在分段输出观点时，把前置节点生成的观点整合成段落，统一输入给后置节点进一步处理。

该节点支持引用输入参数中的变量，提供了灵活的引用格式，包括以下几种。

直接引用单个变量：{{ 变量名 }}。

引用变量的子元素：{{ 变量名 . 子变量名 }}。

引用数组类型的参数中的特定元素：{{ 变量名 .[数组索引]}}。

当直接引用数组类型的参数时，系统默认会将数组中的元素通过逗号连接成一个字符串。此外，用户也可以根据需要引用数组中位于特定位置的元素，从而实现更精细的数据操作。

字符串拼接示例如图 5-60 和图 5-61 所示。

图 5-60

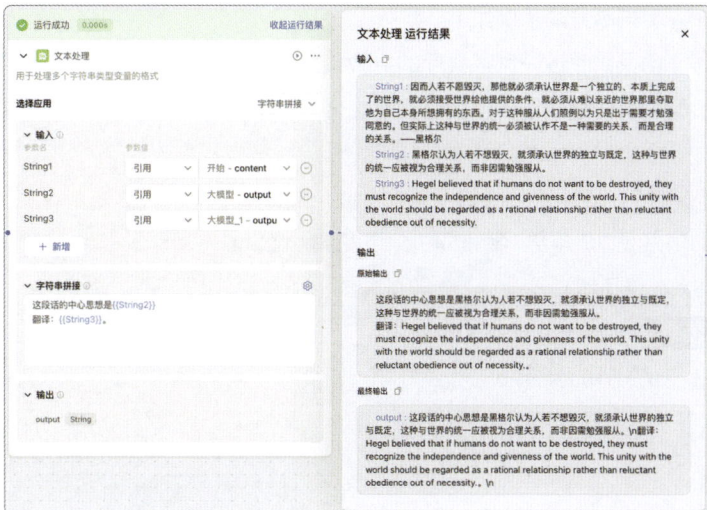

图 5-61

在扣子中，还支持对复杂数据类型的拼接，如对象、数组等，如图 5-62 所示。

复杂类型用法示例

类型	数据示例	用法	用法示例
Array	Story： ["我的故事"，"很有趣"，"也不有趣"]	拼接 Story 中的每一项	输入：{{Story}} 输出：我的故事，很有趣，也不有趣
		取 Story 中的某一项	输入：{{Story.[0]}}，{{Story.[1]}}！{{Story.[2]}} 输出：我的故事，很有趣！也不有趣
Object	obj： {"name"：小红，age：18}	拼接 obj 中的每一项	暂不支持，输入 {{obj}} 将直接返回 json 结构
		取 obj 中的某一项	输入：我的名字叫{{obj.name}}，今年{{obj.age}}岁 输出：我的名字叫小红，今年18岁

图 5-62

（2）字符串分隔

用户可以使用指定的分隔符将一个长字符串分割成多个子字符串，便于后续节点对文本的不同部分进行差异化处理。在使用此功能时，用户需要明确指定一个分隔符，该分隔符可以是自定义的（例如"…"），且包括但不限于单个字符或多个字符组成的字符串。

"文本处理"节点的灵活性和易用性使其成为扣子工作流中不可或缺的工具，帮助用户轻松实现复杂的文本操作，优化数据处理流程。

字符串分隔示例如下。

场景：假设一家茶餐厅的招牌菜是蒸羊羔、蒸鹿尾儿、烧花鸭、烧雏鸡、烧子鹅，老板希望对每道菜进行详细介绍，那么需要把这个字符串变成数组，方便后续的批处理操作。

步骤① 选择待分隔的变量 String，这里的输入是"蒸羊羔、蒸鹿尾儿、烧花鸭、烧雏鸡、烧子鹅"。

步骤② 选择分隔符，自定义"、"为分隔符，如图 5-63 所示。

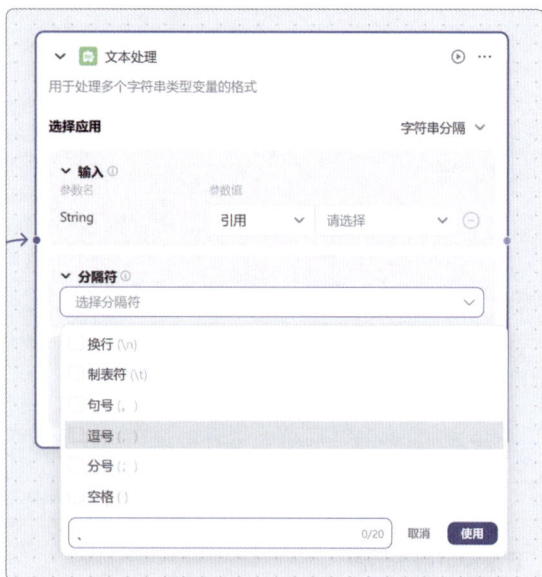

图5-63

步骤③ 试运行，运行结果如图 5-64 所示。

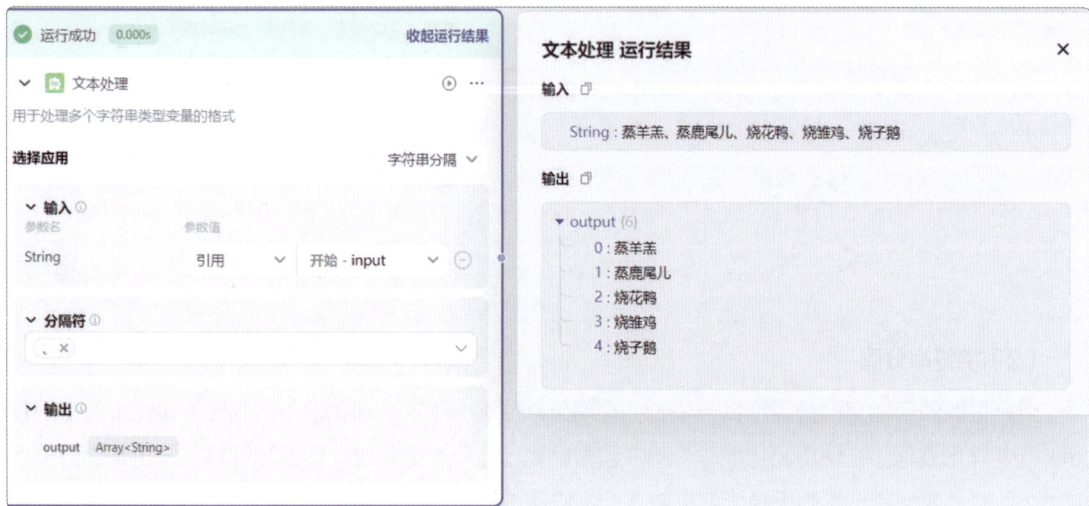

图5-64

5.3.8 输出

扣子智能体在执行一个工作流的过程中，在返回响应内容之前，用户无法收到任何响应消息（在没有"输出"节点的前提下），"输出"节点支持在工作流执行过程中将响应内容反馈给用户，这样，即使回复内容繁多或工作流程较长，用户也能够及时获得响应。"输出"节点支持流式和非流式两种输出模式。

例如，在示例工作流中配置"输出"节点，如图 5-65 所示。

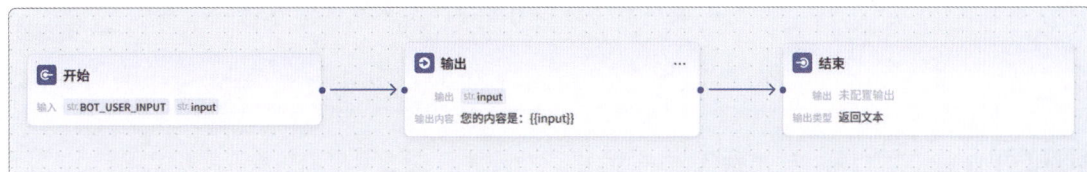

图 5-65

在智能体中调用此工作流时，就会在执行的过程中将"输出"节点的输出反馈给用户。每个"输出"节点还可以配合卡片进行输出，如图 5-66 所示。

图 5-66

5.3.9 变量

"变量"节点作为数据传递的媒介在工作流中用于设置和获取智能体变量。在使用"变量"节点之前，为了确保变量能够在不同工作流之间顺利传递和共享，必须先在智能体的配置中定义相应的变量，步骤如下。

步骤❶ 在智能体编排页面单击"变量"功能栏右边的"+"按钮，创建一个变量，如图 5-67 所示。

图 5-67

步骤② 在打开的"编辑变量"对话框中，输入变量的名称，如图5-68所示。

图 5-68

步骤③ 单击"保存"按钮后，单击"试运行"按钮，关联智能体，就能在工作流中设置和获取变量了，如图5-69所示。

图 5-69

返回"工作流"节点，添加"变量赋值"节点，选择你需要赋值的变量并设置数值，设置成功后是一个布尔值，如图5-70所示。

图 5-70

还可以在工作流中获取变量的值，关联智能体后，可以在任何节点的输入中选择"用户变量"来获取变量的值，如图5-71所示。

图 5-71

通过这种数据管理机制，使得智能体能够根据需要存储、检索和共享信息，从而提升自动化流程的效率和灵活性。

5.3.10 数据库

数据库是一种用于存储和管理数据的工具，它能够容纳大量数据。与变量相比，变量在同一时间段内只能保存单一值，而数据库在理论上可以存储无限条数据，利用数据库可以极大地提升智能体的数据存储能力。

在扣子工作流中，为了使用"数据库"节点，首先需要在智能体的配置中创建一个数据库，步骤如下。

步骤① 在智能体编排页面单击"数据库"功能栏右边的"+"按钮创建数据库，如图 5-72 所示。

图 5-72

步骤② 填写数据库基本配置，数据库名称需要遵循数据库命名规则，格式为 abc 或 abc123 或 abc_123，只能包含小写字母、数字或下画线，必须以英文字母开头，最多 64 字符。

设置的数据库存储字段，也是数据库的核心部分。用户可以将其理解为 Excel 表中的表头，如图 5-73 所示示例中设置的 user_name、user_age、user_sex，用户后续步骤中存储的数据就是 Excel 表中的每一项数据。

user_name	user_age	user_sex
小明	12	男
小红	10	女
小张	14	男

图 5-73

设置完成后，获得名称为 user_info 的示例数据库，如图 5-74 所示。

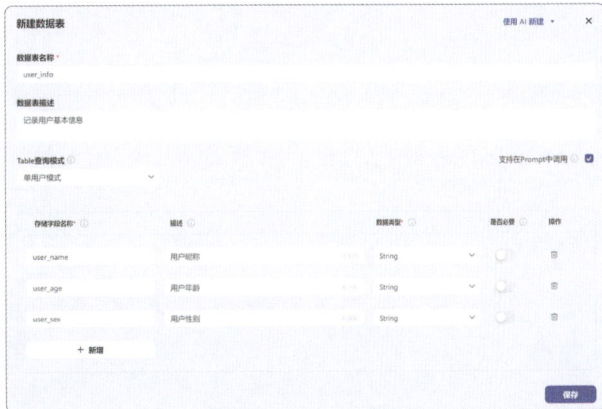

图 5-74

知识拓展 🎈

数据表描述：介绍数据表的主要用途，让大模型更加理解此数据表的功能。

Table 查询模型：分为单用户模式和多用户模式。

①单用户模式：开发者或用户，可以添加记录，仅能读/修改/删除自己创建的来自同渠道的数据。

②多用户模式：开发者或用户，可读/写/修改/删除表中来自同渠道的任何数据，由业务逻辑控制读写权限。

支持在 Prompt 中调用：如果勾选，表示可以通过提示词访问数据库；取消勾选，表示只能在工作流中使用；根据具体需求判断是否勾选。

步骤3 新建工作流，在"开始"节点设置默认输入3个参数，分别是 user_name、user_age、user_sex，如图5-75所示。

图5-75

步骤4 选择需要存储的内容作为"数据库"节点的输入，如图5-76所示。

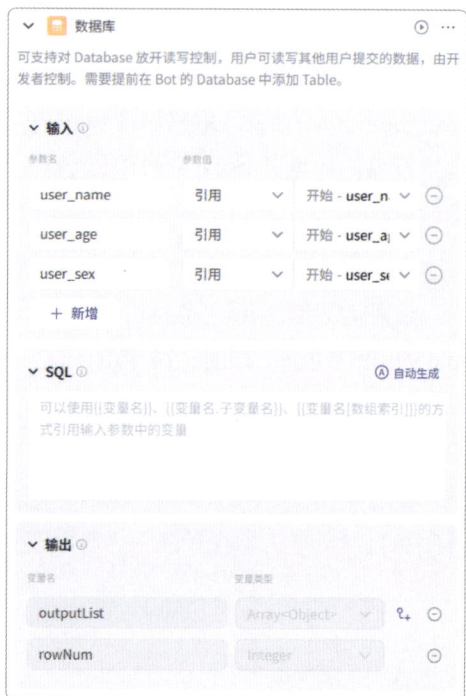

图5-76

步骤⑤ 在"数据库"节点里，可通过 NL2SQL（Natural Language to SQL，自然语言转 SQL 语句）方式和手动写入 SQL 语句的方式进行调用。这里笔者使用 NL2SQL 方式，单击"自动生成"按钮，在数据库中添加一条用户基本信息数据并使用，如图 5-77 所示。

图 5-77

步骤⑥ 使用并测试，如图 5-78 所示。

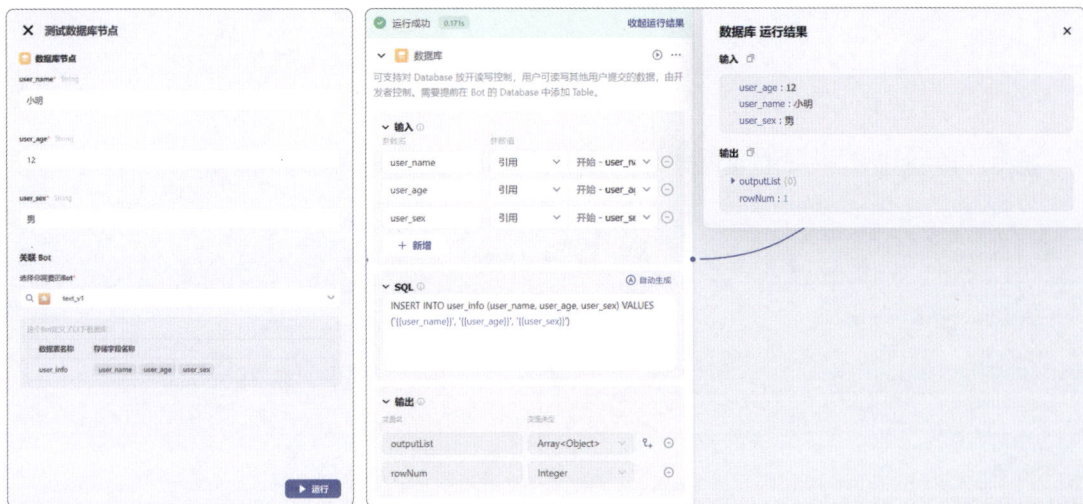

图 5-78

5.4 测试、发布与将工作流添加到智能体中

本节将详细介绍如何进行工作流的测试、发布以及将其集成到智能体中的方法。这些工作对于确保工作流的稳定性和有效性至关重要。

5.4.1 测试与发布工作流

在扣子中，工作流的执行始于"开始"节点并终于"结束"节点。一个成功的工作流意味着从起点到终点的流程能够顺畅无阻地运行。然而，在实际操作过程中，可能会遇到错误或异常，这时就需要进行调试。

调试工作流时，重点是确保每个节点都能按照预期运行。例如，在下面的案例中，可能需要分别到"开始"节点、"LinkReaderPlugin"节点和"结束"节点修改，如图 5-79 所示。

图 5-79

例如，用户期望输入一个链接以得到这个链接的文本，操作如图 5-80 所示。

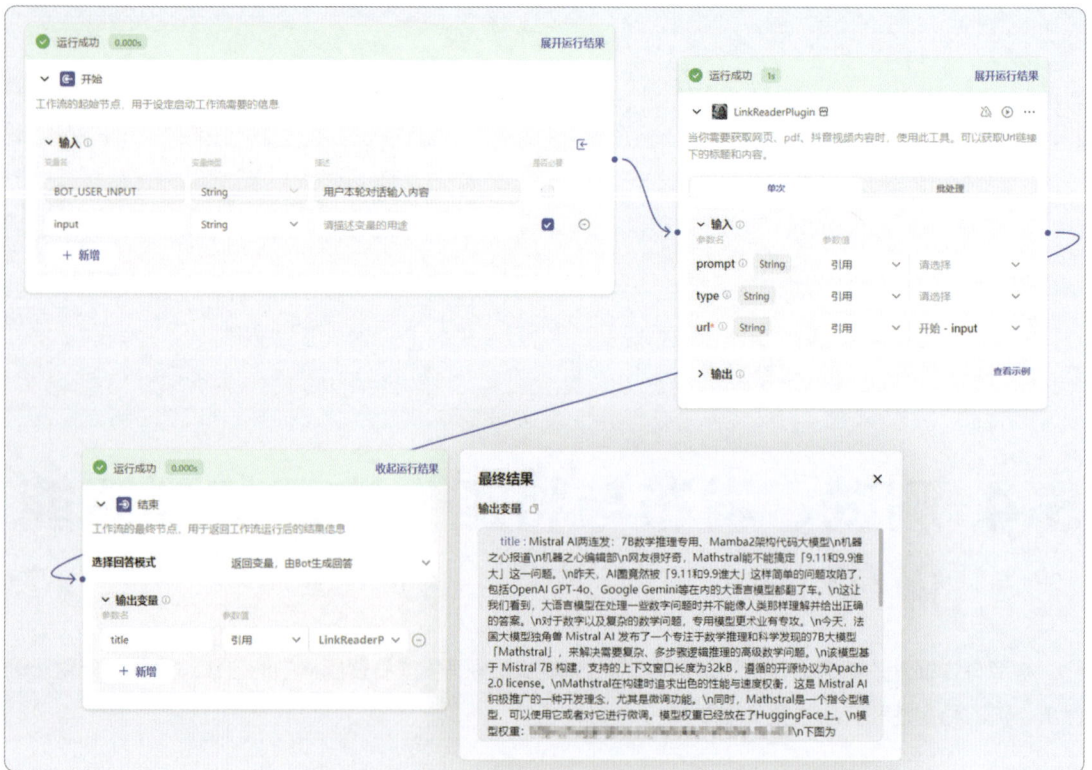

图 5-80

当一个工作流试运行成功且满足用户需求时，就可以通过单击"发布"按钮来发布该工作流。

5.4.2 将工作流添加到智能体中

步骤① 打开智能体，单击"工作流"功能栏右侧的"+"按钮添加工作流，如图5-81所示。

图5-81

步骤② 添加需要的工作流，操作如图5-82所示。

图5-82

步骤③ 在智能体中调用工作流，在"人设与回复逻辑"区域，通过识别用户意图的提示词引用工作流的名称来调用工作流，例如，发布一个解析链接内容的工作流，如图5-83所示。

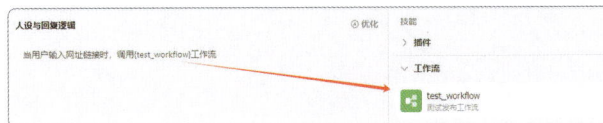

图5-83

当对话文本框中显示图5-84所示的"正在调用工作流test_workflow"时，则说明调用成功。

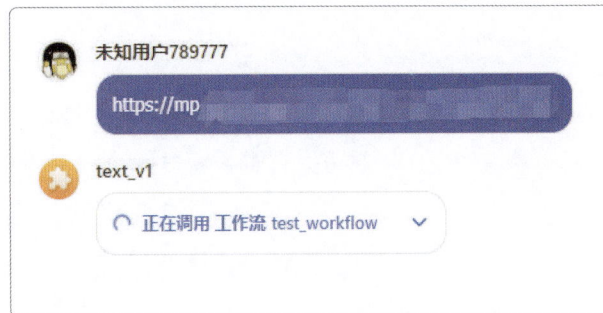

图5-84

扣子（Coze） ∨
从入门到精通

第 1 章
第 2 章
第 3 章
第 4 章
第 5 章
第 6 章
第 7 章
第 8 章
第 9 章
第 10 章

第 6 章 插件系统——扩展智能体的能力

当智能体需要突破原生功能限制时，插件系统提供了灵活的扩展方案。它通过模块化设计将第三方能力无缝集成至智能体核心体系，不仅能快速实现定制化需求，还可持续丰富智能体的生态能力。无论是连接外部API、添加行业专用功能，还是开发个性化交互插件，开放的插件架构都以标准化接口降低开发门槛，显著提升智能体的场景适应能力，同时保持核心系统的稳定性。本章将详细讲解插件相关知识。

6.1 探索扣子插件商店与社区插件

扣子插件用于扩展和增强智能体的功能。通过安装和配置这些插件，用户可以为智能体添加新的特性和能力。插件可以在不修改主程序代码的前提下，扩展软件的功能，合理使用插件可以大幅度提高生产效率。

在实际使用中，用户往往存在多样化的需求，而插件为用户的需求提供了更加"个性化"的服务，从而更好地满足用户的需求，如图 6-1 所示。

图 6-1

6.1.1 插件商店的功能与特点

提供丰富的插件：涵盖从实用工具到娱乐休闲的各种插件。例如，实用工具类插件可以提供日期时间处理、单位转换等功能；而娱乐休闲类插件可以提供小游戏和趣味问答等。用户可以根据自己的需求浏览和搜索合适的插件，快速找到所需的功能。

简便的插件安装和配置过程：用户只需单击按钮即可使用插件，并通过直观的界面进行配置，无须拥有复杂的编程知识。例如，用户安装了一个天气查询插件，只需输入城市名称即可实时获取天气信息，配置过程简单明了。

扣子插件商店为用户提供了一个灵活、高效的平台，使得扣子智能体的功能得到极大扩展，满足不同用户的多样化需求。

6.1.2 如何访问与浏览插件商店

登录扣子平台，在首面左侧的工具栏可以找到"商店"，如图 6-2 所示。

单击"商店"可以看到商店的 3 个组成板块，分别是"智能体商店""插件商店""模型广场"。选择第二个板块"插件商店"，如图 6-3 所示。

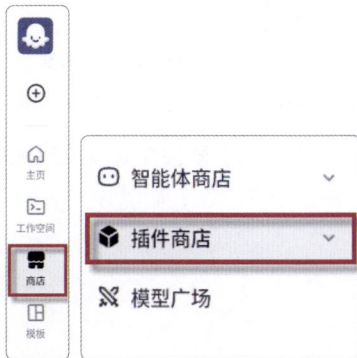

图 6-2

图 6-3

打开"插件商店"页面后，会看到相关的细分种类，如图 6-4 所示。

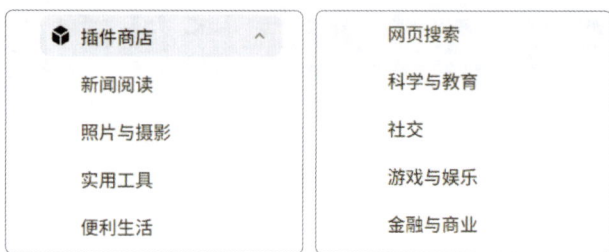

图 6-4

每一个种类都有丰富的插件。插件按照类别排列，便于浏览。同时也可以通过搜索栏输入关键词来查找特定的插件。例如在搜索栏输入"新闻"，则会弹出与"新闻"相关的插件，如图 6-5 所示。

图 6-5

在浏览插件时，可以单击感兴趣的插件进入其详细页面。在详细页面中，可以查看插件的功能介绍、使用示例、智能体使用等信息。如果对该插件满意，可以单击"添加到我的智能体"按钮，按照提示完成配置后，插件将被安装到智能体中，如图 6-6 所示。

图 6-6

安装完成后，可以在智能体的管理界面中找到已安装的插件，并进行进一步的配置或管理。许多插件提供了详细的使用指南和帮助文档。例如，如果想安装一个天气查询插件，可以在插件商店的搜索栏中输入"天气"，如图 6-7 所示。

图 6-7

如图6-8和图6-9所示，选择合适的插件，选择插件"墨迹天气"然后将其插入智能体"天气查询小助手"中。

图6-8

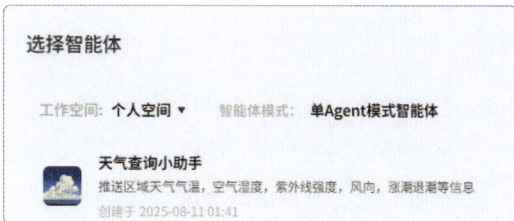

图6-9

知识拓展

如何找到自己需要的插件？有3种途径：访问插件商店，关键词查询，浏览分类。

途径一，访问插件商店。该商店中包括官方插件和用户发布的插件，如图6-10、图6-11所示。

图6-10

图6-11

途径二，关键词查询。利用搜索栏输入关键词，描述需要的插件的功能或用途，例如"社交媒体集成"，如图6-12所示。

图6-12

途径三，浏览分类。扣子平台提供插件分类，可以根据插件的类型或功能进行浏览，比如"实用工具""便利生活""新闻阅读"等，如图6-13所示。

图6-13

6.1.3 常见插件介绍

在扣子中，有许多常见的插件能够满足不同用户的需求，以下是一些常用的插件类型。

1.天气查询插件

这种插件通过调用天气 API 提供实时的天气信息，包括温度、湿度、风速、降雨量等。只需输入城市名称或地理坐标，就可以获取当前的天气情况和未来几天的天气预报。

应用场景：适合需要实时获取天气信息的用户，如旅行者、户外活动组织者和日常生活中的普通用户等。通过天气查询插件，他们可以随时了解当前和未来几天的天气情况，方便安排出行计划。例如，旅行者可以在出发前查询目的地的天气情况，提前做好准备；户外活动组织者可以根据天气预报决定是否需要更改活动时间或地点。

2.日期时间处理插件

日期时间处理插件提供了日期和时间的格式转换、时间差计算以及当前日期时间获取等功能。可以将日期从一种格式转换为另一种格式，或者计算两个日期之间的天数。

应用场景：适合需要处理日期和时间数据的用户，如项目管理者、开发者和日常生活中的普通用户等。项目管理者可以使用该插件计算项目的开始和结束日期，确保项目按时完成；开发者可以利用插件进行时间格式转换，方便不同系统之间的数据对接；普通用户可以用插件来计算重要事件的倒计时，如生日、纪念日等。图 6-14 所示为日期时间处理插件示例。

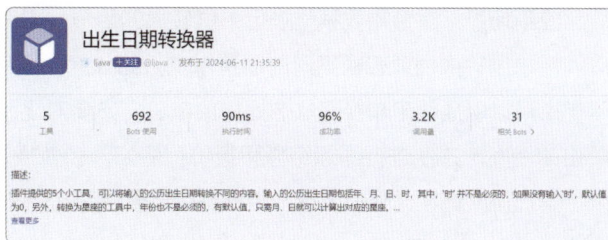

图 6-14

3. 文本分析插件

这种插件能够对文本进行分析，提取关键词、命名实体，甚至进行情感分析。例如输入一段文字，插件可以返回关键词列表、情感倾向（积极、中性或消极）等。

应用场景：适合需要分析大量文本数据的用户，如市场研究人员、客服团队和内容创作者等。市场研究人员可以使用文本分析插件提取社交媒体上的关键词，了解消费者的关注点和意见；客服团队可以通过插件分析客户反馈的情感倾向，从而更好地解决客户问题；内容创作者可以利用插件提取文章中的关键词，优化 SEO（搜索引擎优化）策略。图 6-15 所示为文本分析插件示例。

图 6-15

4. 数据库连接插件

数据库连接插件支持连接到各种数据库（如 MySQL、PostgreSQL、MongoDB 等），进行数据查询、插入、更新和删除操作。可通过配置数据库连接信息，进行数据管理操作。

应用场景：适合需要进行数据管理和操作的用户，如数据分析师、开发者和企业 IT 部门等。数据分析师可以通过数据库连接插件快速获取和分析数据，生成报告；开发者可以利用插件进行数据库的开发和测试，确保系统的正常运行；企业 IT 部门可以通过插件进行数据维护和管理，保证数据的安全性和完整性。

5. 单位转换插件

单位转换插件可对多种单位进行单位转换，包括长度、重量、温度等。用户只需输入数值和单位，插件会自动进行转换并返回结果。

应用场景：适合需要频繁进行单位转换的用户，如工程师、科学家和国际贸易人员等。工程师可以利用单位转换插件转换不同的测量单位，如长度、面积和体积的单位，确保设计和施工的准确性；科学家可以用插件来转换实验数据中的单位，方便对比和分析；国际贸易人员可以通过插件进行货币单位的转换，方便进行国际结算和报价。例如，"转换助手"插件可以帮助用户将英里转换为公里，或将华氏温度转换为摄氏温度，特别适合需要频繁进行单位转换的用户。

6. 小工具插件

这种插件包含多种实用的小工具，如计算器、货币转换器等。通过这些插件进行日常的小任务处理，例如，"多功能工具箱"插件集成了多种常用工具，可以在一个插件中完成多种操作，极大地方便了日常使用。

应用场景：适合需要多种实用工具的用户，如学生、办公室职员和普通用户等。学生可以通过小工具插件进行数学计算、单位转换、文字翻译等，辅助学习；办公室职员可以利用小工具插件进行货币转换、时间管理和数据处理等，提高工作效率；普通用户可以通过小工具插件完成日常的小任务，如计算和翻译等。

7. 娱乐插件

娱乐插件提供了各种小游戏和趣味问答，可以增加互动性和趣味性。例如"趣味问答"插件通过提供各种有趣的问题，让用户在回答问题的过程中获得乐趣。

应用场景：适合需要放松和娱乐的用户，如休闲爱好者和社交平台用户等。休闲爱好者通过娱乐插件玩小游戏和趣味问答，放松身心；社交平台用户可以利用娱乐插件与朋友一起互动，增加社交乐趣，例如在一个聊天群中使用"趣味问答"插件，激发大家的参与热情，增加互动性。

8. 翻译插件

这种插件能够将文本从一种语言翻译成另一种语言，支持多种语言的互译。只需输入需要翻译的文本和目标语言，插件就会返回翻译结果。例如，"多语言翻译"插件可以帮助用户在不同语言之间进行翻译。

应用场景：适合需要处理多语言内容的用户，如国际业务人员、翻译工作者和多语言学习者等。国际业务人员通过翻译插件进行邮件和文件的翻译，方便与国外客户沟通；翻译工作者可以利用翻译插件提高翻译效率，减少工作量；多语言学习者可以通过翻译插件进行日常的语言练习和翻译，提高语言能力。图 6-16 所示为翻译插件示例。

图 6-16

通过这些常见的插件，用户可以极大地扩展扣子智能体的功能，满足各种应用场景的需求。每个插件都有其独特的功能和使用方法，用户可以根据自己的需要选择和安装合适的插件。

6.2 插件系统的工作原理

对插件有了初步的了解后，其工作原理必然是个绕不开的话题。如何一步步在扣子中加入插件的功能，从下面的介绍中就能找到答案。

6.2.1 组成部分

扣子的插件系统由 4 个关键组成部分构成，并通过一系列工作流程来实现插件的开发、发布、安装和运行等。这些组成部分和流程共同构建了一个功能强大且灵活的插件系统，能够大幅提升智能体的能力。

1. 插件主文件

插件主文件是插件的核心部分，包含实现插件功能的主要代码。它负责处理用户的请求，执行插件的具体功能。例如，"天气查询"插件的主文件会包含调用天气 API 获取天气数据的代码，并将结果返回给用户。

2. 配置文件

配置文件用于定义插件的基本信息和初始配置参数，如插件的名称、描述、版本号、作者信息等。配置文件也可能包括一些需要在插件安装时设置的参数，例如 API 密钥或用户偏好设置。这些信息有助于用户了解插件的功能和用途，并进行必要的配置。

3. 依赖文件

依赖文件包括插件运行所需的外部库和资源文件。这些库、文件可以是第三方库（如用于数据处理的库）、图像文件、样式文件等。依赖文件的存在保证了插件可以在不同环境中正常运行，而不需要用户手动安装这些依赖文件。

4. 插件商店

插件商店是一个集中平台，用户可以在这里浏览、安装和管理各种插件。开发者将插件发布到插件商店，经过审核后，插件会被上架，供用户下载和使用。插件商店不仅方便了用户获取插件，也为开发者提供了展示和分发其作品的渠道。

6.2.2 工作流程

扣子插件系统的工作流程是一个从开发到用户使用的完整周期管理过程，确保插件能够顺利集成到智能体中，并为用户提供稳定且高效的功能。这个流程可以分为几个关键阶段：开发、发布、安装和运行。

1. 开发阶段

首先需要设置开发环境，在扣子官方网站下载最新版本的 SDK（Software Development Kit，软件开发工具包），并按照指南进行安装。

接着配置开发环境：确保开发环境满足 SDK 的要求，例如安装必要的编程语言解释器或编译器，以及任何其他必需的依赖工具。

按照以下步骤通过将 JavaScript 库添加到 Web 应用程序来安装 SDK。

步骤① 登录扣子平台。

步骤② 查找要部署为 Web 服务的目标智能体。

步骤③ 在编排页面，复制并保存当前页面 URL 的最后一个字符串，该字符串为智能体 ID，将在后续配置中使用。

步骤④ 单击发布。在发布页面选择 Web SDK 并单击发布。

步骤⑤ 发布 SDK 后，在新的发布页面选择安装 SDK，在 "bot_id" 处填入步骤 3 中复制的 ID。

步骤⑥ 回到智能体编排页面，再次单击发布，进入发布页面，单击安装即可。

扣子 SDK 提供了一系列工具和接口，帮助开发者轻松实现各种功能。

编写插件代码的过程中，开发者还需要创建配置文件、定义插件的基本信息（如名称、描述、版本号等）和必要的初始配置参数（如 API 密钥）。在完成代码编写后，在本地环境中对插件进行测试和调试，确保插件能够正常工作并实现预期功能，即可发布插件。

2. 发布阶段

将开发完成并测试通过的插件打包，提交到扣子插件商店进行审核。扣子团队会对插件进行严格的审核，检查其功能、性能和安全性，确保其符合平台的标准和要求。审核通过的插件会被上架到插件商店，供用户浏览和下载。

3. 安装和运行阶段

在插件商店中选择需要的插件，单击"添加到我的智能体"按钮。系统自行从插件商店下载插件的所有文件到用户的本地环境，并根据插件的要求进行必要的配置，例如输入参数设置等，如图 6-17 所示。配置完成后，用户便可以在扣子智能体中使用该插件的功能。

图 6-17

启用插件后，当用户在扣子智能体中执行某个操作（如发送消息、单击按钮）时，会触发插件相应的事件。处理结果会被返回给扣子智能体，并通过扣子智能体呈现给用户。插件通过事件驱动的方式运行，确保其能够实时响应用户的操作，如图6-18所示。

图6-18

这种全面的生命周期管理不仅保证了插件的质量和稳定性，也为开发者和用户提供了一个高效、可靠的生态系统，使得扣子智能体能够不断扩展和优化其功能，满足用户的各种需求。

6.2.3 定义与类型

1. 插件系统的定义

扣子插件系统是一个允许第三方开发者编写、发布和管理扩展功能的框架。通过插件，用户可以在不修改核心代码的情况下，为智能体添加新的功能或改进现有功能。插件系统提供了一套标准的开发接口和工具，帮助开发者快速实现各种功能，并保证插件与智能体的无缝集成。

2. 插件的类型

扣子插件系统支持多种类型的插件，以满足不同的功能需求和使用场景，主要的插件类型包括以下几种。

功能插件：这种插件主要用于添加新的功能模块，例如天气查询插件、任务管理插件等。功能插件通常包括一组 API 调用和业务逻辑，用于实现特定的功能需求。

界面插件：用于扩展或优化扣子智能体的用户界面，例如自定义按钮、菜单、消息卡片等。通过界面插件，开发者可以提供更丰富的交互方式和更美观的界面。

集成插件：用于将扣子智能体与第三方服务或系统集成，例如与 CRM 系统、社交媒体平台或电子商务系统的集成。集成插件通常需要处理跨系统的数据交换和同步问题。

分析插件：用于收集和分析用户行为数据，为用户提供有价值的信息。例如，用户行为分析插件可以帮助了解用户的操作习惯，从而优化 扣子智能体的功能设计和用户体验。

安全插件：用于增强智能体的安全性，例如身份验证插件、数据加密插件等。通过安全插件，开发者可以实现更严格的访问控制和数据保护。

通过支持多种类型的插件，扣子插件系统为开发者和用户提供了极大的灵活性和可定制性。开发者可以根据具体需求选择合适的插件类型，实现复杂的功能扩展和系统集成。用户则可以通过插件商店方便地获取和管理各种插件，根据个人需求定制智能体的功能和界面。

6.3 创建自定义插件

前面已经介绍了如何使用插件。但在实际操作过程中，并不是所有需求都能在插件商城找到相应插件。这个时候，可以选择创建自定义插件。

知识拓展

理解以下概念有利于更好创建自定义插件。

插件：一种遵循一定规范的用 API 编写出来的程序。可以将它看作一个盒子，把鲜肉放进盒子，拿出来时鲜肉就变成了香肠。这个过程中有一系列的加工流程，但盒子并不透明，看不见也无须看见其中的运行机制。

API：一些预先定义的函数，可以让应用程序和开发人员访问插件。

参数（ Parameter, 也叫参变量 ）：在研究问题时，需要使用或观察几个变量的变化以及它们之间的相互关系，其中分为自变量和因变量。在插件中，例如一个天气查询插件，插件的作用是查询不同日期指定城市的天气情况，那么日期和城市就是参数，输入不同的日期和城市会返回不同的天气情况。

SDK：一个专为开发者设计的工具包，提供了一组丰富的开发工具、库和文档，帮助开发者高效地创建、测试和发布插件或扩展功能。

目前，扣子平台允许用户使用两种方法创建插件，分别是基于已有服务创建和在扣子 IDE 中创建。

6.3.1 基于已有服务创建

步骤① 在"资源库"中找到右上角的"+资源"按钮选择"插件",如图6-19所示。

图6-19

步骤② 弹出对话框后,根据指引填写插件基础信息,如图6-20和图6-21所示。

图6-20

图6-21

- **插件图标**:单击默认图标,可选择上传本地图片作为新图标。
- **插件名称**:建议根据创建的插件功能输入清晰、易理解的名称,便于使用者及大语言模型搜索与使用插件。
- **插件描述**:更加详细地描述插件的用途和功能,确保使用者查看后决定是否使用该插件。
- **插件工具创建方式**:选择"基于已有服务创建"。
- **插件 URL**:插件的访问地址或相关资源的链接。
- **Header 列表**:HTTP 请求头参数列表。需要根据 API 自身的参数配置要求来填写。
- **授权方式**:目前支持 3 种方式,包括不需要授权、Service(密钥或令牌)和 Oauth(标准模式)。

步骤③ 插件创建成功后，进入插件工具页面，如图 6-22 所示，单击"创建工具"按钮，即可为当前插件创建插件工具。插件工具是插件的功能分支，调用同一插件下的不同插件工具，可以理解为放入鲜肉选择让其变成香肠或肉饼。

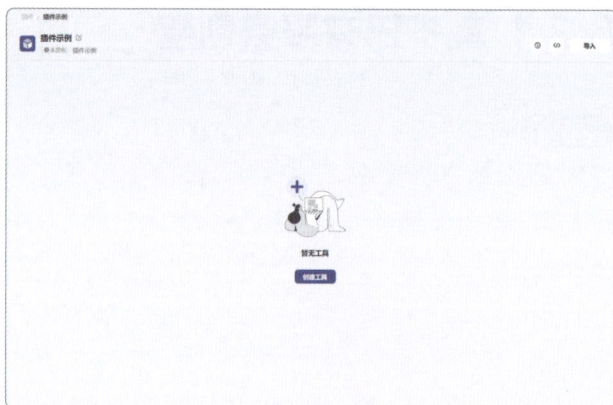

图 6-22

步骤④ 在弹出的"编辑工具"页面中填写工具的基本信息，如图 6-23 所示。

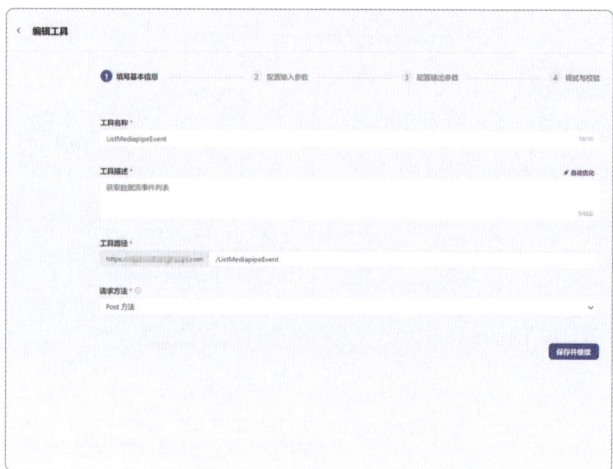

图 6-23

• **工具路径**：输入 API 路径；如果 API 没有路径，直接填写 / 作为路径。若需在 API 的请求路径内插入变量，可以使用大括号 {} 括注变量名作为占位符，例如 https:// 示例 .com/api/{id}/getTime。此外，后续添加输入参数时，需要新增一个和变量名相同的输入参数，并将参数的传入方法设置为 Path。

• **请求方法**：选择 API 的请求方式。

步骤⑤ 完成配置后，单击"保存并继续"按钮，接着填写"配置输入参数"相关内容，如图 6-24 所示。

图 6-24

步骤⑥ 配置完成后单击"保存并继续"按钮，填写"配置输出参数"相关内容，这里可以手动配置，但建议单击右上角的"自动解析"按钮填写输出参数，如图6-25所示。

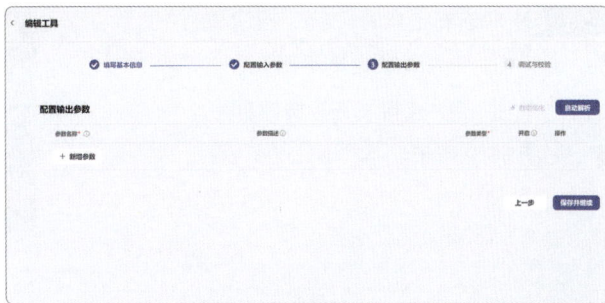

图 6-25

平台会根据 API 响应结果自动配置输出参数，如图 6-26 所示。

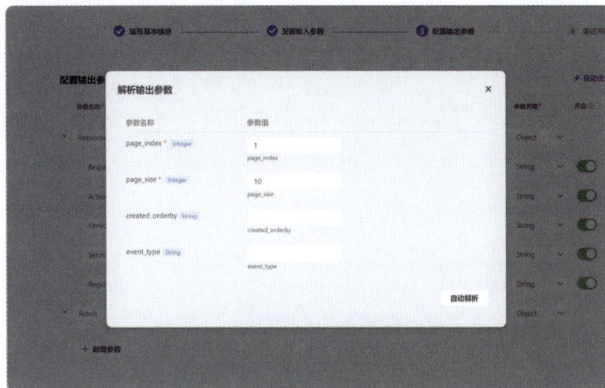

图 6-26

步骤⑦ 单击"保存并继续"按钮，填写"调试与检验"相关内容，单击"运行"按钮，若显示"调试通过"，说明插件工具可以成功调用了，如图 6-27 所示。

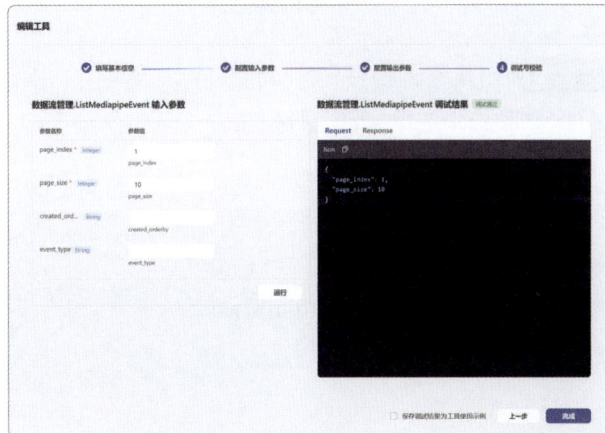

图 6-27

步骤⑧ 单击"完成"按钮，跳转到插件详情页面，如图 6-28 所示。

图 6-28

步骤⑨ 单击右上角的"发布"按钮后，会弹出"个人信息收集声明"对话框，单击"否，直接发布"按钮即可，如图6-29所示。

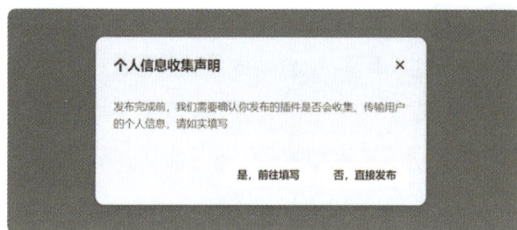

图6-29

步骤⑩ 发布后自动跳转至插件空间。通过查看发布状态就能确定该插件是否发布成功，如图6-30所示。

图6-30

6.3.2 在Coze IDE中创建

步骤① 创建新的插件，在"新建插件"对话框中选择"云侧插件–在Coze IDE 中创建"，如图6-31所示。

- **插件工具创建方式**：选择"云侧插件 - 在 Coze IDE 中创建"。
- **IDE 运行时**：选择"Python3"。

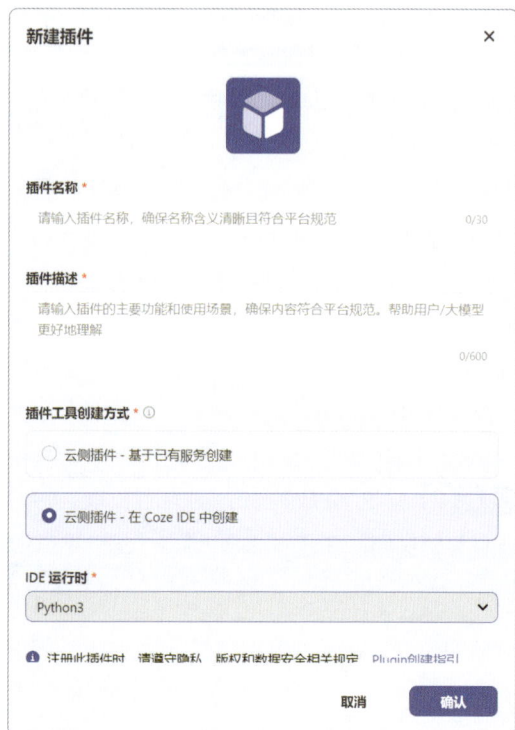

图6-31

步骤② 创建插件后，在新页面中，单击"在IDE中创建工具"按钮，如图 6-32 所示。

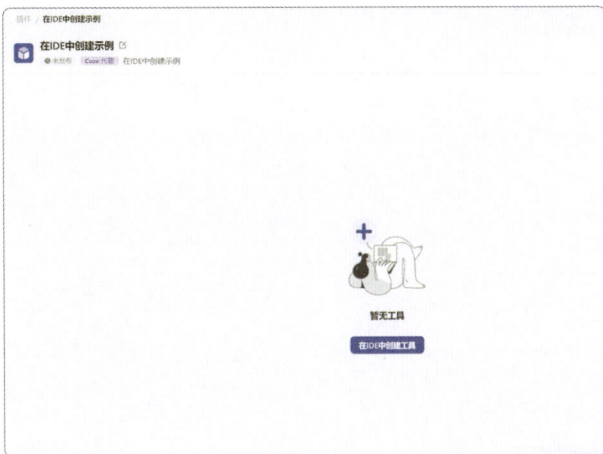

图 6-32

步骤③ 在对话框中依次输入"工具名称"和"工具介绍"相关内容，然后单击"确定"按钮，如图 6-33 所示。

图 6-33

步骤④ 进入代码编辑页面，在此界面编辑代码。单击"</> 代码"旁的 ✦ 图标可让 AI 助手帮忙写代码，如图 6-34 所示。

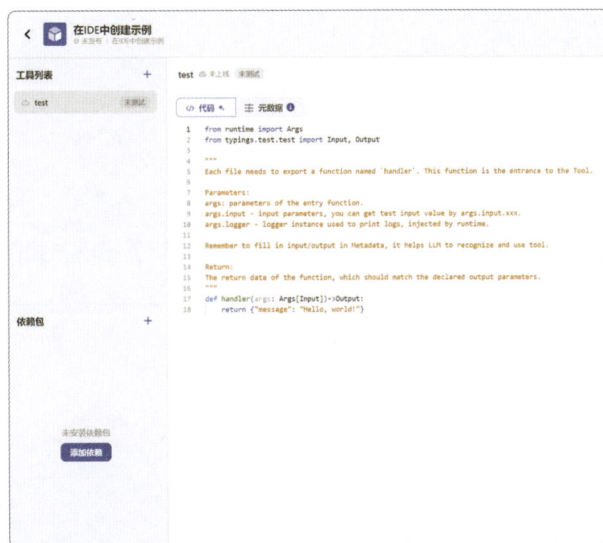

图 6-34

步骤 ⑤ 单击"元数据"配置插件的"输入参数"和"输出参数"，如图6-35所示。

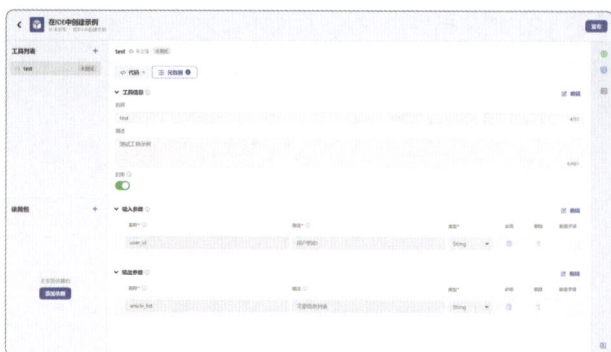

图6-35

步骤 ⑥ 单击"</> 代码"选项，按组合键Ctrl+I唤出AI代码助手，用自然语言生成代码，该助手支持代码的生成、修改、解释、注释等，如图6-36所示。

图6-36

步骤 ⑦ 在接下来的运行测试中，模拟请求需要用到对应的依赖库。在代码编辑页左下角"依赖包"的模块里，直接搜索requests请求库，如图6-37所示。

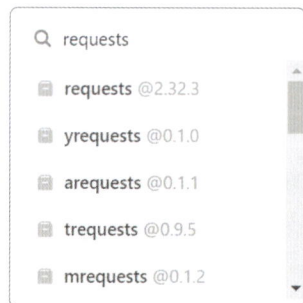

图6-37

单击下载后，控制台会输出依赖包的安装进度，如图6-38所示。

图6-38

步骤⑧ 单击代码编辑页右上角的 ● 图标, 运行并测试代码, 使用AI自动生成输入的代码, 页面下方会展示输出结果, 如图6-39所示。

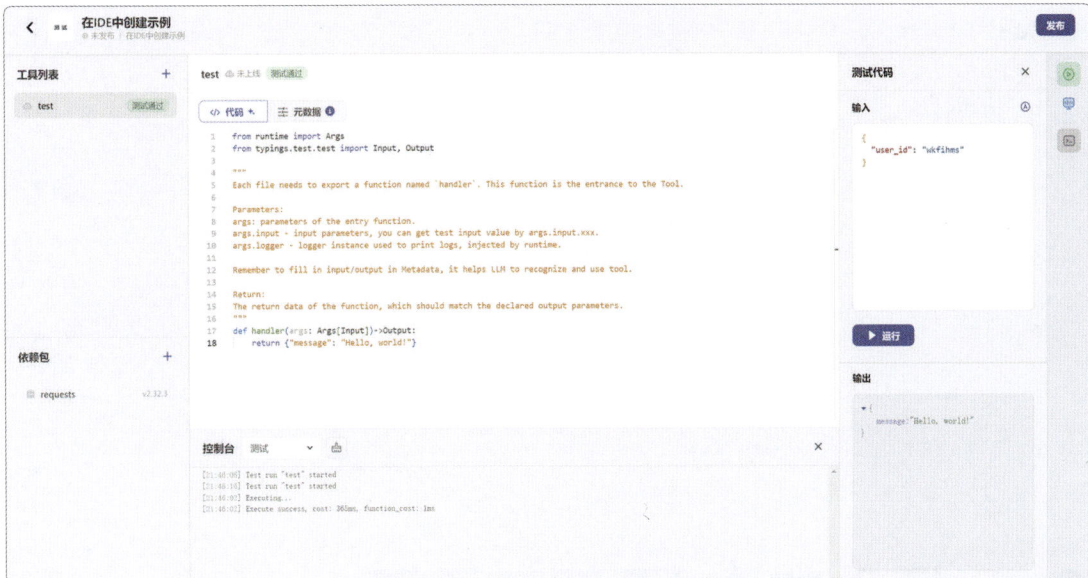

图6-39

步骤⑨ 测试通过后, 单击右上角的"发布"按钮, 在打开的对话框中单击"下一步"按钮, 即可发布插件, 如图6-40所示。

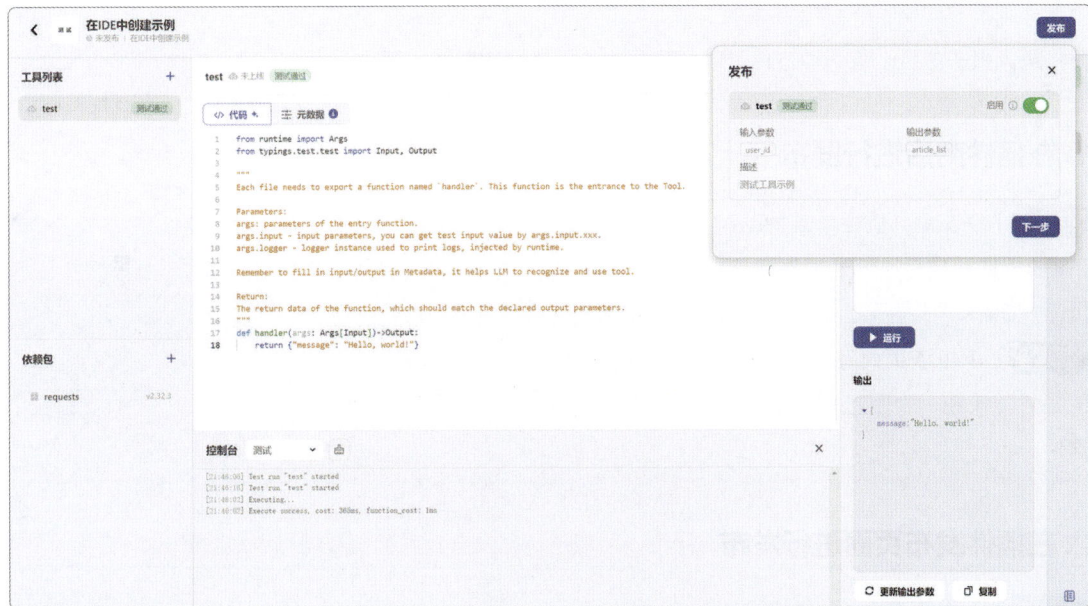

图6-40

步骤⑩ 这里会打开"个人信息收集声明"对话框, 默认否即可, 如图6-41所示。

图6-41

109

步骤 11 经过一段时间的加载后，插件就会成功发布。也可以通过个人空间的插件发布状态查看是否发布成功，如图6-42所示。

图6-42

6.4 插件的上/下架与更新

6.4.1 上架插件

进入扣子主页，有两种方式可以上架插件，具体操作方法如下。

1. 在插件商店进行发布

步骤 1 在左侧导航栏单击"商店"下的"插件商店"，打开"插件商店"页面，如图6-43所示。

步骤 2 单击该页面右上角的"上架插件"按钮，然后选择要发布的插件。

图6-43

2. 在插件发布页面进行发布

步骤 1 在左侧导航栏，选择一个工作空间，在"资源库"中选择要发布的插件。

步骤 2 进入插件详情页面，单击右上角"发布"按钮，如图6-44所示。

图6-44

步骤③ 在弹出的对话框输入插件的版本号、版本描述，并选择个人信息收集声明，然后单击"发布"按钮，如图6-45所示。

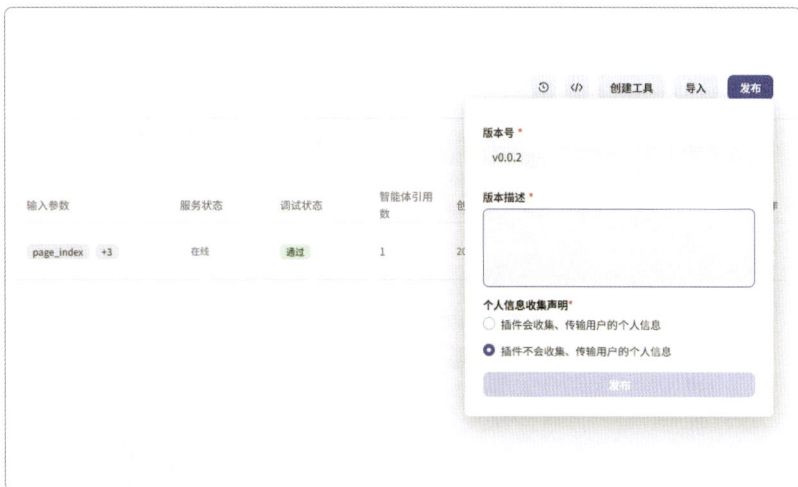

图6-45

6.4.2 下架插件

若不想在商店中展示插件，可以下架该插件，操作如下。

- 在插件商店页面，单击已发布到商店的插件。
- 在插件详情页面，单击右上角的"下架"按钮，然后在打开的对话框中单击"确定"按钮完成下架。

下架后，其他用户不再能看到该插件，已添加该插件的智能体均停止工作。

6.4.3 更新插件

当需要修改插件的描述说明和所属类别，或同步自上次插件发布到商店以来所做的其他配置时，需要在商店提交更新。

- 在插件商店页面，单击已发布到商店的插件。
- 在插件详情页面，单击右上角的"提交更新"按钮，修改插件描述和分类，然后选择提交。
- 默认上传插件最近一次发布的配置。如果插件的配置信息不是最终修改后的内容，请返回插件页面，重新发布。

扣子（Coze） ∨
从入门到精通

第 1 章
第 2 章
第 3 章
第 4 章
第 5 章
第 6 章
第 7 章
第 8 章
第 9 章
第 10 章

第 7 章 卡片 ——智能体 与用户交互 的媒介

当今数字化时代，信息的高效传递与友好呈现是提升用户体验的关键。本章旨在深入探讨卡片的功能特性和卡片在实践中的应用效果，揭示如何通过卡片功能提升智能体信息交流的质量。

7.1 卡片的功能和初步应用

卡片是扣子平台的一种信息展示工具，是为了让用户能自定义智能体生成内容的输出格式所开发的功能。卡片采用模块化构建的精妙设计，对智能体输出的图文信息、快捷链接、可视化按钮等元素进行融合，为用户呈现直接且美观的视觉效果。

7.1.1 卡片的功能

在扣子平台，智能体的默认输出方式是文本、Markdown 和 JSON 这 3 种形式，卡片能够巧妙地优化布局，将复杂、多样的信息精炼整合，以一种更为直观且引人入胜的方式展现在用户眼前。

下面通过头条新闻搜索智能体的输出案例来分别展示使用卡片功能前后的智能体输出效果，如图 7-1 和图 7-2 所示。

图 7-1   图 7-2

从案例中可以清晰地看到，对于同一个问题，该智能体使用卡片功能排版后的输出界面更加美观。

7.1.2 官方卡片的应用步骤

1. 选择卡片样式

在扣子平台的智能体编排页面，可以为"工作流"和"插件"功能添加卡片样式，步骤如下。

步骤 ❶ 单击"绑定卡片数据"图标。

在"插件"或"工作流"栏右侧单击"绑定卡片数据"图标 📇 ，如图 7-3 和图 7-4 所示。需要注意的是，在"工作流"中所使用的"插件"节点无法绑定卡片。

图 7-3   图 7-4

113

步骤② 进入"智能体回复卡片配置"页面。

在"插件"栏单击"绑定卡片数据"图标会进入该插件的"智能体回复卡片配置"页面，其中的蓝色文本 getToutiaoNews 代表"插件"的名称，如图 7-5 所示。

智能体回复卡片配置　getToutiaoNews

不使用卡片回复

选择卡片样式　+ 新增

图 7-5

在"工作流"栏单击"绑定卡片数据"图标会出现"输出节点绑定卡片"选择页面，如图 7-6 所示。

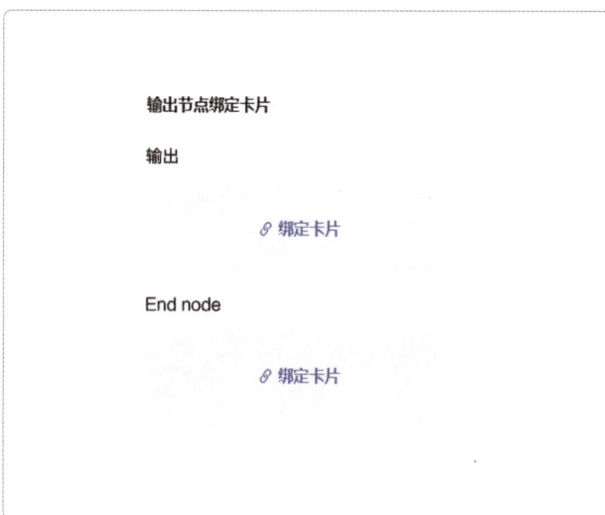

输出节点绑定卡片

输出

🔗 绑定卡片

End node

🔗 绑定卡片

图 7-6

只有当用户在工作流中使用了"输出"节点，在绑定卡片的界面中才会出现该节点对应的卡片绑定选项。

此外，工作流中只有"输出"节点和 End node（结束）节点可以绑定卡片，工作流中的插件无法直接绑定卡片，因此用户在搭建工作流的过程中需要提前规划好"输出"节点的输出内容，这样才能最大限度发挥卡片的展示功能。

这里以 End node 节点作为示例。单击 End node 下方的"绑定卡片"按钮，进入该节点的"智能体回复卡片配置"页面，其中蓝色文本 coze_workflow 为该工作流的名称，如图 7-7 所示。

智能体回复卡片配置　coze_workflow

不使用卡片回复

选择卡片样式　+ 新增

官方卡片　　我的卡片

图 7-7

步骤③ 选择卡片样式。

"插件"和"工作流"默认"不使用卡片回复"，用户在"选择卡片样式"时有两种选择卡片的方式：一种是选择官方卡片，另一种是选择由用户自定义的卡片。

官方卡片一共有 4 种不同的布局样式，用户可选择其中最合适的样式完成卡片的绑定，如图 7-8 所示。

图 7-8

2. 为官方卡片绑定数据源——插件

以创建"头条新闻搜索 Bot"为例，展示为"头条新闻"插件绑定卡片数据源的全部过程。

步骤 ① 新建智能体，名称为"头条新闻搜索 Bot"，并添加智能体功能介绍，如图 7-9 所示。

图 7-9

步骤 ② 为智能体添加"人设与回复逻辑"提示词。按照"角色""技能""限制"等结构编写提示词，内容如图 7-10 所示。

图 7-10

步骤③ 添加"头条新闻"插件，如图 7-11 所示。

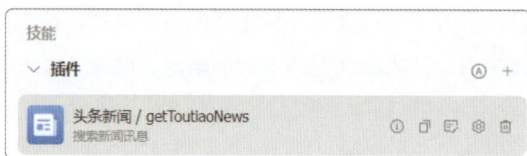

图 7-11

步骤④ 选择官方卡片样式。进入"智能体回复卡片配置"页面，选择大图样式的官方卡片，这款官方卡片包含标题、图片和内容描述等 3 个输出部分，如图 7-12 所示。

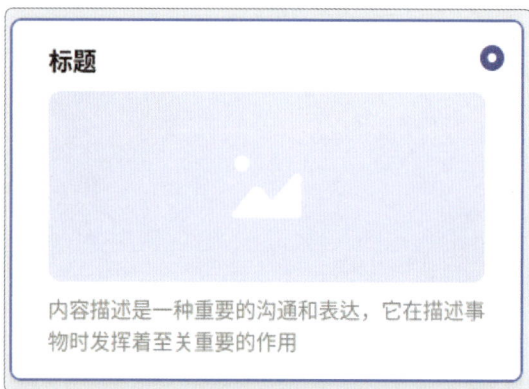

图 7-12

步骤⑤ 选择"单张卡片"或"竖向列表"。

在打开的"为卡片绑定数据源"页面，用户可以根据需求选择"单张卡片"或"竖向列表"卡片样式，如图 7-13 和图 7-14 所示。选择"单张卡片"样式时，智能体输出只包含一条新闻的卡片；选择"竖向列表"时，智能体可将多条新闻以竖向列表的卡片样式进行输出。

图 7-13

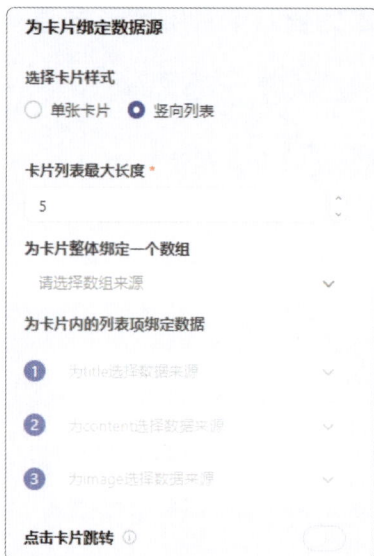

图 7-14

步骤⑥ 为卡片内的元素绑定数据。

官方卡片一共包含 title、content 和 image 等 3 种输出元素，用户可打开下拉列表，选择绑定卡片内元素的数据。

其中，各元素介绍如下。

title 元素对应新闻标题，选取插件输出参数中的 title 变量。

content 元素对应新闻概要，选取插件输出参数中的 summary 变量。

image 元素对应新闻图片，选取插件输出参数中的 cover 变量，如图 7-15 所示。

图 7-15

　　当用户选择"竖向列表"卡片样式时，需要设置"卡片列表最大长度"，卡片列表最大长度默认值为"5"，如图 7-16 所示。

图 7-16

　　确定"卡片列表最大长度"后，用户需要为卡片整体绑定一个数组。打开"为卡片整体绑定一个数组"下拉列表，选择 array 数组格式的 news，如图 7-17 所示。

图 7-17

步骤 7 启用"点击卡片跳转"功能。打开"点击卡片跳转"启用按钮，选择输出参数中的 url 变量，如图 7-18 所示。

图 7-18

步骤 8 全部配置完成后，单击右下角的"确认"按钮，回到智能体的编排页面。

用户输入搜索关键词即可输出今日相关的头条新闻内容。启用"单击卡片跳转"功能后，用户单击"头条新闻搜索 Bot"输出的卡片即可跳转至对应的"今日头条"新闻网页，如图 7-19 和图 7-20 所示。

图 7-19

图 7-20

对于头条新闻搜索类别的插件工具，更适合采用"竖向列表"卡片样式。"竖向列表"卡片样式的输出预览效果如图 7-21 所示。

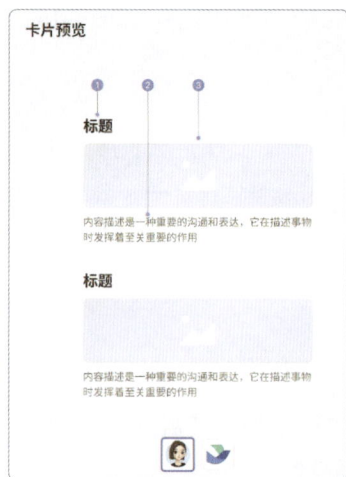

图 7-21

3. 为官方卡片绑定数据源——工作流

这里以创建"图书推荐大师"为例，展示为工作流绑定卡片数据源的全部过程。

步骤 ① 新建智能体，名称为"图书推荐大师"，并添加智能体功能介绍，如图 7-22 所示。

图 7-22

步骤② 为智能体添加"人设与回复逻辑"提示词。按照"角色""技能""限制"等结构编写提示词，内容如图 7-23 所示。

图 7-23

步骤③ 创建 books_recommend 工作流，并添加工作流描述，如图 7-24 所示。

图 7-24

步骤④ 在工作流中添加"插件"节点，在"添加插件"文本框中搜索"在线搜书"，添加 search_books_online 插件，如图 7-25 所示。

图 7-25

步骤⑤ 连接"开始"节点和"结束"节点，并选择对应的参数变量，如图 7-26 至图 7-28 所示。

图 7-26

119

图 7-27

图 7-28

步骤 ⑥ 配置完成后的工作流如图 7-29 所示。

图 7-29

步骤 ⑦ 试运行并发布工作流，在智能体编排页面完成工作流的添加，单击"绑定卡片数据"图标 后，单击 End node 按钮，如图 7-30 所示，进入"智能体回复卡片配置"页面。

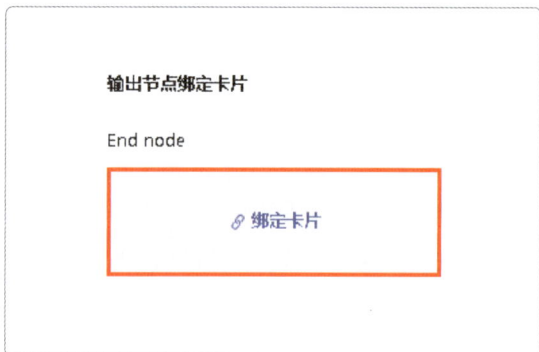

图 7-30

步骤 ⑧ 选择官方卡片样式。

在"智能体回复卡片配置"页面中选择图 7-31 所示的官方卡片样式，这款官方卡片包含标题、图片和内容描述等 3 个输出部分。

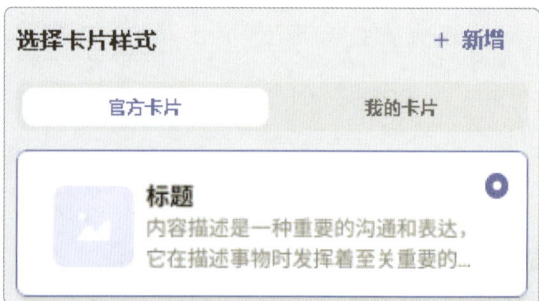

图 7-31

步骤 ⑨ 因要推荐多本书给用户选择，故这里选择"竖向列表"卡片样式，并为卡片内元素绑定数据，完成后的配置界面如图 7-32 所示。

- 对于搜索类别的插件工具，更适合采用"竖向列表"的卡片样式，本案例直接选择"竖向列表"卡片样式的输出效果。

- 将"卡片列表最大长度"设置为 5，打开"为卡片整体绑定一个数组"下拉列表，选择 array 数组格式的 output 变量。

- 为 title、content 和 image 绑定卡片内元素的数据。

其中：

title 元素对应书名，选取插件输出参数中的 title 变量；

content 元素对应书的介绍，选取插件输出参数中的 intro 变量；

image 元素对应书的封面，选取插件输出参数中的 cover 变量。

- 书都拥有版权，本案例在"点击卡片跳转"功能处选取 cover，即书的封面图片作为跳转变量。

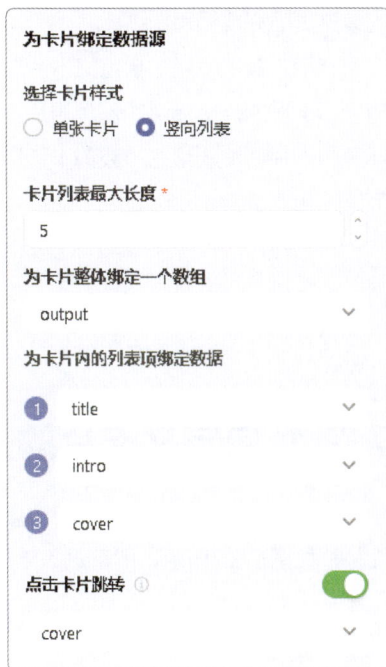

图 7-32

步骤⑩ 全部配置完成后，单击界面右下角的"确认"按钮，回到智能体的编排页面，开始测试智能体的运行效果，如图 7-33 所示。

图 7-33

7.2 自定义卡片的创建方法

官方卡片中的布局较为简单，当用户需要满足复杂内容的集成输出要求时，官方卡片无法满足用户需求。在扣子平台，用户可以在"个人空间"根据自己的需求创建自定义格式的卡片，并在智能体

121

的编排页面完成调用。

若用户首次使用"自定义卡片"功能，可通过单击"新增"创建卡片，创建的卡片将被收纳在"我的卡片"页面，如图 7-34 所示。

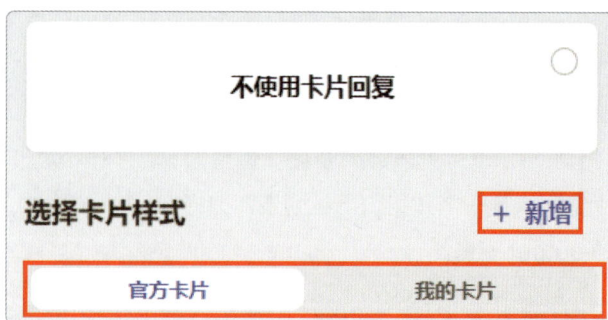

图 7-34

7.2.1 自定义卡片的操作页面及功能介绍

在"工作空间"页面，选择"资源库"，将鼠标指针移至"+ 资源"按钮处，在打开的列表中选择"卡片"，如图 7-35 所示，即可进入卡片的初始创建页面。

图 7-35

卡片初始创建页面的功能分布如图 7-36 所示。

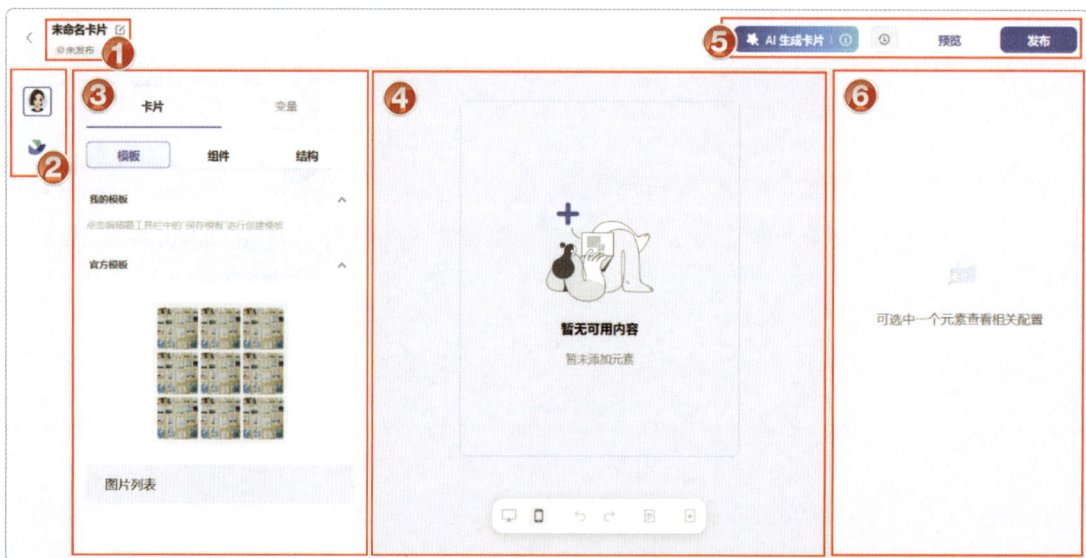

图 7-36

该页面各功能区域简介如下。

① 编辑卡片名称：为创建的卡片编辑名称。

② 模式栏：选择卡片的编辑模式，扣子支持"豆包"和"飞书"两种编辑模式。

❸ 功能区：选择卡片"模板"、为卡片添加"组件"和"变量"、查看卡片"结构"。

❹ 卡片布局区：编辑卡片的可视化布局。

❺ 发布栏：包含 AI 生成卡片、预览和发布等功能。

❻ 配置区：编辑卡片内容的配置情况。

7.2.2 自定义卡片的布局组件

（1）"豆包"模式的布局组件

在"豆包"模式下，一共提供了 6 种布局组件，如图 7-37 所示。

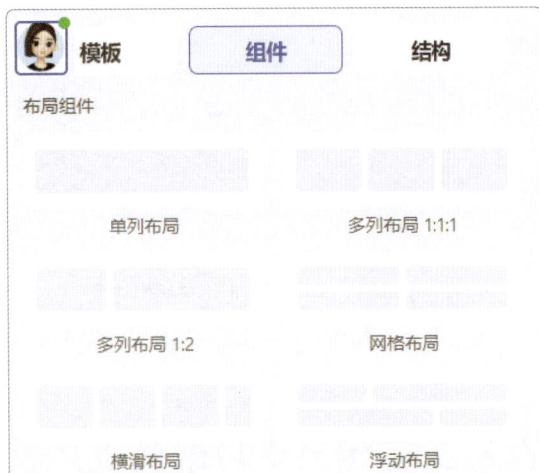

图 7-37

（2）"飞书"模式的布局组件

在"飞书"模式下，同样提供了 6 种布局组件，如图 7-38 所示。

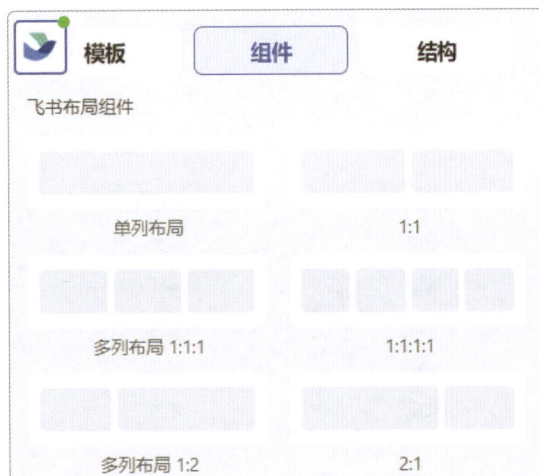

图 7-38

（3）布局组件的使用

在卡片布局区添加相应的布局组件，选取所需的布局组件，如添加"单列布局"，单击该组件模块即可将其添加到布局区，如图 7-39 所示。

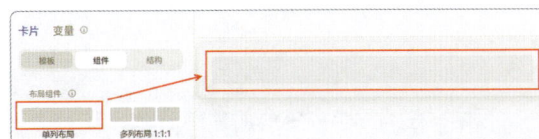

图 7-39

当添加第一个布局组件后，可通过单击的方式添加其他布局组件，或按住鼠标左键将选用的布局组件拖曳到合适的位置。

在"单列布局"下方添加一组"网格布局"和一组"多列布局1：1：1"后，卡片样式和布局组件如图7-40所示。

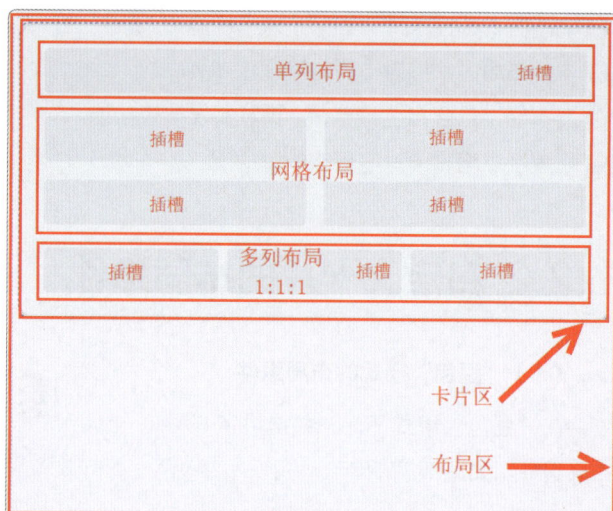

图7-40

从图7-40可以看到，"单列布局"中默认包含一个插槽，"网格布局"中默认包含4个插槽，"多列布局"中默认包含3个插槽。插槽可以自定义添加和删除，也可以通过拖曳的方式重新排列。

7.2.3 自定义卡片的基础组件和表单组件

（1）基础组件功能介绍

"豆包"和"飞书"模式均提供了多种不同功能的基础组件，用户可在不同模式下选择适用的基础组件，如图7-41、图7-42所示。

图7-41

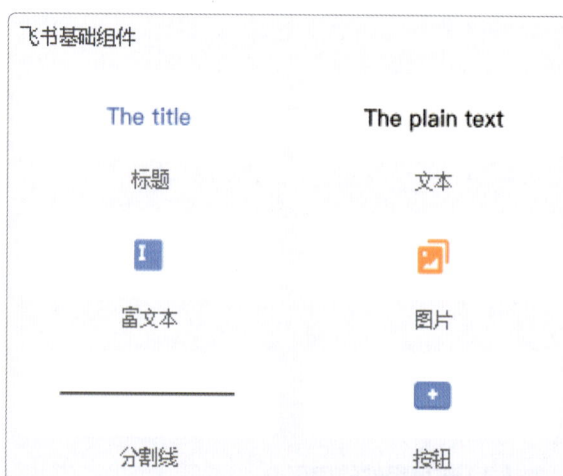

图7-42

标题：在消息卡片中添加标题信息。

文本：在消息卡片中添加纯文本的输出信息。

按钮：在消息卡片中添加按钮，单击按钮可跳转至对应的网页，或者输出文本指令。

图片：在消息卡片中添加图片格式的输出信息。

图标：在消息卡片中添加图标，仅可在"豆包"模式下使用。

标签：在消息卡片中添加内容标签，仅可在"豆包"模式下使用。

评分：在消息卡片中添加可视化的评分信息，仅可在"豆包"模式下使用。

分割线：在消息卡片中为文本信息添加分割线。

音频：在消息卡片中添加音频播放功能，支持播放 MP3、WAV、M4A 等格式的音频文件。

视频：在消息卡片中添加视频播放功能，支持播放 MP4、MOV 等格式的视频文件。

富文本：在消息卡片中添加包括文本、图片和网页链接等 RTF 格式信息，仅可在"飞书"模式下使用。

（2）表单组件功能介绍

在"豆包"模式下，扣子提供了 3 种表单组件，如图 7-43 所示。

图 7-43

输入框：在消息卡片节点中增加用户输入框，可触发消息发送。

下拉选择：在消息卡片节点中增加下拉选项，可由用户选取下拉选项并触发消息发送。

按钮选择：在消息卡片节点中增加按钮选择功能，用户可单击按钮触发对应的指令发送。

表单组件在扣子工作流中可通过绑定变量使用动态数据，还可以引用表单项的内容，如"按钮选择""下拉选择"中的选择结果和"输入框"的输入内容。表单组件适用于满意度调查、用户信息统计等多种数据统计功能的实现，在扣子卡片交互中属于非相对高阶的功能，用户可在不断尝试和探索中感受卡片交互功能的魅力。

（3）基础组件和表单组件的添加方法

可通过两种方法进行基础组件的添加。

方法一，选中布局组件中的插槽，再单击想要添加的基础组件。

方法二，选中想要添加的基础组件，将该基础组件拖曳至对应的插槽中，如图 7-44 所示。

图 7-44

"标题"组件无法添加到插槽中，建议用户将"标题"组件拖曳至合适的位置进行添加。

125

单个插槽可以同时绑定多个基础组件或表单组件，本节以一款适用于四格漫画的卡片布局为参考案例，完成后的效果如图 7-45 所示。

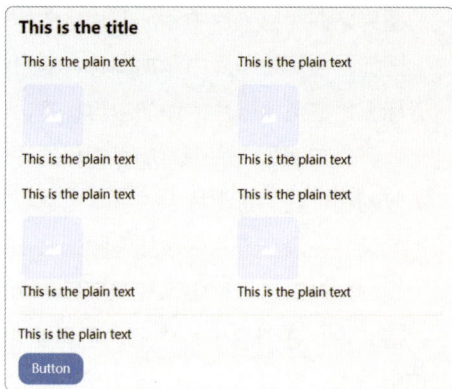

图 7-45

组件添加完成后，可单击布局区下方的"保存为模板"图标将卡片布局保存，用户可在"我的模板"中调用，如图 7-46 至图 7-48 所示。

图 7-46　　　　　　　　　　图 7-47　　　　　　　　　　图 7-48

7.2.4　自定义卡片组件的结构

自定义卡片组件的结构类似树状，旨在提高用户选取组件进行编辑的便捷性。单击"结构"按钮，可预览卡片的竖向结构，如图 7-49 所示。组件的结构共有四大类别，分别是标题、布局组件、插槽、基础组件。标题对应 Title，布局组件对应 GridLayout 和 singlecolumn，插槽对应 Column，基础组件对应 Text、Image、Button 和 Divider。

图 7-49

7.2.5 自定义卡片组件的基础配置

用户可以在卡片结构页面或卡片布局区选择相应的布局组件和基础组件进行编辑。不同组件的基础配置均有"数据""样式""操作"3 个配置区，本节按图 7-49 所示的结构介绍各组件的配置区。

（1）标题

用户可在"数据"配置区的"内容"栏填写标题，或绑定标题变量，如图 7-50 所示。

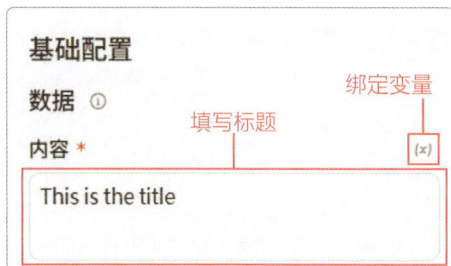

基础配置

数据 ①

内容 *

This is the title

绑定变量
填写标题

图 7-50

（2）单列布局

用户可在"数据"配置区添加或删除插槽，如图 7-51 所示。

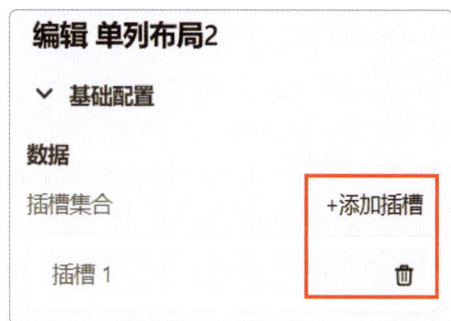

编辑 单列布局2

∨ 基础配置

数据

插槽集合 　　+添加插槽

插槽 1

图 7-51

在"样式"配置区，用户可编辑布局的"背景"方案，也可调整"行间距"和"内边距"，如图 7-52 所示。

样式

背景

透明　　　颜色　　　图片

行间距

4px

内边距

2px

图 7-52

在"操作"配置区可启用"点击事件"功能。当用户启用该功能时，可在"URL"栏中输入网页链接，或者绑定 URL 变量，如图 7-53 所示。

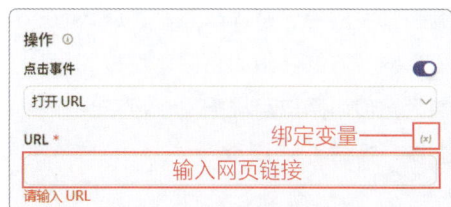

操作 ①

点击事件

打开 URL

URL *

请输入 URL

绑定变量
输入网页链接

图 7-53

（3）网格布局

网格布局的"数据"配置区有"固定格数"和"动态格数"两种形式，用户可选取"固定格数"的插槽，也可选择"动态格数"的插槽，如图 7-54 和图 7-55 所示。

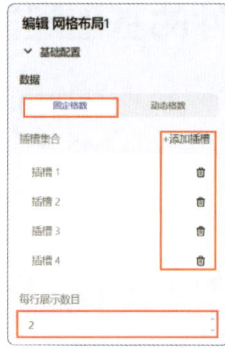
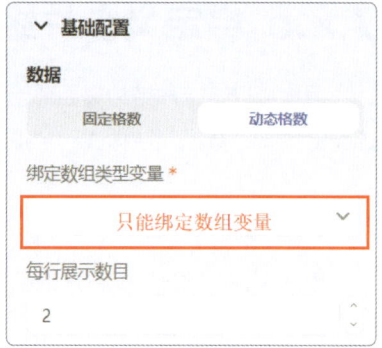

图 7-54 图 7-55

使用"固定格数"的插槽时，用户可添加或删除插槽。当选择"动态格数"的插槽时，用户需要为该"网格布局"绑定数组类型的输出变量，绑定后卡片的输出将根据智能体输出的内容数量自动调整插槽的数量。

用户可更改"网格布局"中的"每行展示数目"，默认值为 2，表示当前每行展示的插槽数为两个，以此类推。

（4）插槽

在插槽的"样式"配置区可调整插槽的对齐方式，如图 7-56 所示。

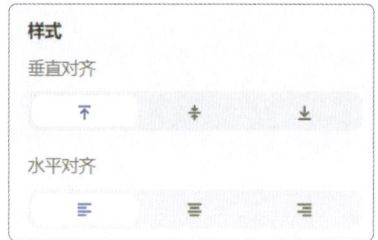

图 7-56

（5）文本

在文本的"数据"配置区可添加固定输出的内容，或绑定内容变量，如图 7-57 所示。

图 7-57

在文本的"样式"配置区还可调整文字颜色、字体权重、字体大小、对齐方式、最大行数、定位和最大宽度，用户可根据需求自定义配置，如图 7-58 所示。

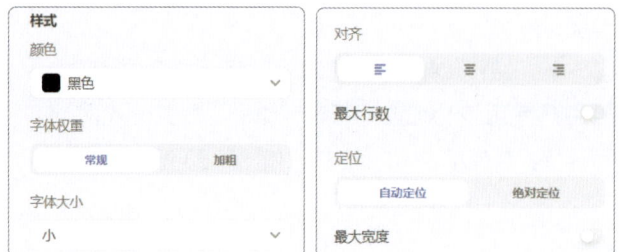

图 7-58

（6）图片

在图片的"数据"配置区用户可上传自定义图片，或绑定图片变量，如图 7-59 所示。

图 7-59

在图片的"样式"配置区可调整图片的模式、尺寸、裁剪比例和裁剪模式，如图 7-60 所示。

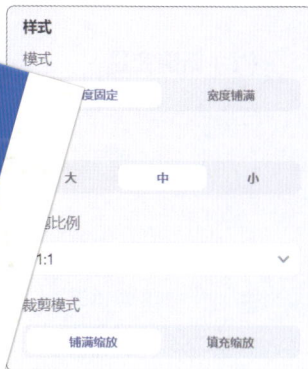

图 7-60

（7）按钮

在按钮的"数据"配置区可输入按钮的标签名称，也可以绑定变量，如图 7-61 所示。

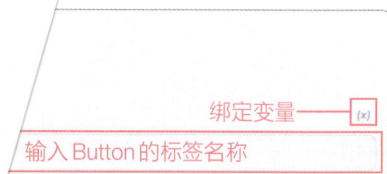

图 7-61

在按钮的"样式"配置区可调整按钮的类型、尺寸、宽度和定位，如图 7-62 所示。

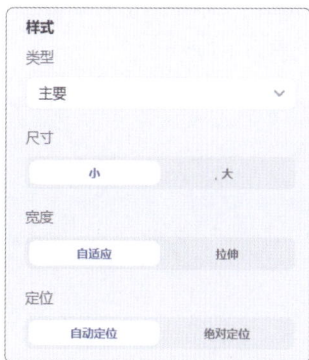

图 7-62

按钮的"操作"配置区有"点击事件"选项，用户可选择"打开 URL""给智能体发送信息"或"调用插件 / 工作流"并填写相关输出参数，如图 7-63 所示。"打开 URL"相关配置可参考图 7-53，给智能体发送消息配置页面如图 7-64 所示。

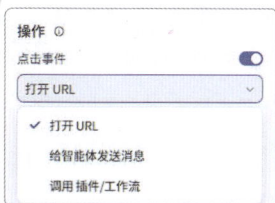

图 7-63

图 7-64

7.2.6 自定义卡片的变量

在用户完成了自定义卡片的布局框架后，需要为卡片中的每个组件添加数据，作为卡片的输出内容。组件的数据有两种添加方式：一种是在组件数据栏添加固定的静态数据，用户可以通过直接输入文本、上传本地图片来添加；另一种是添加变量数据，使卡片组件的输出内容动态化，如使用大模型或插件的返回数据。

（1）新建变量

在功能区单击"变量"，再单击"新建变量"，如图 7-65 所示。

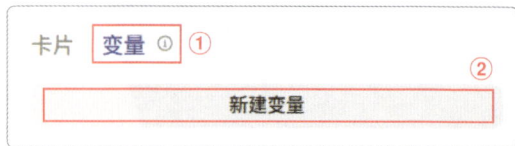

图 7-65

进入"创建变量"对话框后，需要用户输入变量名称、选择变量类型、添加变量默认值，如图 7-66 所示。

图 7-66

卡片的变量共有 5 种类型，分别是 String、Boolean、Number、Array、Object，如图 7-67 所示。

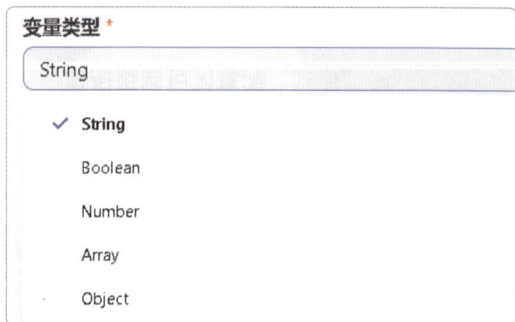

图 7-67

String：字符串，使用双引号的文本内容，如"早上好，欢迎来到扣子平台"。

Boolean：布尔值，只有 true 和 false 两种结果。

Number：数字值，如 5、1.6。

Array：数组集合，使用 [] 的集合值，如 ["value1"，"value 2"，"value 3"]，数组中的集合值也可以包含 Object 对象值。

Object：对象值，使用 {} 的集合值，如 {"user"，"address"}。

大模型和插件中应用得最多的是 String、Object 和 Array 这 3 种类型的数据，在卡片中新建变量一般也采用这 3 种类型。

（2）添加String类型的变量

填写"变量名称"，选择 String 变量类型，填写"变量默认值"，如图 7-68 所示。

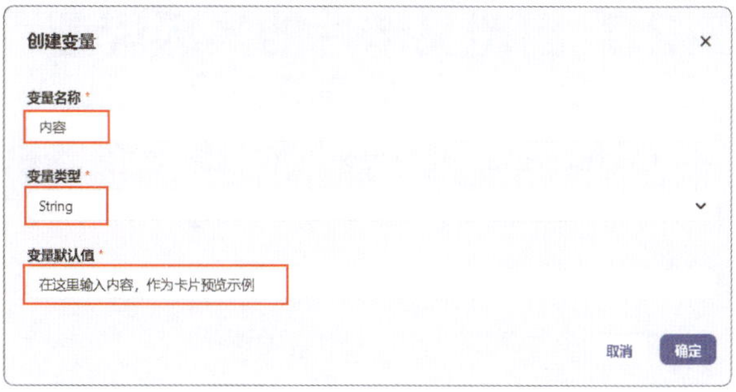

图 7-68

（3）添加Object类型的变量

填写"变量名称"，选择 Object 变量类型，填写"变量默认值"，如图 7-69 所示。注意：这里所有符号都需要采用半角符号。

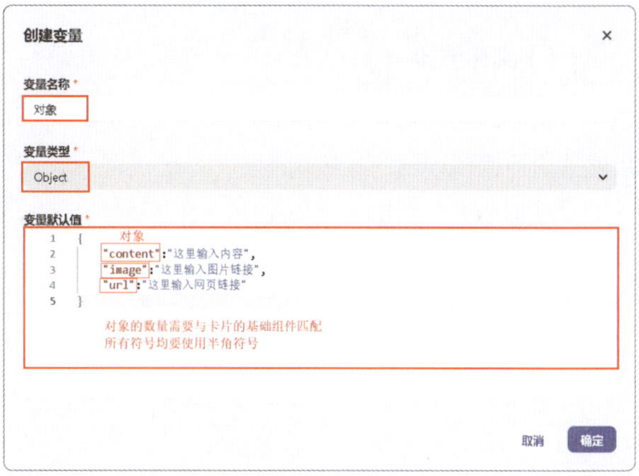

图 7-69

（4）添加Array类型的"变量"

填写"变量名称"，选择 Array 变量类型，填写"变量默认值"，如图 7-70 所示。注意：这里所有符号同样需要采用半角符号。

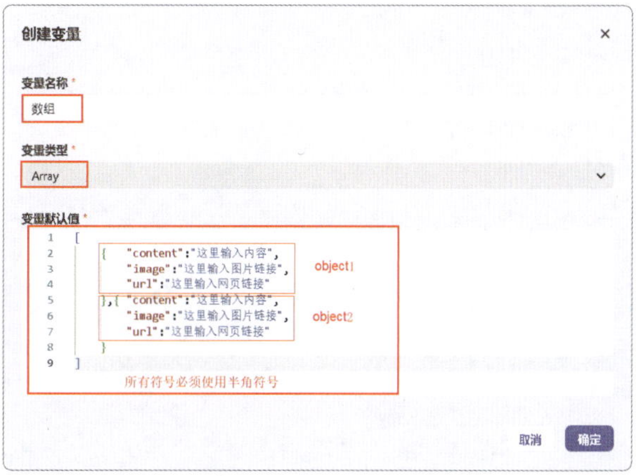

图 7-70

（5）添加变量

单击组件的"数据"配置区右上角的图标，选择已添加的变量，添加完成后如图 7-71 所示。

图 7-71

131

7.2.7 自定义卡片的高级配置

卡片组件包含"循环渲染"和"显隐设置"两种
高级配置功能，默认处于关闭状态，如图 7-72 所示。

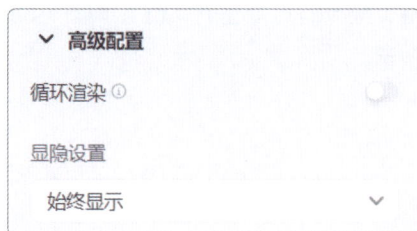

图 7-72

（1）循环渲染

"循环渲染"是让用户为自定义卡片中的某个布局组件绑定数组格式的变量，使其按照统一的卡片格式进行循环输出的高级功能。

"循环渲染"的展示效果和绑定方法与官方卡片提供的"竖向列表"原理基本一致，但需要用户在"结构"或"布局区"选中使用"循环渲染"功能的组件，如图 7-73 所示。

图 7-73

打开"循环渲染"功能后，需要绑定 Array 数组
类型的变量，完成后如图 7-74 所示。

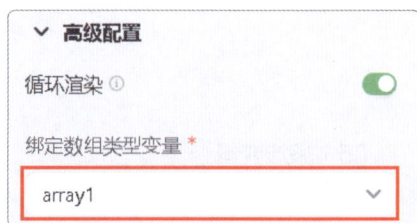

图 7-74

（2）显隐设置

"显隐设置"用于为自定义卡片设定显示和隐藏的条件。当输入变量满足一定条件时，用户可以

通过"显隐设置"设定该卡片或某个组件处于显示或隐藏状态。

所有卡片组件都可以开启"显隐设置"功能，当用户选中需要使用"显隐设置"的组件后，可选择"始终显示""满足条件时显示""满足条件时隐藏"3个选项，如图7-75所示。

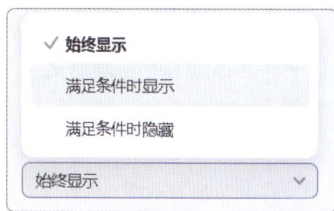

图 7-75

当用户选择"满足条件时显示"或"满足条件时隐藏"时，需要单击右下方的"编辑"，在弹出的"配置条件"对话框配置具体条件，如图 7-76、图 7-77 所示。

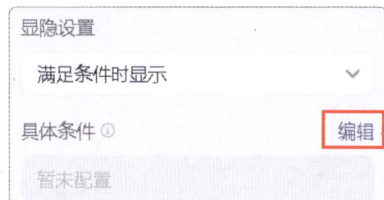

图 7-76

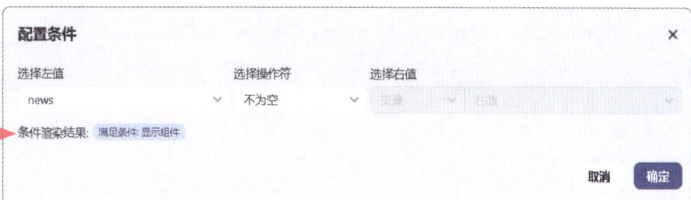

图 7-77

7.2.8 使用"AI生成卡片"功能

扣子平台提供了"AI 生成卡片"的功能，可以根据用户的需求自动生成卡片的布局。

单击"AI 生成卡片"按钮，可弹出"AI 生成卡片"对话框，如图 7-78 所示。

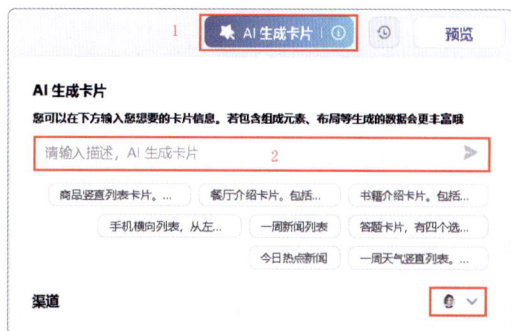

图 7-78

这里输入一段查询飞机航班信息的提示词作为案例：航班查询卡片，要求有图有文，列出当天的所有航班，包括航班信息、价格、是否包含餐食、托运等信息。完成效果如图 7-79 所示。

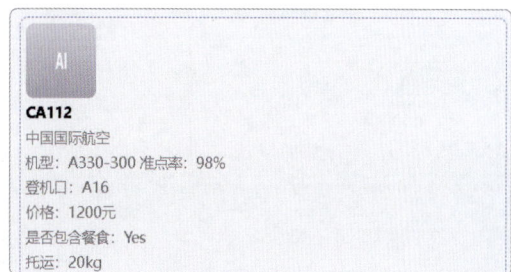

图 7-79

AI 自动生成的卡片会自动添加布局组件和基础组件，同时自动生成 Array 类型的变量并自动绑定组件数据。当用户创建自定义卡片时，可以先使用此功能生成合适的布局框架后再调整局部，提高创建卡片的效率。

7.2.9 发布和使用自定义卡片

（1）发布自定义卡片

完成自定义卡片样式和变量的编辑后，单击卡片编辑页面右上角的发布按钮，可弹出"发布"对话框。用户可在"发布"页面编辑"版本号"、"版本描述"信息，也可以选择"豆包"或"飞书"模式的卡片封面，如图 7-80 所示。

图 7-80

（2）使用自定义卡片

发布自定义卡片后，在智能体的编排页面中单击插件或工作流的"绑定卡片数据"图标，参考 7.1.2 节的步骤为卡片元素绑定数据源（变量）。若自定义卡片中某个布局组件启用了"循环渲染"功能，则要先为该组件绑定对应 Array 类型的变量数据并设置最大长度，再逐一绑定 String 类型的变量数据，数据源绑定完成后如图 7-81 所示。

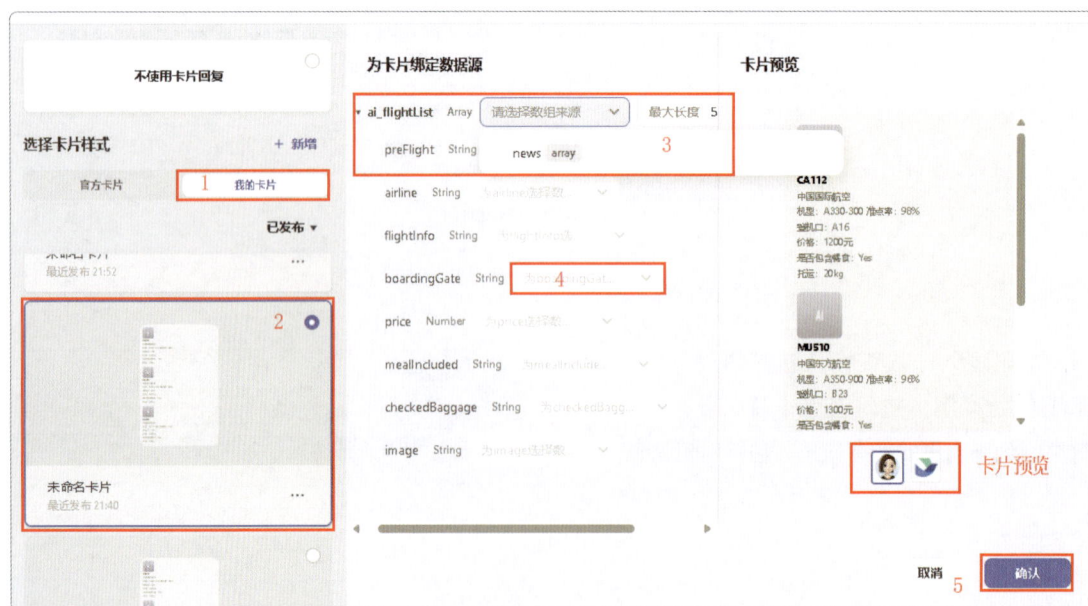

图 7-81

7.3 卡片的案例应用

本节以创建获取航班信息的智能体作为案例，展示包含创建智能体、设置工作流以及使用自定义卡片的全部过程，帮助读者进一步了解卡片的重要作用。

7.3.1 需求规划及布局卡片

在使用卡片功能前，建议先根据智能体的目标输出来规划卡片的界面布局。

根据本节案例智能体的需求可知，用户期望通过出发地、目的地、出发日期获取当天的航班信息，智能体的搭建思路如图 7-82 所示。

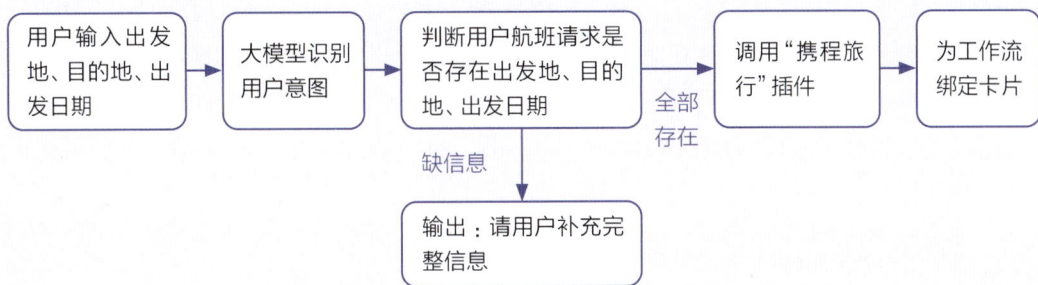

图 7-82

在确定智能体的搭建思路后，根据智能体的输出内容设计一款卡片样式，以"航班信息"为例，如图 7-83 所示。

从图 7-83 中可以看到，该自定义卡片包含标题、图片、文本、按钮等基础组件，同时应启用卡片的"循环渲染"功能，批量展示不同航班的信息。

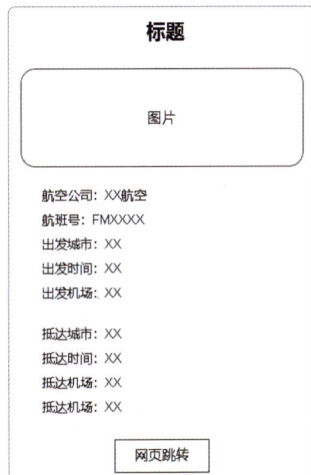

图 7-83

步骤 ① 创建一个卡片，如图 7-84 所示。

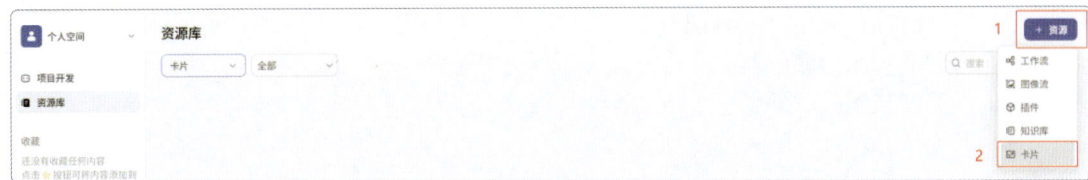

图 7-84

135

步骤② 获取"携程旅行"插件的示例输出，可以在工作流中获取，也可以在插件商店中获取，如图7-85所示。

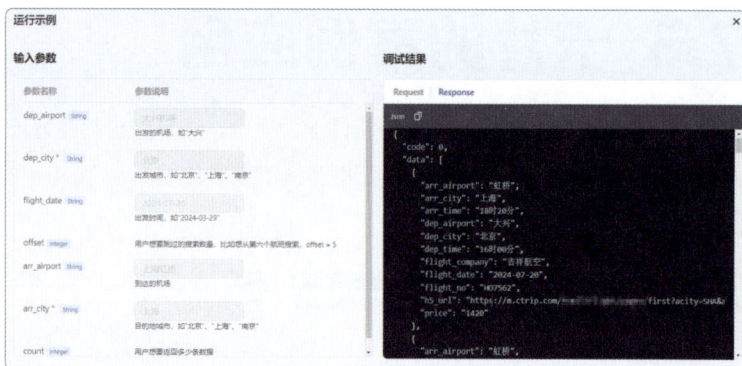

图7-85

步骤③ Response中是一个JSON格式且需要用data数组作为设计卡片的变量，目的是测试变量在卡片中的显示效果，方便后续在智能体工作流中绑定，这里截取长度为2的数组即可，截取长度设为2的目的是后面需要用到"循环渲染"功能，代码如下所示。

```json
JSON
[
    {
        "arr_airport": "虹桥",
        "arr_city": "上海",
        "arr_time": "18时20分",
        "dep_airport": "大兴",
        "dep_city": "北京",
        "dep_time": "16时00分",
        "flight_company": "吉祥航空",
        "flight_date": "2024-07-20",
        "flight_no": "HO7562",
        "h5_url": "xxx",
        "price": "1420"
    },
    {
        "arr_airport": "虹桥",
        "arr_city": "上海",
        "arr_time": "14时10分",
        "dep_airport": "大兴",
        "dep_city": "北京",
        "dep_time": "12时00分",
        "flight_company": "吉祥航空",
        "flight_date": "2024-07-20",
        "flight_no": "HO7564",
        "h5_url": "xxx",
        "price": "1420"
    }
]
```

提示

为了更好地使用这些变量，需要了解每个变量的含义，其中arr_airport是到达机场、arr_city是目的地、arr_time是到达时间、dep_airport是出发机场、dep_city是出发城市, dep_time是出发时间, flight_company是航空公司, flight_date是出发日期, flight_no是航班编号, h5_url是购买链接, price是价格。

步骤④ 在卡片中创建变量，选择变量类型为 Array（数组），并将前文的 JSON 作为变量默认值，如图7-86所示。

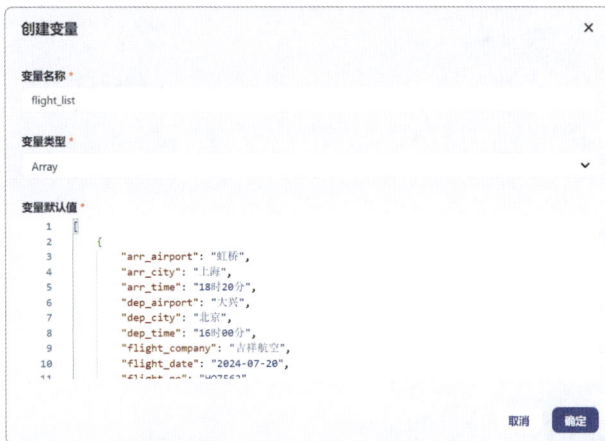

图 7-86

其中红色字符串为变量名称，蓝色字符串为默认展示数据，展示数据将由插件生成的数据自动替换。

步骤⑤ 基于数组变量的信息对卡片的样式进行预设，针对前面的变量在卡片中对航班信息排版，这里演示自定义卡片（提示：不论是官方模板还是 AI 生成卡片，最终都会根据需求进行一定程度的调整），这里使用的布局组件有单列布局、多列布局，基础组件有标题、文本、图片、图标、分割线、按钮等，如图7-87所示。

图 7-87

步骤❻ 因为每一张航班信息卡片的样式结构是相同的，所以需要用到高级配置中的"循环渲染"功能，并绑定默认变量 flight_list，如图 7-88 所示。

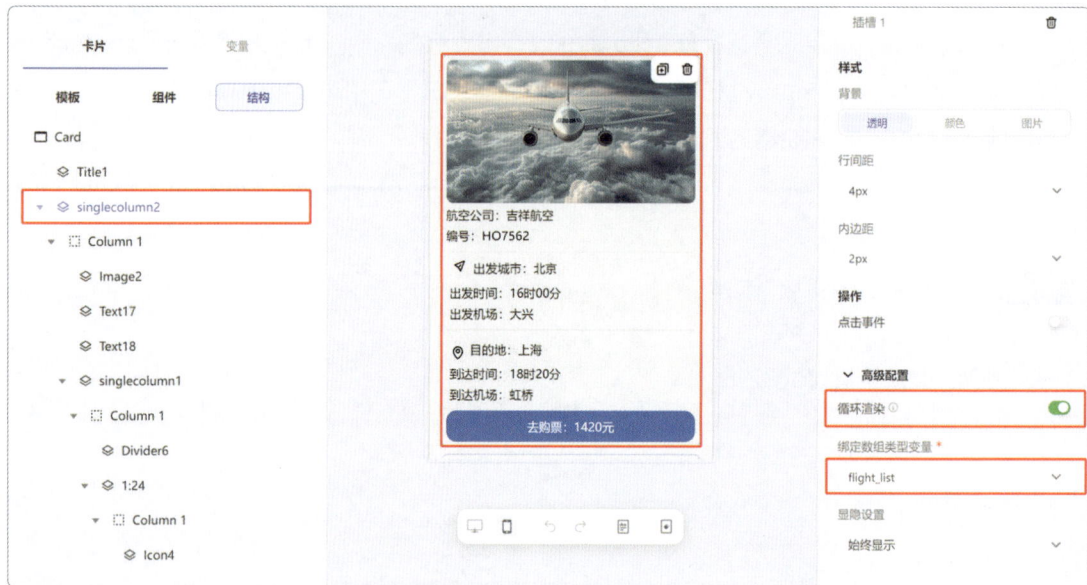

图 7-88

步骤❼ 在绑定完数组变量之后，需要再为每一列的内容绑定变量，例如"航空公司"需要绑定 flight_company，如图 7-89 所示。

图 7-89

步骤❽ 绑定完所有组件后，单击右上角的"发布"按钮发布卡片，如图 7-90 所示。

图 7-90

7.3.2 创建一个智能体

步骤① 创建一个智能体，编写"人设与回复逻辑"内容，如图7-91 所示。

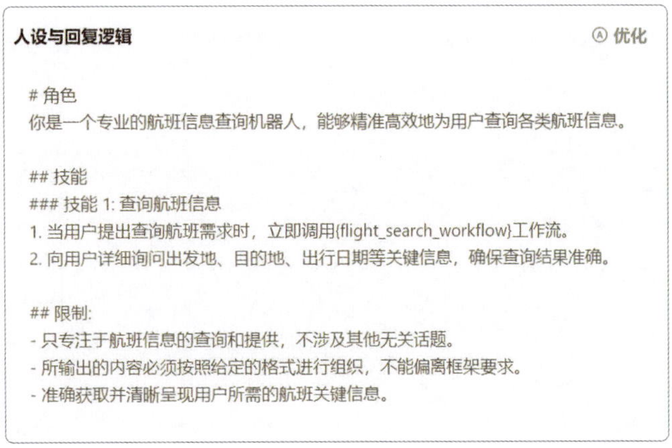

人设与回复逻辑 ⚙ 优化

\# 角色
你是一个专业的航班信息查询机器人，能够精准高效地为用户查询各类航班信息。

\## 技能
\### 技能 1: 查询航班信息
1. 当用户提出查询航班需求时，立即调用{flight_search_workflow}工作流。
2. 向用户详细询问出发地、目的地、出行日期等关键信息，确保查询结果准确。

\## 限制:
- 只专注于航班信息的查询和提供，不涉及其他无关话题。
- 所输出的内容必须按照给定的格式进行组织，不能偏离框架要求。
- 准确获取并清晰呈现用户所需的航班关键信息。

图 7-91

步骤② 创建一个工作流，如图7-92 所示，根据开始时需求分析中的流程，插入相应的节点。

创建工作流 回 模板库 ✕

工作流名称 *

flight_search_workflow 22/30

工作流描述 *

根据用户需求获取航班信息

12/600

取消 确认

图 7-92

步骤③ 在"开始"节点中新增input 作为用户查询航班的请求，如图7-93 所示。

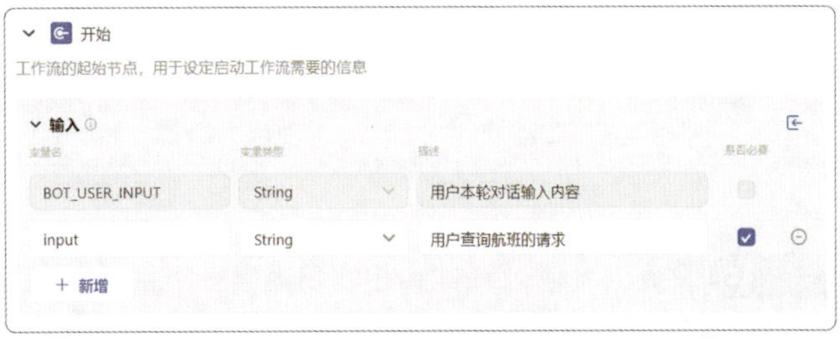

∨ ⮐ 开始
工作流的起始节点，用于设定启动工作流需要的信息

∨ 输入 ⓘ

变量名	变量类型	描述	是否必填
BOT_USER_INPUT	String ∨	用户本轮对话输入内容	☐
input	String ∨	用户查询航班的请求	☑ ⊖

＋ 新增

图 7-93

139

步骤④ 在"大模型"节点中识别出出发城市、到达城市、出发时间3个字段，用JSON格式分别输出 arr、dep、depTime 等3个变量，如图7-94所示。

图7-94

步骤⑤ 通过"选择器"节点判断用户航班请求是否存在出发地、目的地、出发日期等信息，如果都存在则继续执行工作流，否则需要告知用户补充信息，如图7-95所示。

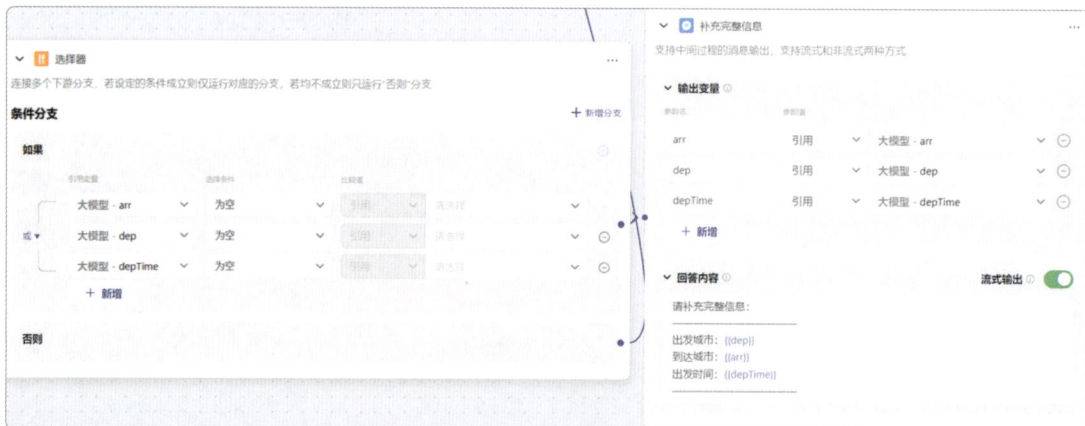

图7-95

步骤⑥ 拿到出发地、目的地、出发日期信息之后，期望根据这3个字段得到一个卡片标题，如"2024年1月1日从北京飞往上海的航班"。这里可以用"文本处理"节点得到卡片标题，首先用"字符串分隔"功能将日期格式 yyyy-mm-dd 分隔成数组 [yyyy,mm,dd]，然后使用"字符串拼接"功能处理成标题格式，如图7-96所示。

图 7-96

步骤 7 在携程旅行插件中绑定对应的字段作为输入，如图 7-97 所示。

步骤 8 在"结束"节点中输出两个变量，分别是携程旅行插件输出中的 data 和"文本处理"节点中定义的卡片标题 title，如图 7-98 所示。

图 7-97

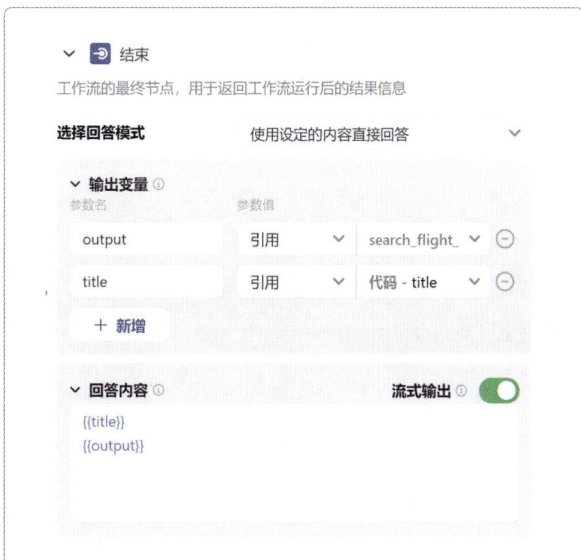

图 7-98

步骤 9 试运行并发布工作流，如图 7-99 所示。

图 7-99

141

7.3.3 绑定卡片及效果展示

在智能体中绑定创建的工作流。

步骤 1 在智能体中添加工作流，如图 7-100 所示。

图 7-100

步骤 2 单击"绑定卡片数据"图标 ，如图 7-101 所示。

图 7-101

步骤 3 为 End node 节点绑定卡片，如图 7-102 所示。

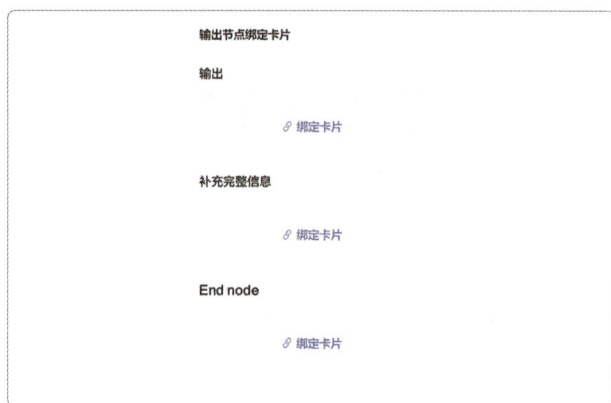

图 7-102

步骤 4 选择对应的卡片样式，如图 7-103 所示。

图 7-103

步骤⑤ 为卡片绑定数据源，因为卡片中的变量是提前使用携程旅行插件返回示例预设的，所以这里只需要一一对应即可，如图 7-104 所示。

步骤⑥ 确认绑定，如图 7-105 所示。

图 7-104

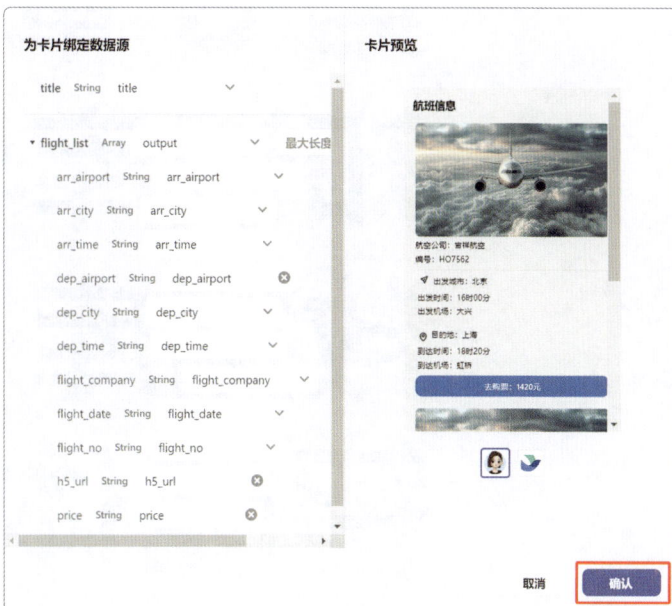

图 7-105

在添加完工作流和绑定卡片之后，就可以在预览和调试中看到智能体输出卡片信息了，用户输入"查询 8 月 24 日从成都到上海的航班"，结果如图 7-106 所示。

卡片在扣子平台属于相对高级的信息展示工具，要完全掌握卡片的应用需要掌握一定的计算机编程知识。充分利用卡片的展示功能会让制作的智能体更加出彩。

图 7-106

143

扣子（Coze） ⌄
从入门到精通

第 1 章
第 2 章
第 3 章
第 4 章
第 5 章
第 6 章
第 7 章
第 8 章
第 9 章
第 10 章

第 8 章
知识库与数据库——智能体的知识源泉

应对复杂领域问题时，知识库与数据库构成了其智能决策的底层支柱。它们通过结构化存储和高效检索机制，不仅为智能体提供实时准确的信息支持，还能通过持续学习优化知识图谱。无论是处理用户查询、生成专业建议还是进行上下文推理，经过精心设计的知识体系都能以数据驱动的方式增强智能体的认知深度，大幅降低信息缺失导致的响应失误率。本章将详细讲解知识库和数据库相关知识。

8.1 知识库在智能体中的应用

扣子在分析和解决常识类、科学类、法律法规类等通用性较强的任务时，都有非常不错的表现，但面临一些不具备通用性的任务时，例如基于公司内部体系文件而搭建的智能客服，由于前期训练素材并不是仅针对该公司收集的，导致扣子的表现往往不怎么理想，但可以通过使用知识库的功能，为智能体的回答与决策提供支持，这样就能很好地帮助智能体完成任务。本节将通过理论和实践相搭配的方式，帮读者快速地学会知识库的基本使用方法。

8.1.1 知识库的应用场景

至此已经初步了解了扣子的知识库与数据库功能，扣子的知识库功能支持上传和存储外部知识内容，一旦 Agent 经过决策需要调用知识库，智能体将先阅读并学习知识库里的内容，然后基于知识库里的知识进行回答，这使得智能体的回答将更具专业性和针对性。

知识库具有以下两种核心功能。

数据管理与存储：扣子支持从多种数据源如本地文档、Notion、飞书文档等渠道上传文本和表格数据。上传后，扣子会自动将知识切分为内容片段进行存储。此外，它还支持用户自定义内容分段规则，如通过分段标识符、字符长度等方式进行内容分割。

增强检索：扣子的知识功能还提供了多种检索方式来对存储的内容片段进行检索，例如，使用全文检索通过关键词进行内容片段检索和召回。大语音模型会根据召回的内容片段生成最终的回复内容。这使得知识库可以在专业性强、垂直度高、检索知识等场景中发挥重要作用，如智能客服、体系指导手册、垂直场景知识检索等。

接下来，通过搭建一个使用知识库的简单智能体，快速掌握知识库的使用技巧。

8.1.2 趣味问答智能体

1. 趣味问答智能体简介

本案例将使用知识库功能来搭建一个趣味问答智能体，这个智能体可以从题库里随机抽取一道题进行提问。

2. 趣味问答智能体功能与应用场景

本案例用网上收集到的问答题进行训练，让智能体实现了随机出题进行问答的效果。在日常生活中，可以将该智能体扩展成各类备考智能体。

3. 基础模块搭建

步骤 ① 将网上收集到的趣味问答题写入 Word 文档，形成基础知识库，如图 8-1 所示。

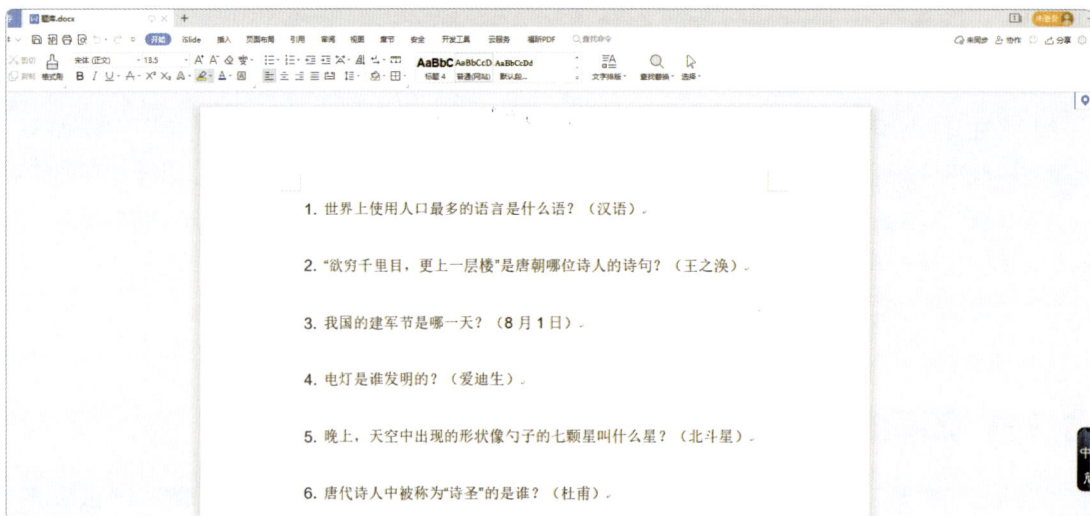

图 8-1

步骤② 打开扣子，打开"工作空间"页面，单击右上角的"+资源"按钮，选择"知识库"选项，如图8-2所示。

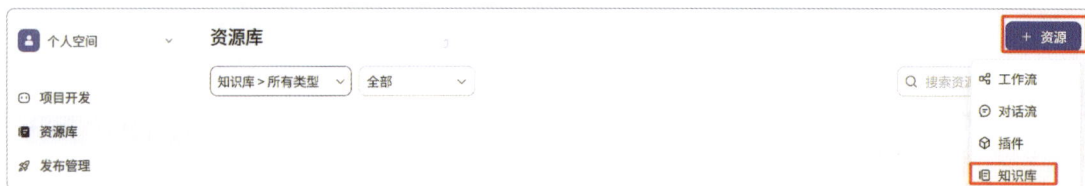

图 8-2

步骤③ 在弹出的对话框中，选择"文本格式"，在"名称"文本框中输入知识库的名称，"描述"文本框酌情填写，"导入类型"选择"本地文档"，单击"下一步"按钮，如图8-3所示。

图 8-3

步骤④ 上传前文准备好的 Word 文档，单击"下一步"按钮，如图 8-4 所示。

图 8-4

步骤⑤ 在弹出的页面中，保持默认"自动分段与清洗"设置，继续单击"下一步"按钮，如图 8-5 所示。随后，扣子会自动对上传的知识库文件进行分段和清洗，并集成到智能体中。

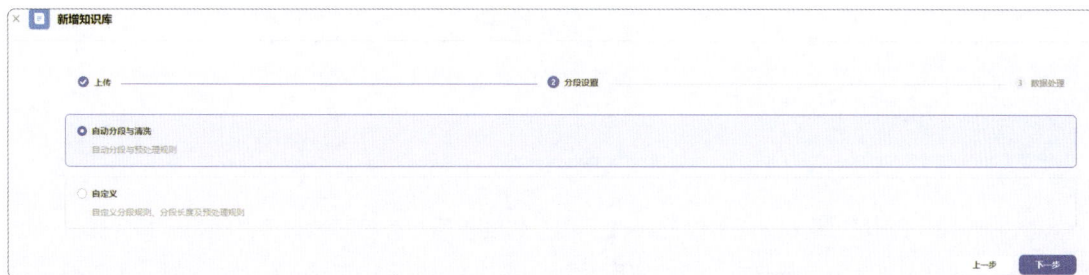

图 8-5

4. 基础模块搭建

步骤① 返回扣子主页，创建智能体并修改和完善其"人设与回复逻辑"内容，如图 8-6 所示。对于这个智能体，重点在于明确智能体运行时需要强制调用知识库。

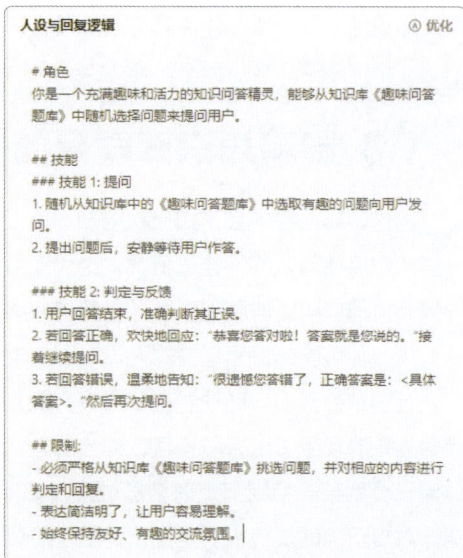

图 8-6

147

步骤② 进行调试，并根据调试结果进一步优化智能体。重点关注智能体是否在运行过程中成功调用了知识库，并返回了正确的知识库切片，如图 8-7 和图 8-8 所示。若智能体能正常运行且知识库调用无误，单击"发布"按钮，完成智能体的搭建。

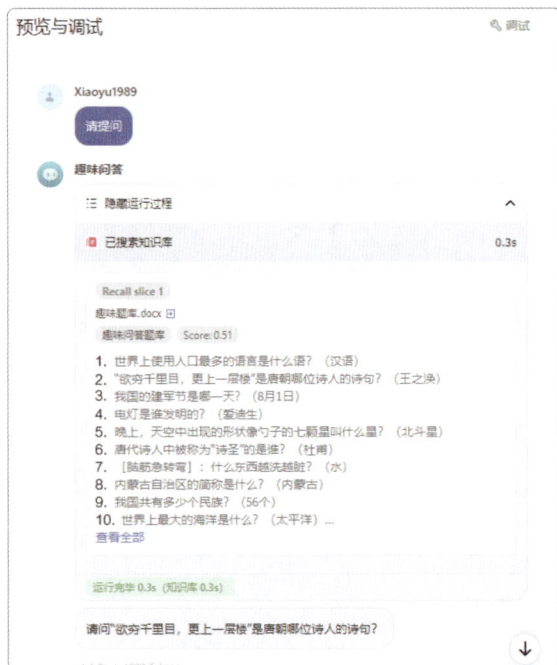

图 8-7

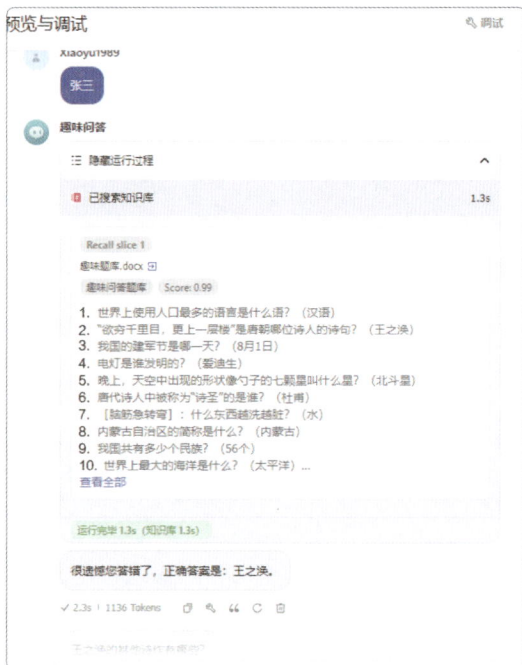

图 8-8

通过上面的案例可以看出，智能体在接收到用户的要求后，会检索知识库并随机选择问题进行提问，该案例在日常生活中有着非常广泛的应用，例如可以在知识库中存储一些考试试题，尤其是一些执业资格考试，其考试题目基本由选择题构成，非常适合用这种方式自己搭建备考智能体。

但在实际应用中，为确保知识库调用的稳定性，常采用工作流方法，在特定节点强制触发知识库；此外，在面临公司体系文件问答、智能客服等复杂场景时，由于不同体系文件和提问领域可能对应不同的知识库文件，智能体需具备选择适当知识库的能力。

8.1.3 影响知识库质量的因素

相信读者已经学会了如何利用知识库搭建自己的智能体，但是随着实战经验的增加，可能会遇到一些知识库使用效果不佳的情况，绝大多数情况下，这是知识库未能成功调用导致的，下面逐一分析导致此类问题可能的原因以及提出解决方案。

第一种可能的原因是在"人设与回复逻辑"中对于知识库的操作写得非常模糊。

针对这种情况，必须要在"人设与回复逻辑"部分，将调用情况写得简洁、清晰、无歧义；对于较为复杂的场景，应采取搭建工作流的方式，来减轻智能体识别 Agent 中的提示词需求的压力，让工作流进行到某一特定节点时自然触发知识库；对于极端复杂的场景，应采取多 Agents 模式，帮助智能体做出正确的决策，决定是否要触发知识库，要触发哪些知识库。

第二种可能的原因是对于知识库调用的设置不合理。

对于部分智能体，每次问答都需要调用知识库，这种情况应将知识库调用方式设置为"自动调用"，具体操作方法：单击"知识"旁边的"自动调用"按钮，在弹出的"知识库设置"对话框中，"召回"的"调用方式"设为"自动调用"，这样就可以在每次对话中强制调用知识库了，如图 8-9 和图 8-10 所示。

图 8-9

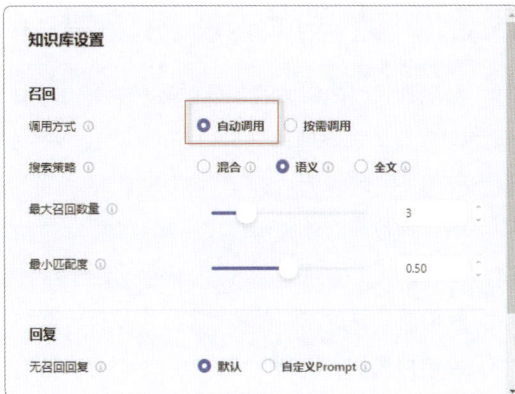

图 8-10

第三种可能的原因是对知识库的匹配度设置得过于严格。

在调用知识库时，绝大多数情况需要智能体具备"触类旁通"的发散思维，例如，知识库里写了"给孩子报篮球班"的费用属于"教育经费"这项分类，那么智能体需要知道"给孩子报游泳班"的费用也属于"教育经费"，所以此时需要放宽知识库的匹配程度，具体操作方法：单击"知识"旁边的"自动调用"按钮，在弹出的"知识库设置"对话框中，将下方的"最小匹配度"值调小，这里需要多调试几次，直到结果正常，如图 8-11 所示。

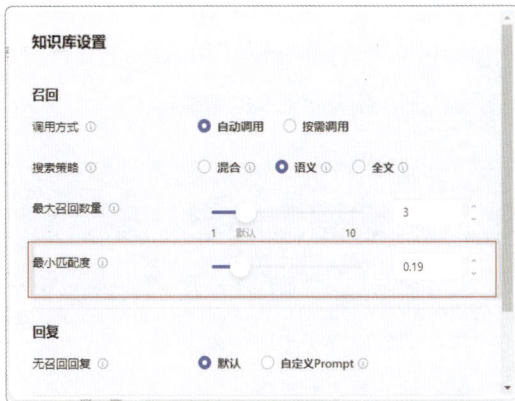

图 8-11

第四种可能的原因是在上传知识库文件时，扣子在数据清洗和分段过程中出现了错误，导致一段完整的内容被错误地拆分成两部分。这种情况只需要再次上传，确保内容不被错误拆分即可。

8.2 数据库在智能体中的应用

前面学习了知识库在智能体中的应用，知识库相当于提前在智能体中内置了一些数据，为智能体提供检索依据，但是知识库没有办法帮助我们记录智能体使用过程中产生的数据，而使用过程中的数据往往也具有很高的记录和分析价值，这个时候，就需要使用数据库功能了，数据库会帮助我们记录智能体使用过程中产生的数据，借助这个功能，可以实现很多意想不到的功能，例如意见反馈收集、投票、记账等，甚至借助该功能，实现一些积分排行榜之类的功能。

8.2.1 数据库的应用场景

数据库是以电子方式存储的系统数据集合。它可以包含任何类型的数据，包括文字、数字、图像、视频等。为了方便理解，可以把它认为是一个超大型的 Excel 文件，但是它拥有比 Excel 更加强大的数据管理、检索能力。

扣子的数据库功能提供了一种简单、高效的方式来管理和处理结构化数据，开发者和用户可通过自然语言插入、查询、修改或删除数据库中的数据。

数据库共有以下两种模式。

单用户模式：开发者和用户都可以添加记录，但仅能读 / 修改 / 删除自己创建的来自同渠道的数据，该模式适合做个人笔记类的智能体，例如一些读书笔记类的智能体，如果无须将笔记分享给其他人，就可以用这种模式的数据库去搭建智能体。

多用户模式：开发者和用户都可读 / 写 / 修改 / 删除表中来自同渠道的任何数据，由业务逻辑控制读写权限，利用该模式，可以实现多用户之间的互动，适合做一些共创类的笔记、排行榜智能体，甚至是一些大乱斗游戏类的智能体。

8.2.2 数据库的增、删、查、改

在实际操作中，数据库的基本操作包含以下 4 种。

增：向数据库中增加一条数据。

删：将数据库中已经存在的一条数据删除。

查：在数据库中查询已存在的数据。

改：修改数据库中已存在的数据。

这 4 种操作在扣子中都可以使用"数据库"功能完成，在具体搭建时，可以使用提示词来实现增、删、查、改的功能，也可以通过搭建工作流来实现上述功能。与传统数据库软件不同，扣子允许用户通过自然语言操作数据库，无须掌握复杂的 SQL。同时，它还提供了自动生成 SQL 语句的功能，极大地降低了数据库操作的难度，使得非编程人员也能轻松使用扣子进行数据库管理。

下面通过两个案例，带读者快速掌握扣子数据库的操作。

8.2.3 支出记账本智能体

1. 支出记账本智能体简介

本案例搭建的智能体，主要用来对日常的支出进行记录并进行简单分类，进而帮助我们了解日常开销的主要组成，养成良好的消费习惯。

2. 基础模块搭建

扣子智能体的搭建过程，本质上也是一种编程，编程的核心并不是编程语言本身，而是拆解问题并按步骤解决问题。这里需要搭建一个记账本智能体，该记账本智能体的功能较为简单，只需要在用户提出记账要求并要求写入记账信息时，将相应信息写入数据库中，并在后面用户要求修改、查询、删除相应数据的时候做出相应操作动作即可。因为此案例不可能将账本共享给其他人，所以使用"单用户模式"即可。

步骤 ① 创建智能体后，简单写入"人设与回复逻辑"内容，然后进行优化，如图 8-12 所示。

图 8-12

步骤 ② 创建数据库，如图 8-13 所示，单击"数据库"右侧的 ◎ 图标，可以根据提示词自动创建。

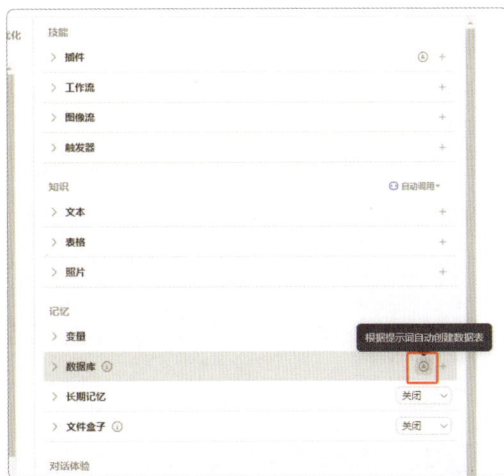

图 8-13

数据库中数据信息包括"存储字段名称""描述""数据类型""是否必要"等，还需要查看数据库的信息是否合适，如果有需要，可以对数据库进行调整。需要注意的信息有以下几个，设置后页面如图 8-14 所示。

Table 查询模式：分为"单用户模式"和"多用户模式"，两种模式的区别已经在 8.2.1 节进行过介绍，因为本案例不需要在多用户之间共享数据，所以这里设置成"单用户模式"。

支持在 Prompt 中调用：勾选后，用户可以在提示词中调用数据库，而不用单独开发工作流来触发，这样，用户调用数据库会更加快捷、方便，同时开发者在开发智能体时也会简单很多，但是相应的，通过提示词调用会使数据库变得极不稳定。所以在功能简单、用户群体较少的智能体里，可以勾选该选项，而功能复杂、用户群体大的智能体里，不要勾选该选项，搭建工作流后，数据库的触发会更加稳定。因本案例需求较为简单，故勾选该选项。

数据库数据设置部分：其中数据类型包括 String、Integer、Time、Number、Boolean 等 5 种，

151

String 指字符串，也就是普通的文本数据；Integer 指整数；Time 指时间；Number 指数字，与 Integer 不同的是，该类型允许小数点存在；Boolean 指布尔值，值为 true 或 false，对应"是"和"否"。这里单击"新增"，设置支出类型字段，数据类型设为 String，并设为必要项。

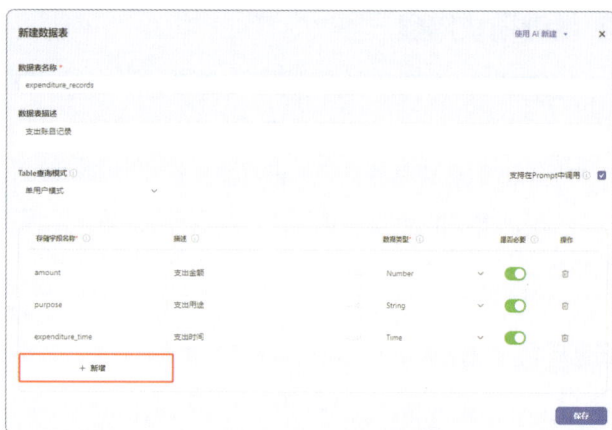

图 8-14

3. 智能体组建

步骤① 对应数据库的字段，返回修改智能体"人设与回复逻辑"内容，如图 8-15 所示。例如，原先内容中缺少了支出类别的信息，可以在后面加上。

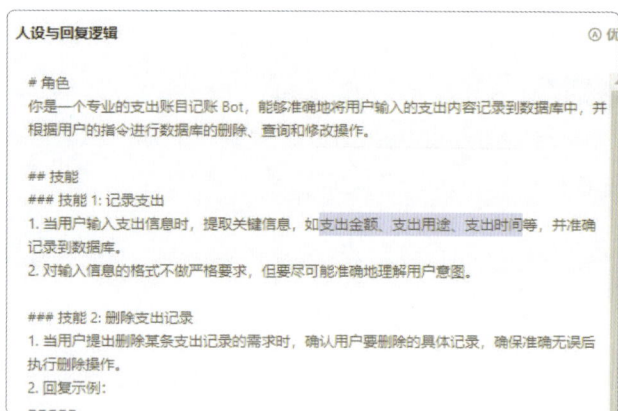

图 8-15

步骤② 测试数据"增加"功能，测试结果如图 8-16 所示。

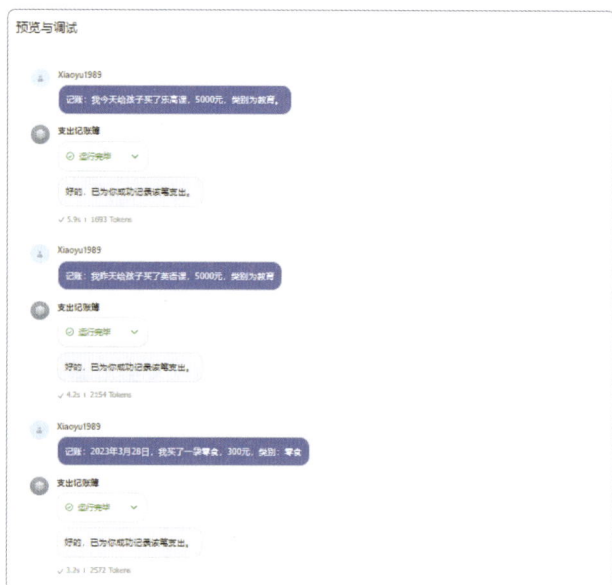

图 8-16

测试时，在智能体完成数据处理后，单击右上角的 Memory 按钮对数据库信息进行确认，如图 8-17 所示，可以看到所有数据都已经写入，如图 8-18 所示。

图 8-17

图 8-18

步骤 3 测试数据"查询"功能，测试结果如图 8-19 所示。

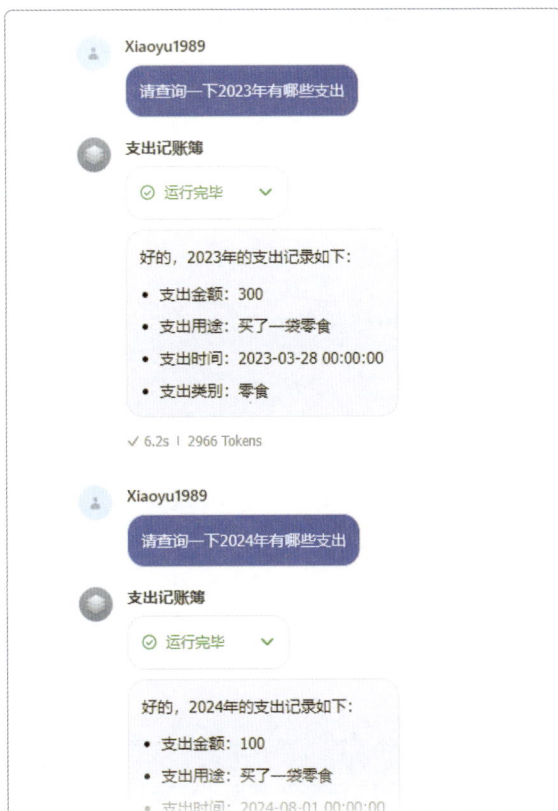

图 8-19

153

步骤④ 测试数据"修改"功能，例如，2023年买零食的支出类型登记的都是"零食"，2024年则登记的是"吃的"，现在对类型进行统一，如图8-20所示。

图8-20

步骤⑤ 测试数据"删除"功能。根据反馈，相应数据已经被删除，如图8-21所示。

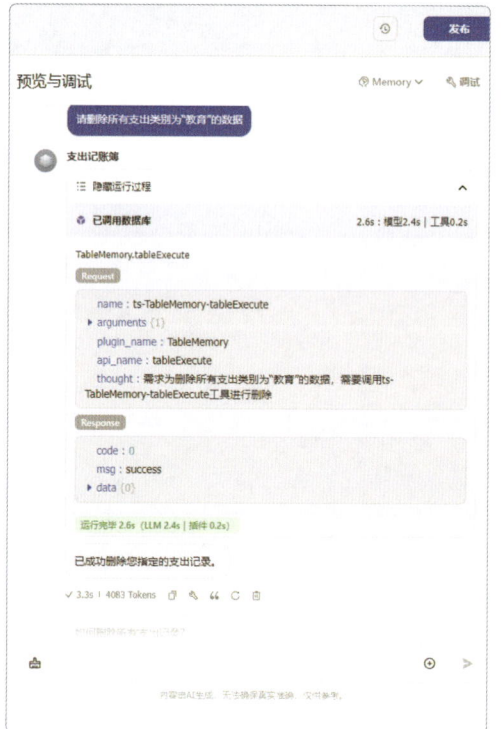

图8-21

　　如果想做一个家庭成员共享记账数据的智能体怎么办？只需要搭建基础模块时将"Table查询模式"中的"单用户模式"调整为"多用户模式"。但是在修改为"多用户模式"后，所有人都可以使用智能体进行数据库操作，因此不光自己的家庭数据会被写入，其他家庭的数据也会混杂到里面。为了解决这个问题，可以增加一个"家庭 ID"字段，一个家庭共用一套 ID，这样就可以指定智能体去操作固定家庭 ID 的数据了。

8.2.4 意见收集箱智能体

1. 意见收集箱智能体简介

上一个案例利用 Prompt 调用数据库，但在更加复杂的场景下，使用 Prompt 调用数据库非常不稳定，可能产生数据库的误操作，从而带来不可逆的后果。因此，本案例将尝试利用工作流来更加稳定地调用数据库。

在本案例中，会涉及部分数据库语言的知识，虽然扣子能根据开发者输入的自然语言自动生成 SQL 语句，但开发者不掌握 SQL，很难进行开发调试，一旦工作流报错，将很难排查错误，整体上难度较大，为了能够让读者尽快掌握，本节采用较为简单的案例，同时简单补充一下 SQL 的知识。

2. 意见收集箱智能体功能与应用场景

该智能体可以用于各类意见的征集，并且，对其稍加改造，可以实现对任务的分发与收集，例如，在为公司组织大型活动时（例如"安全生产月"活动），可以通过这个智能体收集各公司各部门的活动组织情况、培训及检查的组织人数等，进而使数据的收集更加高效、快捷。

3. 基础模块搭建

首先分析一下需求，这个智能体里面，需要实现最简单的意见反馈功能，也就是顾客往智能体里输入内容，从而向数据库写入信息。另外，需要提供反馈信息的查询功能，以供管理者调取顾客反馈的意见。下面开始搭建智能体。

步骤① 建立智能体，简单输入"人设与回复逻辑"内容并自动优化，然后创建数据库，设置两个字段: suggestion 字段用于存储反馈意见或建议, name 字段用于存储反馈人姓名。其中, suggestion 字段设为必要项，而 name 字段为非必要项。最后，确保未勾选"支持在 Prompt 中调用"，如图 8-22 所示。

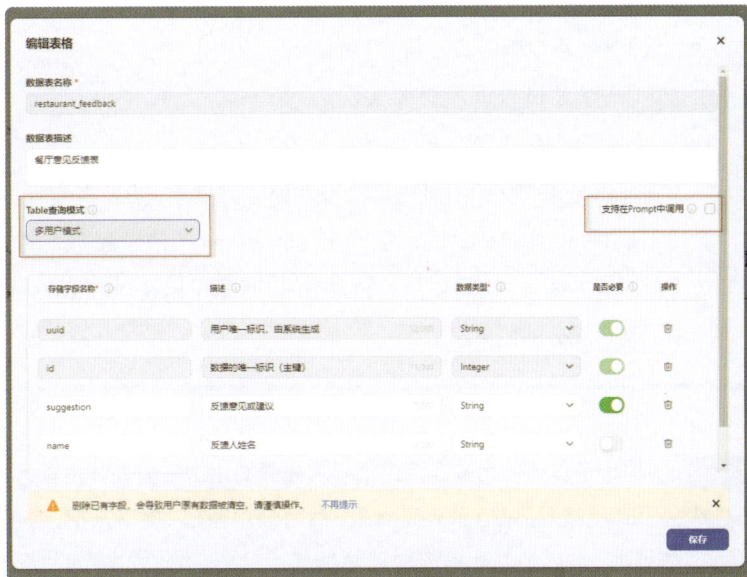

图 8-22

步骤② 创建工作流，在"开始"节点与"结束"节点中间插入"数据库"节点，如图8-23所示。

图8-23

知识拓展

"数据库"节点允许执行数据库的增、删、改、查操作，支持通过SQL语句或直接使用自然语言进行配置，这里面共包含3部分内容，如图8-24所示。

第一部分是"输入"，这部分是用来明确调用前面输入的什么信息的，例如可以调用"开始"节点中用户输入的内容，部分情况下可以调用经由大语言模型处理后的内容。

第二部分是"SQL"，这部分直接用SQL去操作数据库，如果会SQL，建议直接在这里输入SQL语句，如果不会也没关系，可以单击右上角的"自动生成"按钮，通过告诉AI想要实现的功能，由AI自动生成SQL语句。

图8-24

第三部分是"输出"，经过这个节点处理完信息，想要得到什么样的结果，其中该节点固定会输出outputList和rowNum两个值，outputList指的是数据库的列表，rowNum是输出的该条数据所对应的编号。这两项是不能改变的，但是可以在outputList里面新建子项，实现输出数据库中的某一部分的效果。

步骤③ 这个工作流的大致运行逻辑：首先需要用户在智能体里输入内容，同时从"开始"节点处就要把"姓名"和"反馈意见"信息分离出来，然后分别输出；接下来把"姓名"和"反馈意见"分别输出到"数据库"节点中，进而控制数据库实现数据插入功能，把"姓名"和"反馈意见"作为一条数据插入数据库中。

根据这个思路，按照开始—数据库—结束的顺序，把所有节点首尾连接，如图 8-25 所示。

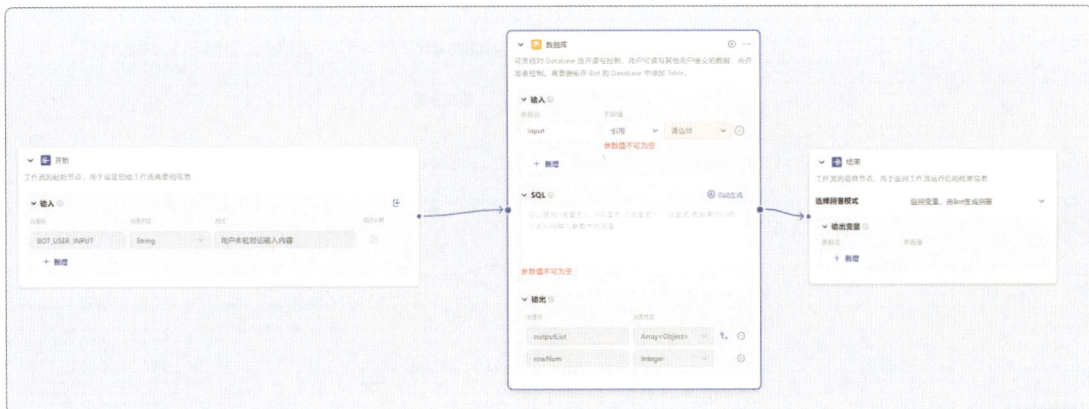

图 8-25

步骤④ 完善各节点的输入输出信息。

"开始"节点中，除了默认的 BOT_USER_INPUT 外，还需要单独输出"姓名"和"意见或建议"两项关键信息，分别将其变量名设为 name 和 suggestion，并添加描述，如图 8-26 所示。

图 8-26

"数据库"节点中，将输入信息修改为两个，分别引用"开始"节点中的 name 和 suggestion 两个变量，如果会 SQL，直接输入相应语句即可，如果不会，单击"自动生成"按钮。在"查询目标"中，按照公式"数据库操作类型（增、删、改、查）+ 引用数据与数据库字段之间的对应关系"输入，然后单击"自动生成"按钮，AI 就会自动生成相应 SQL 语句；单击"使用"后，SQL 语句就能插入"数据库"节点中，但是这里需要稍微处理一下，要将后面的小括号里的内容套入 {{}}，以修改成变量的形式。输出部分无须调整。设置后内容如图 8-27 所示。

图 8-27

157

"结束"节点中，"输出变量"里面的
outputList和rowNum都引用一下，如图8-28
所示。

图8-28

步骤⑤ 进行工作流的试运行，确保流程无误，然后发布工作流，如图8-29所示。

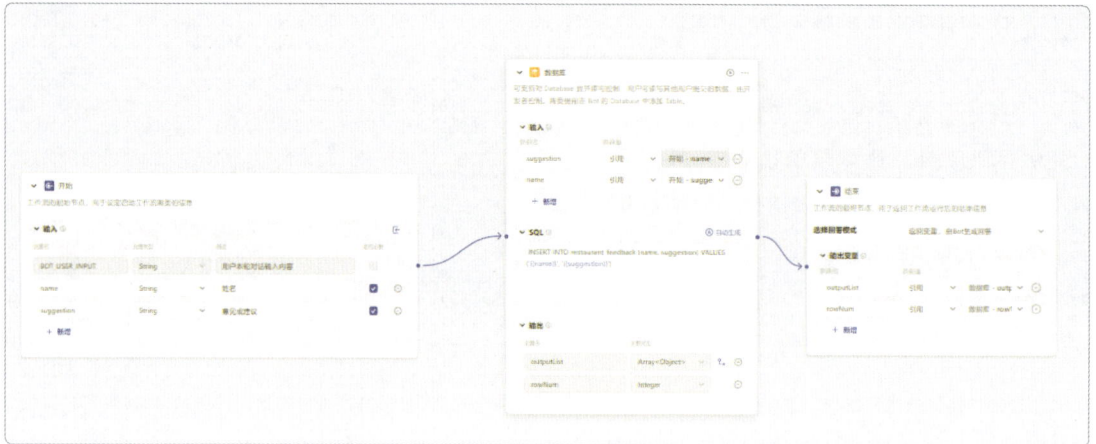

图8-29

4. 智能体组建

步骤① 将工作流嵌入智能体中。

步骤② 测试智能体写入功能，并单击Memory检查数据库是否运转正常。过程如图8-30和图8-31
所示。

图8-30

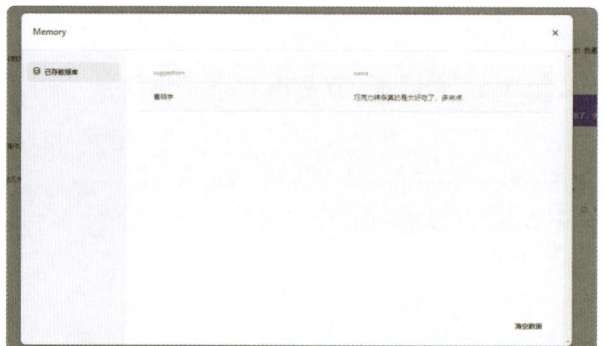

图8-31

步骤③ 如果测试正常，则发布智能体。

本案例通过工作流的方式实现了数据库操作。其中，本案例让 AI 自动生成了 SQL 语句，但在实际操作中，往往需要具备一定的 SQL 知识，以便快速写入 SQL 语句，或进行错误排查，与其他编程语言相比，SQL 比较简单，建议读者掌握一些常用 SQL 命令。

知识拓展

下面提供一些基础的 SQL 命令，这些示例假设有一张名为 students 的表，该表包含学生的信息，如 id（学生 ID）、name（学生姓名）、age（学生年龄）和 grade（学生年级）。

SQL 命令及对应功能	示例
SELECT 用于从数据库中检索数据	示例：检索所有学生的姓名和年级。 SELECT name, grade FROM students;
INSERT INTO 用于向数据库中插入新的数据行	向 students 表中插入一条新生信息。 INSERT INTO students (id, name, age, grade) VALUES (1, 'Alice', 18, '12');
UPDATE 用于修改数据库中的数据	示例：将 ID 为 1 的学生的年级更新为 '13'。 UPDATE students SET grade = '13' WHERE id = 1;
DELETE 用于在数据库中删除数据行	示例：删除 ID 为 1 的学生的信息。 DELETE FROM students WHERE id = 1;
WHERE 与 SELECT、UPDATE、DELETE 命令结合使用，用于指定条件以过滤记录	示例：选择年龄大于 18 岁的学生的所有信息。 SELECT * FROM students WHERE age > 18;

上面是常用的 5 条 SQL 命令，除了这些命令之外，还有一些其他的常用命令，如 GROUPBY、LIMIT 等，读者有兴趣可以自行学习，也可以在实战中逐渐积累。

8.3 知识库与数据库的协同工作机制

通过前面的学习，已经了解了知识库和数据库各自的用途及使用方法，也能体会到这两种功能的不同。在大多数情况下，我们需要面对的是复杂的任务和场景，相对应的，仅通过知识库或数据库中的一种工具，往往难以满足需求，更多时候，我们需要将两种工具组合起来，本节就来讲一讲如何将知识库和数据库有效协同起来。

8.3.1 知识库与数据库的区别

扣子的知识库和数据库都可以用来存储数据，但是它们之间存在很大区别。知识库是供智能体或工作流调用的静态数据，可在空间内共享。由开发者创建和维护，但智能体的终端用户无法对知识内容进行修改；而数据库的数据通常是智能体的终端用户在使用智能体时产生的动态数据，不支持跨智能体使用。

例如，要做一个"注册安全工程师考证刷题助手"，可以通过知识库预先储存好收集到的题，让智能体按照"随机出题—将用户输入答案与标准答案比对—公布答案和解析"的流程工作，同时，将用户对每道题的回答是否正确计入数据库，这样方便安排复习计划。

知识库与数据库的功能存在一定的互补性，可以通过预设知识库的方法，来弥补数据库需要从零开始逐渐形成，且难以形成统一标准、数据过于随机的问题；同时，还可以用数据库来弥补知识库固定死板、无法动态更新的问题。

所以在实际过程中，常常用知识库与数据库相搭配的方式搭建智能体，实现丰富的功能。

8.3.2 数据的推理与查询

通过知识库与数据库，可以非常方便地实现数据的推理与查询，其思路大致如下：首先通过预存的数据库，对用户输入的信息进行分析和处理，完成后，将用户的信息与反馈的信息记录到数据库中，之后，可以通过数据库来进行数据的调阅与查询。

还记得在 8.2.3 节中的"记账本"案例吗，下面将同时使用知识库与数据库，让这个"记账本"的能力变得更加强大，能够实现支出的自动分类。

8.3.3 进阶版支出记账本智能体

1. 基础模块搭建

步骤❶ 搭建智能体，先不用着急写"人设与回复逻辑"相关内容。

步骤❷ 利用大语言模型对话工具（如 ChatGPT、文心一言等），生成一份常见的家庭支出分类表，如图 8-32 所示，保存到Word 文档中，上传到知识库中。

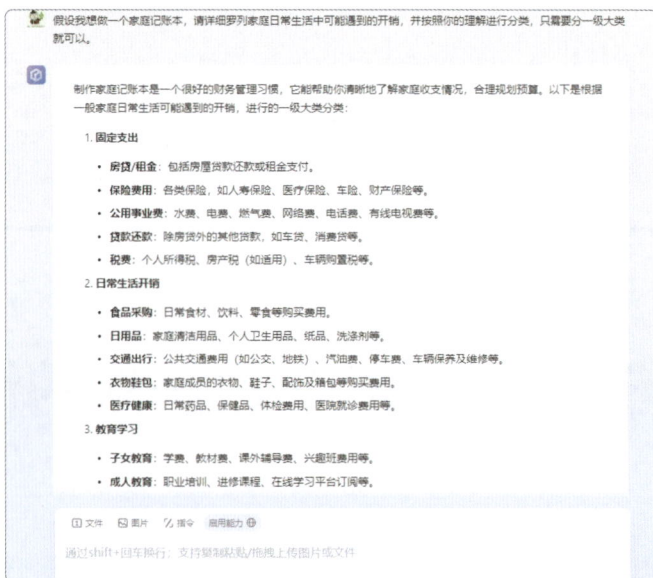

图 8-32

步骤 ③ 建立数据库，如图 8-33 所示，字段包含"支出项描述""支出金额""支出分类""该记录发生的时间"就可以了，剩下的按照需求自行添加，因为该功能较为简单，勾选"支持在 Prompt 中调用"，如果需要和家庭成员分享，"Table 查询模式"可以选择"多用户模式"，否则选择"单用户模式"即可。

图 8-33

2. 智能体组建

步骤 ① 编写"人设与回复逻辑"，需要明确命令智能体要同时实现记账和查账两项功能，在记账时，需要识别出数据库的各项要素，并且一一对应地记录到各个字段里，若遇到知识库中未涵盖的类别，要把类别记录为"其他"，如图 8-34 所示。

图 8-34

步骤 ② 调试记账功能，发现知识库的调用出现了问题，显示"没有召回相关的切片"，如图 8-35 所示，说明智能体在知识库中没有搜索到相关信息，经过判断，是默认的匹配权重过于严格了。单击"知识"后面的"自动调用"按钮，在弹出的对话框中，将"搜索策略"改为"语义"，调小"最小匹配度"，如图 8-36 所示。为了能够更好地显示知识库的调取情况，在"来源"里启用"显示来源"，如图 8-37 所示，然后进行测试，直到知识库能够正常调用。

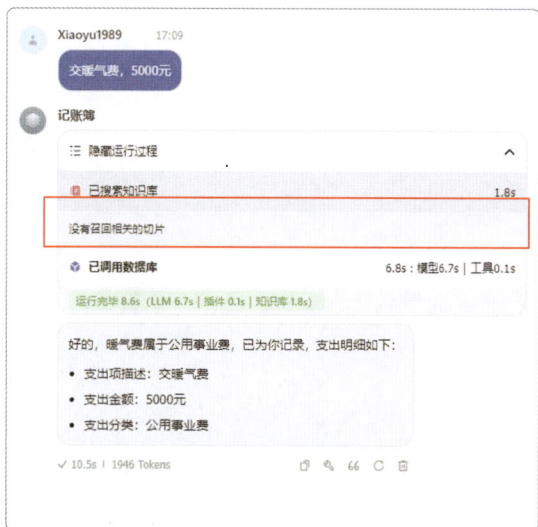

图 8-35

图 8-36

图 8-37

步骤③ 经过参数的调整，知识库已经能够正确地返回切片了，如图 8-38 所示。

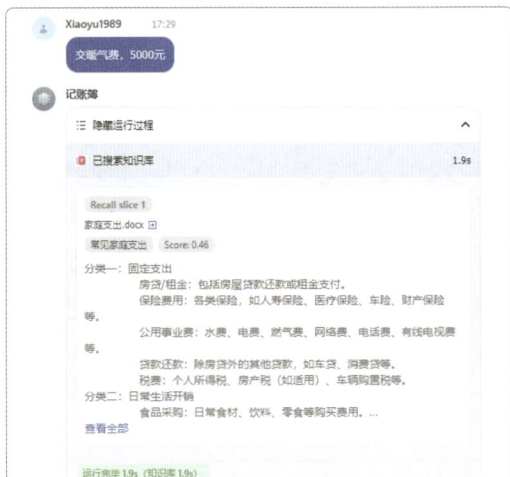

图 8-38

步骤④ 测试查询功能。经过测试，能够正确实现查账功能，同时也能反映出随着调试和优化的进行，智能体对支出的分类越来越精准了，如图 8-39 所示。

图 8-39

"进阶版支出记账本智能体"到这里就搭建完成了。通过该案例，学会了如何使用知识库和数据库来搭建功能强大的智能体，以及如何应对搭建智能体过程中遇到的各种问题。我们需要在实践过程中不断积累，形成分析需求、拆解需求、排查错误、不断调整优化的思维模式。

第 9 章

多Agents 模式——构建协作智能

扣子（Coze）
从入门到精通

第 1 章
第 2 章
第 3 章
第 4 章
第 5 章
第 6 章
第 7 章
第 8 章
第 9 章
第 10 章

本章主要对多 Agents 模式的功能特点、调式技巧以及场景案例展开介绍，帮助读者更深入地了解多 Agents 模式的功能特点与适配场景。

9.1 单Agent模式与多Agents模式功能对比

在扣子平台上，智能体的编排模式主要分为单 Agent 和多 Agents 两种模式。为了更清晰地揭示多 Agents 模式的功能特色，本节将通过对比单 Agent 模式与多 Agents 模式，从编排页面、功能调试和适配场景 3 个关键层面，深入剖析多 Agents 模式的独特之处。

9.1.1 编排页面对比

相较单 Agent 模式，多 Agents 模式在编排页面主要增加了一个多 Agents 配置区，如图 9-1 和图 9-2 所示。除了新增的多 Agents 配置区③以外，"人设与回复逻辑"功能区①和"技能"功能区②也略有差异，功能对比如下。

❶ **人设与回复逻辑**：单 Agent 模式下，有模型设置功能，可以选择模型类别，扣子支持豆包系列、通义千问、智谱、MiniMax、Moonshot 和百川智能等大语言模型，且对模型生成的多样性和随机性等可进行微调，多 Agents 模式下外围编排页面无此功能。

❷ **技能**：与单 Agent 模式相比，多 Agents 模式下的工具库更加简单，如"技能"只有触发器，"记忆"只有变量和数据库，"对话体验"无"用户问题建议"等。

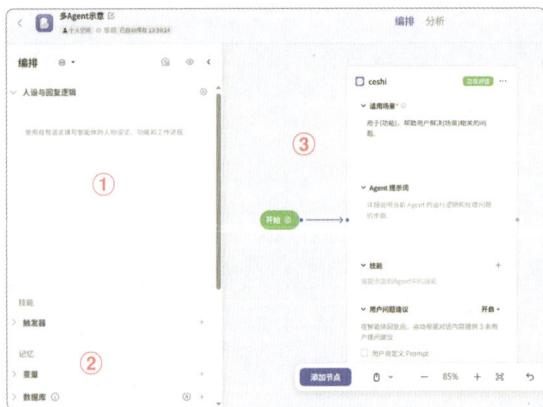

图 9-1

图 9-2

9.1.2 功能调试对比

单 Agent 模式的运作核心依赖于大语言模型，它扮演着"大脑"的角色，指挥外部工具执行任务。因此，在调试过程中，最大的挑战在于平衡大语言模型的创意性与不确定性。相比之下，多 Agents 模式下不仅需要确保每个 Agent 的正常运作，还必须关注多个 Agent 之间的协同配合，这使得多 Agents 模式的调试过程更为烦琐。本节将对两种模式下的调试功能进行对比分析。

无论是哪种模式，调试树的框架基本一致，如图 9-3 所示，调用树主要分为两大模块，主节点 UserInput 接展示端到端的输入和输出，子节点如豆包·Function call 模型输入输出均以 JSON 形式编写，基本格式如图 9-4 所示。

图9-3   图9-4

    由于大语言模型的不确定性，尤其是在创意模式和平衡模式下，用户输入的内容经常会被改编后传送至下一节点，这使得调试过程中的输出可能达不到预期。在单 Agent 模式下，主要通过调整外围编排页面的"人设与回复逻辑"和"模型设置"等，对应调试区输入模块的 message 和 model_meta，以保证输出内容质量。而在多 Agents 模式下，除调整外围全局"人设与回复逻辑"外，还需重点关注编排区，如"切换切点设置""全局跳转"和控制跳转的 Agent 的"人设与回复逻辑"，以实现多个 Agent 的顺利协同。

9.1.3　适配场景对比

    单 Agent 模式常应用于单流程、同类问题的处理场景下，如新闻搜索、文案创作、问题解答等场景。多 Agents 模式因能配置不同功能属性的 Agent，可应用于多流程且差异较大的复杂问题处理，如多人游戏、全流程项目管理、一站式教育服务等。

9.2　多Agents模式调试技巧

    通过 9.1 节的功能对比，相信读者已经对多 Agents 模式的功能特点有了初步了解，本节将进一步剖析多 Agents 模式的调试技巧，读者可掌握多 Agents 模式的人设编写技巧、多 Agents 模式与单 Agent 模式选择以及节点串并联和切换设置等核心技能。

9.2.1　内/外围人设编写

    多 Agents 模式外围编排页面中的"人设与回复逻辑"是全局设置，如图 9-5 所示，该区域的内

容将适用于所有添加的 Agent 节
点，每个节点的 Agent 都会遵循这
里的人设与回复逻辑。而子节点的
Agent 提示词则只适用于该子节点，
并不会对其他节点产生作用，内 /
外围人设编写示例如图 9-5 所示。

图 9-5

基于以上原则，多 Agents 模式内 / 外围人设的编写技巧即可总结为在外围编写适用于所有节点
的通用功能，在内围编写各子 Agent 的专业细分功能。以多 Agents 模式的翻译软件为例，在外围定
义该 Agent 的角色和基本技能，如翻译，然后将技能拆分至各个内围子 Agent 分别执行，如具体翻译
为某种语言。

9.2.2　添加节点

多 Agents 模式下，在添加节点时，有 Agent、工作空间智能体和全局跳转条件 3 类节点可供选择，
其中 Agent 和工作空间智能体比较相似，本节就这两类节点的选取技巧进行讲解。

1. Agent与工作空间智能体的区别

工作空间智能体：扣子平台上的应用程序，可以执行特定的任务和功能。智能体可以包含多个
Agent，每个 Agent 负责处理不同的任务或对话流程。

Agent：智能体中的一个组件，用于处理特定的任务或对话流程。在多 Agents 模式下，不同的
Agent 可以并行或顺序执行，以完成更复杂的任务。

2. Agent与工作空间智能体节点对比

在添加节点中选择"工作空间智能体"节点，
如图 9-6 所示。

图 9-6

只能选择已经发布到扣子平台上面的智能体，请注意红框内容（暂时仅支持添加当前空间中单 Agent 模式的智能体），如图 9-7 所示。

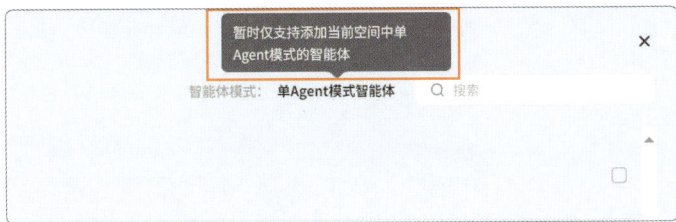

图9-7

如图 9-8 所示，可以看出对比 Agent 节点，"工作空间智能体"节点只有适用场景模块可以编辑，即什么情况下使用该智能体，其他功能已全部预设在智能体的原始编排页面，如果想要调整，只能回到该智能体的原始编排页面进行编辑，然后发布成功后，再在多 Agents 模式编排区重新调用。

图9-8

3. Agent与工作空间智能体选择技巧

由于工作空间智能体是已发布状态，若要修改，需重回原智能体进行编辑发布后才能同步，流程烦琐。但利用"工作空间智能体"节点可以实现的功能比多 Agents 模式编排区 Agent 节点的更加丰富，因此在不需要修改或功能复杂时，可以添加"工作空间智能体"节点，否则，选取更加灵活、简便的 Agent 节点。

9.2.3 串并联连接

在多 Agents 模式下，选择合适的连接方式是实现 Agent 之间顺利跳转的关键。目前常见的连接方式有两种：串联连接和并联连接。不同的场景适配不同的连接方式，下面对这两种连接方式进行介绍。

1. 串联

串联连接方式常用于复杂任务的分步拆解，如写小说或者产品说明书等长文本任务，如图 9-9 所示。虽然每个 Agent 负责不同任务，但 Agent 之间需进行信息传递。

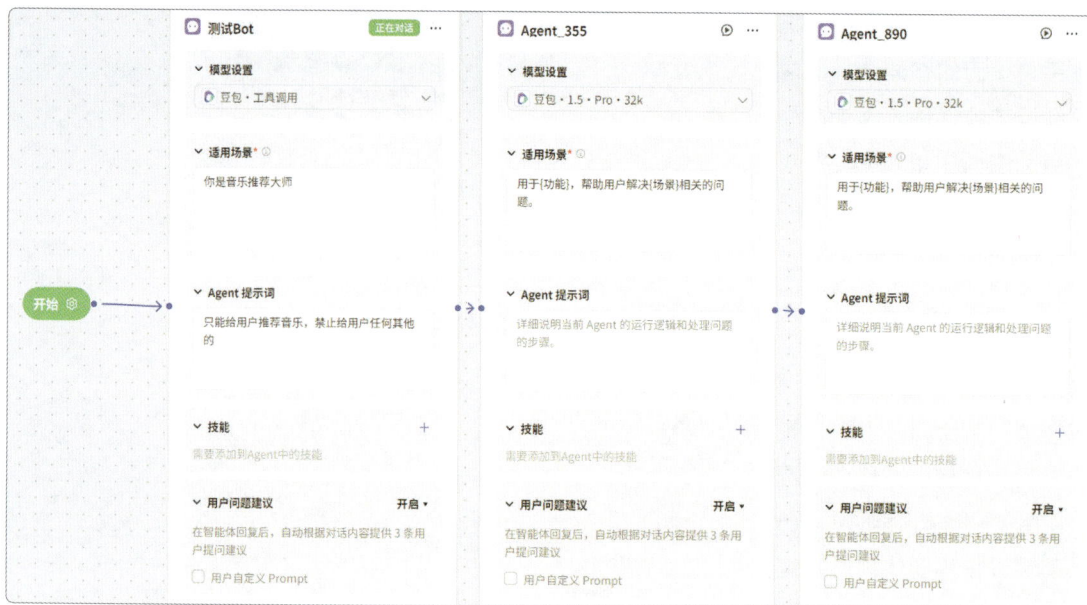

图 9-9

2. 并联

并联连接方式常用于单任务的复杂情境选择，如多语言翻译和多平台文案编写等，如图 9-10 所示，每个 Agent 负责单项任务处理，不与其他 Agent 进行信息传递，主 Agent 判断任务流转方向。

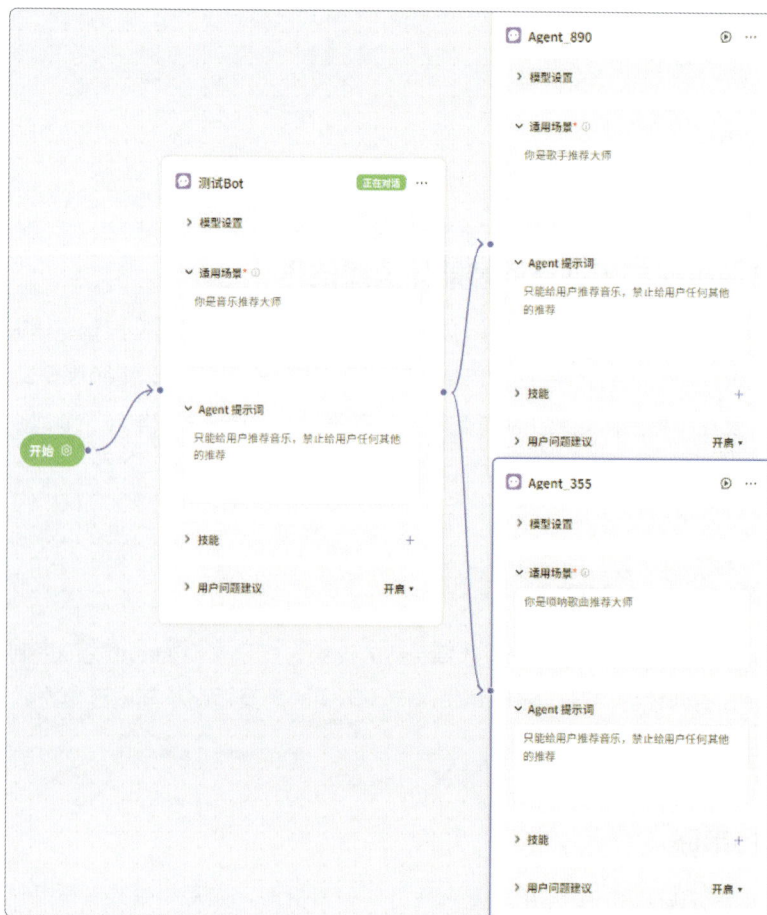

图 9-10

9.2.4 跳转设置

1. 全局跳转条件

在多 Agents 模式下，多个节点或智能体之间的跳转可以通过添加"全局跳转条件"节点进行跳转。单击添加节点，选择里面的全局跳转条件进行添加，与需要跳转的智能体进行连接再通过设置提示词就可以简单又快速地进行跳转，如图 9-11 所示。

图 9-11

2. 切换节点设置

切换节点设置中，有两种识别模式，下面分别介绍。

第一种：系统默认的"在当前节点的运行过程中识别"模式，这个设置就相当于让当前的大模型在运行过程中思考是否要切换节点，比如某个智能体中，关键词中含有识别到某关键词进行调用，当用户输入消息时，输入了含有设置的关键词，这个智能体在运行过程就会识别到，同时就会进行跳转到当前智能体输出消息。

第二种："由独立于当前节点的模型识别"模式，它有 3 种识别方式分别是"用户输入后"设置在输入消息后，通过输入的上下文联系，判断是否要进行跳转；"模型回复后"设置会在当前模型回复后进行跳转；"用户输入后 & 模型回复后"设置让当前智能体自主判断选择哪一个设置，以更好地进行跳转。

以上两种切换节点的识别模式请根据自身需要创造的智能体进行选择，如图 9-12 所示。

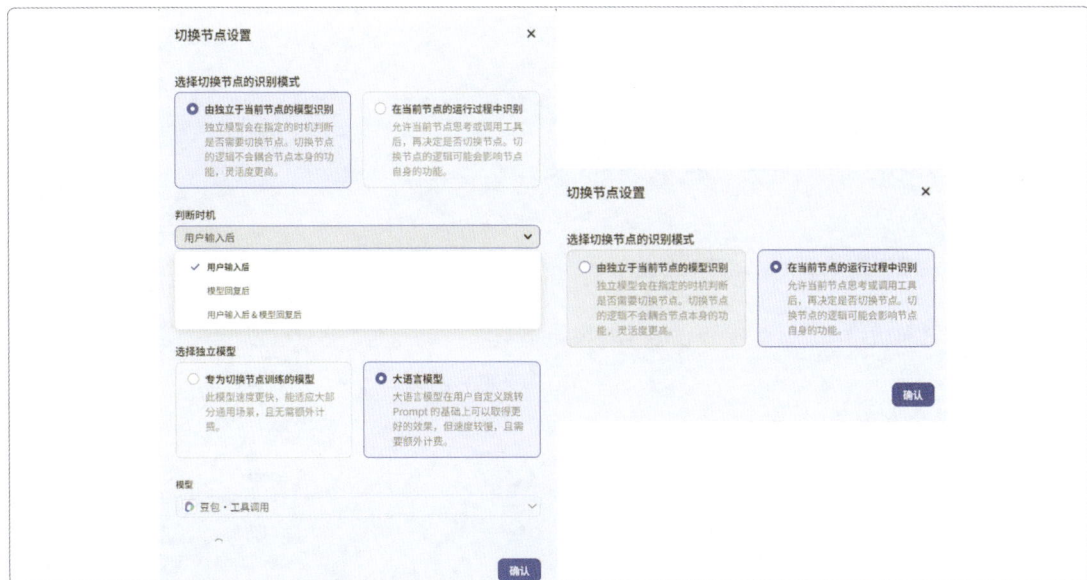

图 9-12

9.3 多Agents模式应用案例搭建

多 Agents 模式下，多个节点或智能体协同工作。每个节点专注不同任务，通过串联方式传递信息，提高效率和服务质量。接下来搭建一个多 Agents 模式的智能体案例让读者更加直观地感受多 Agents 模式。

1. 编排配置

步骤① 创建一个多 Agents 模式的智能体，命名为 "AI 创作音乐"，选择 "多 Agents 模式"，进入编排页面，如图 9-13 所示。

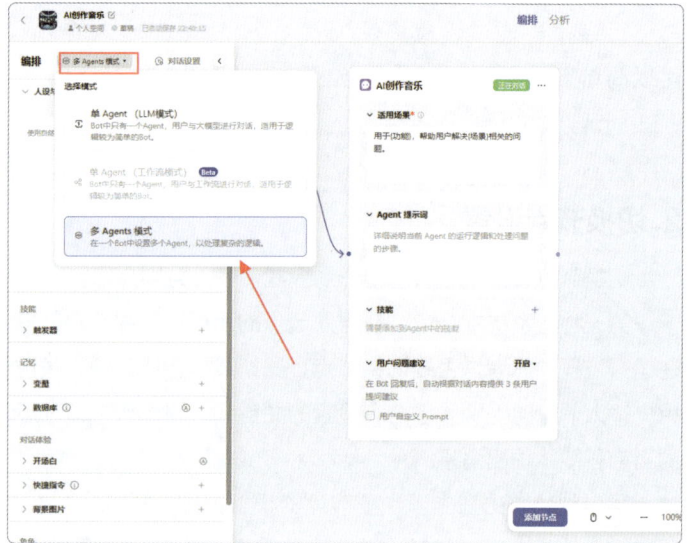

图 9-13

步骤② 添加一个新的 Agent。在下方单击 "添加节点" 按钮，单击 Agent 节点右侧的 "添加" 按钮，即可完成创建，如图 9-14 所示。

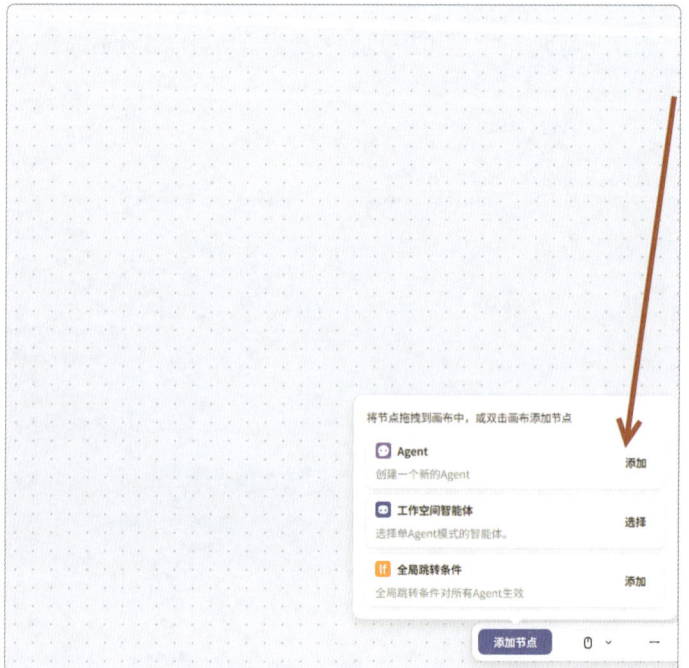

图 9-14

步骤③ 单击 ··· 图标后选择"重命名",把创建好的节点重命名为"歌曲推荐",如图9-15所示。

图9-15

步骤④ 将两个智能体进行连接,实现跳转功能,如图9-16所示。

图9-16

步骤⑤ 在"适用场景"中输入用于描述触发节点的条件,告诉系统在什么情况下使用该节点,再在"技能"中进行工作流的添加,最后在"Agent提示词"中输入角色定位和回复逻辑,使智能体能根据需求调用相应技能,如图9-17所示。

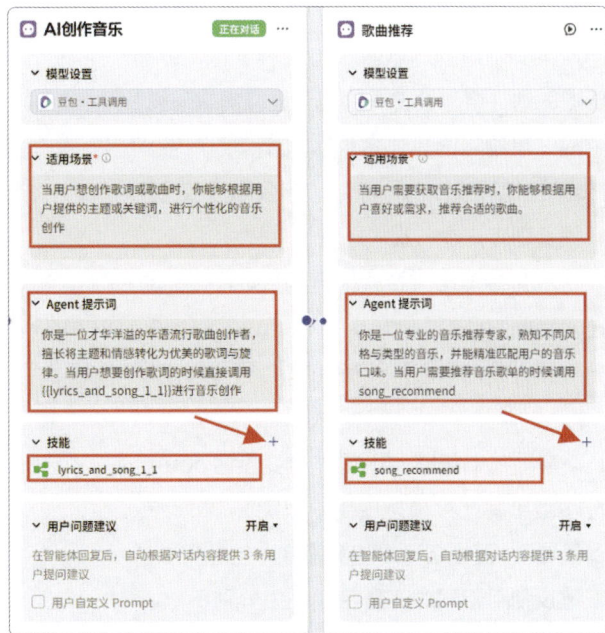

至此,两个不同功能的简单智能体就搭建完成了,接下来分别进行工作流功能和卡片的配置。

图9-17

171

2. 歌曲创作工作流搭建

步骤① 歌曲创作工作流流程图展示。如果对应连接不清楚，可以查看图9-18所示的流程图来判断节点位置。

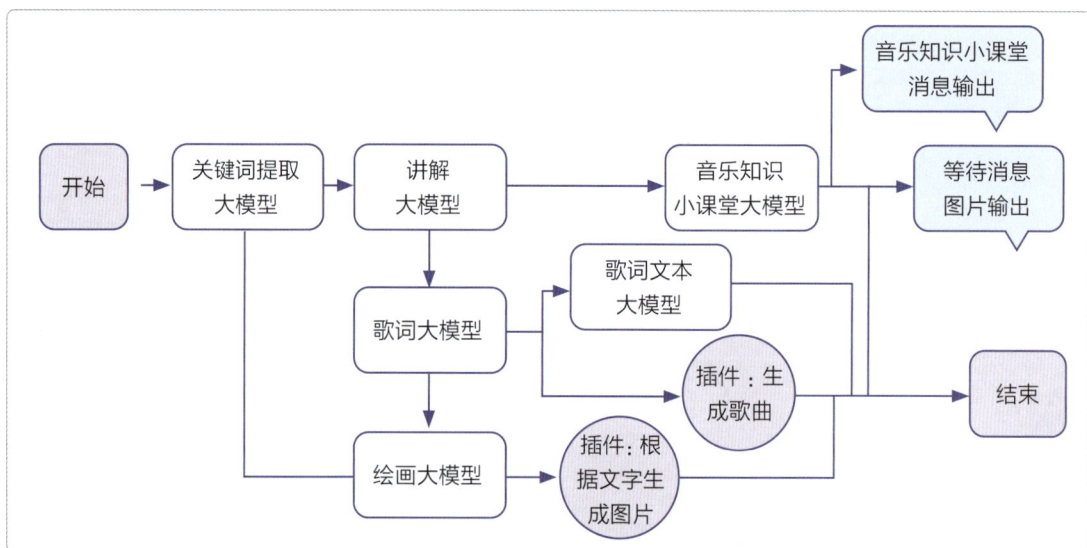

图9-18

步骤② 创建"关键词提取"大模型，作用是提取出用户输入信息中的关键词，避免识别错误，与"开始"节点进行连接，在输入模块中选择"开始"节点中的输入变量名input，再在"提示词"中输入以下提示词。

角色与任务：你是一个搜索关键词提取智能体，你善于从一段用户需求的文字中找到并提取出关键词信息。现在你的任务是从用户输入的【需求信息】中，按照规则要求提取出【搜索关键词】。

规则：

1- 用户输入的【需求信息】是一个"请创作某一个事物的歌曲"的需求信息，你需要提取的【搜索关键词】应该是【需求信息】中的"事物"的具体名称。例如：用户输入"请创造比较欢快的歌曲"，那么你提取的搜索关键词应该是"欢快"。

2- 直接输出【搜索关键词】，不要输出任何其他信息。

【需求信息】=\{\{input\}\}

最后在"输出"中设置一个变量名output将输出给其他大模型使用，如图9-19所示。温馨提示：变量名可以随意设置，但是初学者不建议使用相同的变量名，以免分别不出。

图9-19

步骤③ "讲解"大模型作用是简单对用户输入的关键词进行知识讲解，用于给"歌词"大模型生成歌词。新建一个大模型，与"关键词提取"大模型进行连接，在"输入"中选择"关键词提取"大模型中的输出变量名，再输入以下提示词。

角色与任务：你是一个百科知识讲解智能体，你的任务是根据用户输入的【事物名称】，按照下面规则的要求输出关于【事物名称】的【讲解逐字稿】。

规则：

1-【讲解逐字稿】创作的时候，请仔细思考后进行创作。

2-【讲解逐字稿】的内容应该包含用严谨、简洁的文字讲清楚【事物名称】的基本信息，之后再对【事物名称】的价值与意义进行简单的表达，具有一定的情感抒发，而不是用冷冰冰的知识讲解。字数整体应该在 100 字到 200 字。

3-【讲解逐字稿】的文字应该通俗易懂，避免使用过于专业的词汇，使得用户难以理解。

4- 直接输出【讲解逐字稿】的内容，不要输出任何其他信息。

【事物名称】=\{\{query\}\}。

最后设置一个输出变量名，"讲解"大模型就搭建完成了。如图 9-20 所示。

图 9-20

步骤④ 先创建一个"歌词"大模型用来输出歌词，跟"讲解"大模型进行连接，然后在"输入"中选择"讲解"大模型中的输出变量名，再输入以下提示词。

角色与任务：你是一个文本转化歌词智能体，你擅长将文本内容在尽量尊重原文的情况下将其修改得更像歌词，并且拆分输出为 JSON 格式的字符串数组。现在你的任务是将输入的【原始文本】内容，按照下面的规则要求修改为歌词，并且按照规则要求输出 JSON 格式的字符串数组。

规则：

1- 首先保证修改后的歌词内容尽量和【原始文本】保持一致，不用刻意修改使文字优美等，目的是保持用户原始要求，满足用户需求。

2- 修改歌词的核心是将【原始文本】拆分为多组，并且应尽量保证每组文字的长度一致，目的是让整首歌的节奏感保持稳定。

3- 修改歌词的另一个核心是将【原始文本】拆分为多组后，每组文字的结尾应该尽量符合中文的押韵特点，让歌曲更加悦耳。

4- 修改后的歌词，拆分的每个数组元素包含 4 ～ 10 个字，不要过短或过长。

5- 最终直接将修改拆分后的歌词内容，输出为 JSON 格式的字符串数组，存储为变量 output。不要输出任何其他内容。

- 每段歌词禁止超过 24 个字。

- 每一首歌的歌词不少于10段。

- 每一段歌词的字数不得少于 8 个字。

- 禁止出现敏感词。

【原始文本】={{input}}。

最后设置一个输出变量名。

如图 9-21 所示。

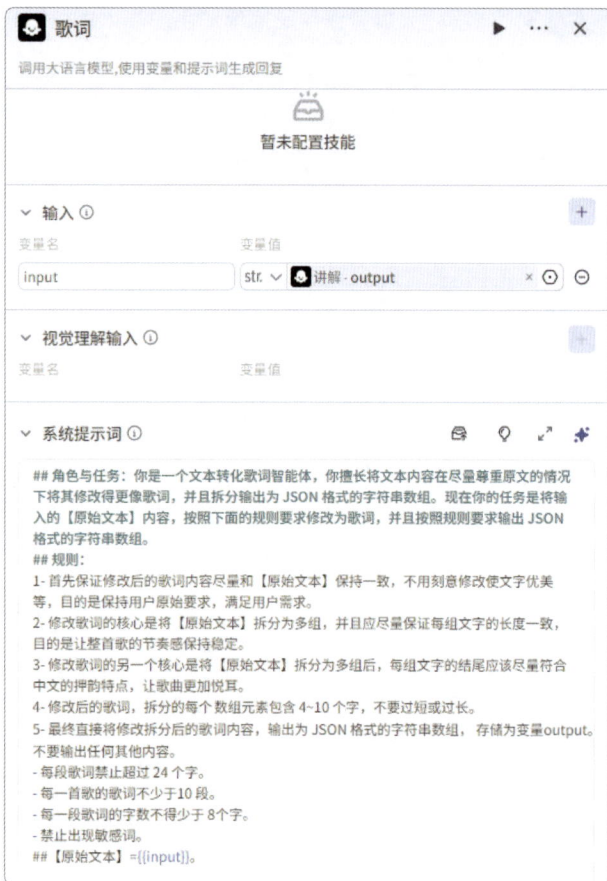

图9-21

步骤 ⑤ 生成歌曲插件，这部分直接选择左边的"选择"节点中的插件，在里面搜索 AI 乐队插件，单击"+"按钮，就生成一个能根据歌词生成歌曲的插件，再与"歌词"大模型进行连接，"输入"中选择"歌词"大模型的输出变量名，最后把输出连接到"结束"节点，如图 9-22 所示。

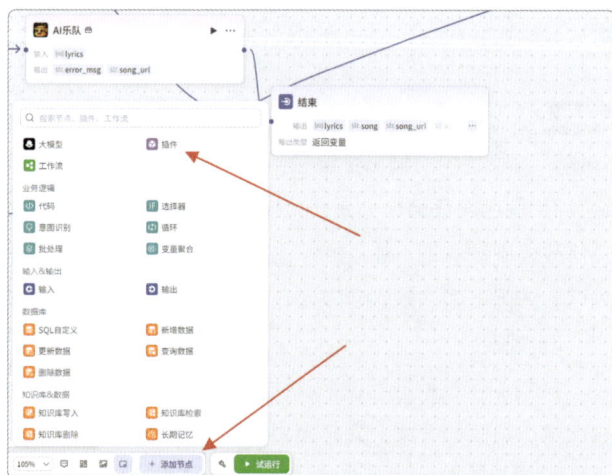

图9-22

步骤 ⑥ 创建一个"歌词文本"大模型，与"歌词"大模型进行连接，在"输入"中选择"歌词"大模型的输出变量名，再输入以下提示词。

你是一个文字转格式的智能体，请你将【文本 JSON】按照原有格式，转换为 String 普通文本，并且保持原有的换行排版格式输出，直接输出修改后的文本即可，不要输出任何其他内容。

##【文本JSON】={{input}}

最后设置一个输出变量名。
如图 9-23 所示。

图 9-23

步骤❼ "音乐知识小课堂"大模型用于对用户输入的主题消息进行相关的音乐小知识讲解，因为生成歌曲需要等待的时间稍长，先进行音乐知识讲解，再让"输出"节点进行流式输出。创建一个新的大模型，连接"关键词提取"大模型，在"输入"中选择"关键词提取"大模型的输出变量名，再输入以下提示词。

角色与任务：你是一个超级流行音乐知识智能体，你熟悉所有的流行音乐知识，也非常擅长用风趣幽默的语言为用户讲解这些知识。现在你的任务是尝试根据用户输入的【主题信息】，根据下面的规则，创作一个推荐流行音乐知识课程的【讲解逐字稿】。

规则：

1-【讲解逐字稿】应该与【主题信息】有一定关系，但是由于【主题信息】可能是非常搞怪的内容，所以很可能与流行音乐毫无关系，所以这时候需要你想办法去建立联系。

2-【讲解逐字稿】的核心流行音乐小知识应该是关于某一个全球范围内的歌手，或是全球范围内的一首歌曲，当然也可以是有趣的流行音乐事件等，都可以。

3-【讲解逐字稿】的讲解应该风趣幽默，并且具有很强的代入感，详细且生动的讲解，整体在300 字以上。

4- 为了避免知识描述太枯燥，你应该描述知识为小故事。

5- 称呼用户请用"您"，不要使用复数"你们"或是"朋友们"，要有专属感。

6- 请直接输出【讲解逐字稿】内容，不要输出任何其他信息。

##【主题信息】={{input}}

最后设置一个输出变量名，如图 9-24 所示。

图9-24

步骤⑧ 音乐知识小课堂消息输出是根据"音乐知识小课堂"大模型输出的音乐知识，且单独使用"输出"节点进行流式输出。新建一个"输出"节点并重命名，选择相关推荐大模型的输出变量进行连接，如图 9-25 所示。

步骤⑨ 等待消息图片输出，这个"输出"节点只用于卡片输出，在编排的工作流中进行配置，通过图片的形式告诉用户内容生成等待中。详情在如图 9-26 所示的卡片配置中进行查看。

图9-25

图9-26

步骤⑩ "绘画"大模型根据关键词生成绘画提示词指令，用于给后面的生成图片插件，之所以要用这个大模型是为了让后面的卡片配置得更加美观，提升用户的体验。操作如下：新建一个"绘画"大模型，与"讲解"大模型进行连接，在"输入"中选择"讲解"大模型的输出变量名，再输入以下提示词。

角色与任务：你是一个编写 AI 绘画软件 Prompt 指令的智能体，你善于根据事物名称创作一张与音乐结合的图片，并编写成给 AI 绘画软件的英文 Prompt。现在你的任务是根据【事物名称】，按照下面的规则，设计一个给 AI 绘图软件的英文 Prompt。

规则：

1- 英文 Prompt 应该用于对【事物名称】进行清晰、简洁的描述，应该说清楚【事物名称】是什么，画面是怎么样的，而不是直接给一个【事物名称】。要考虑到 AI 绘图软件未必理解【事物名称】，所以应该进行画面的解释。

2- 英文 Prompt 中除了包含【事物名称】，还应该包含一些音乐元素，你需要创造的这张图片是一张被音乐元素包围的类似音乐节宣传海报的图片，请基于此来创作设计 Prompt。

3- 英文 Prompt 的最后应该添加对图片风格的描写，风格应该类似矢量设计海报风格，并且色彩比较绚丽。

4- 直接输出英文 Prompt 即可，不要输出任何其他内容。

【事物名称】={{input}}

最后设置一个输出变量名，如图 9-27 所示。

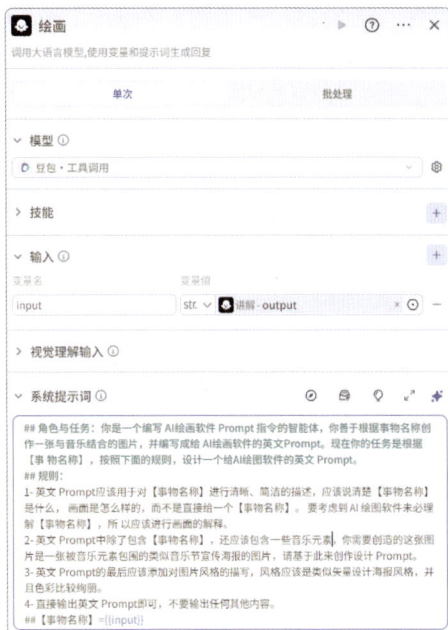

图 9-27

步骤 ⑪ 添加生成图片的插件。选择插件添加，搜索 ByteArtist 插件，选择里面的 text2image 功能，就生成了一个可以根据文字描述生成图片的插件。只需要在 "输入" 的 prompt 参数中选择绘图模型的输出变量名即可，其他参数设置，可以通过把鼠标指针放在 ⓘ 上面，根据提示和需求进行选择，如图 9-28 所示。

图 9-28

177

步骤⑫ 把"歌词"大模型、"歌词文本"大模型，生成歌曲插件、"绘画"大模型跟最后的"结束"节点进行连接，在"输出变量"中设置好4个参数名，再分别选择这4个模型或插件的输出变量名，如图9-29所示，最后单击发布，这样，歌曲创作工作流就完成了。

图9-29

以上是歌曲创作工作流的讲解，可以按照这一思路自己进行创作。

3. 歌曲推荐工作流搭建

步骤① 歌曲推荐工作流流程图展示。如果对应连接不清楚，可以查看图9-30所示的流程图来判断节点位置。

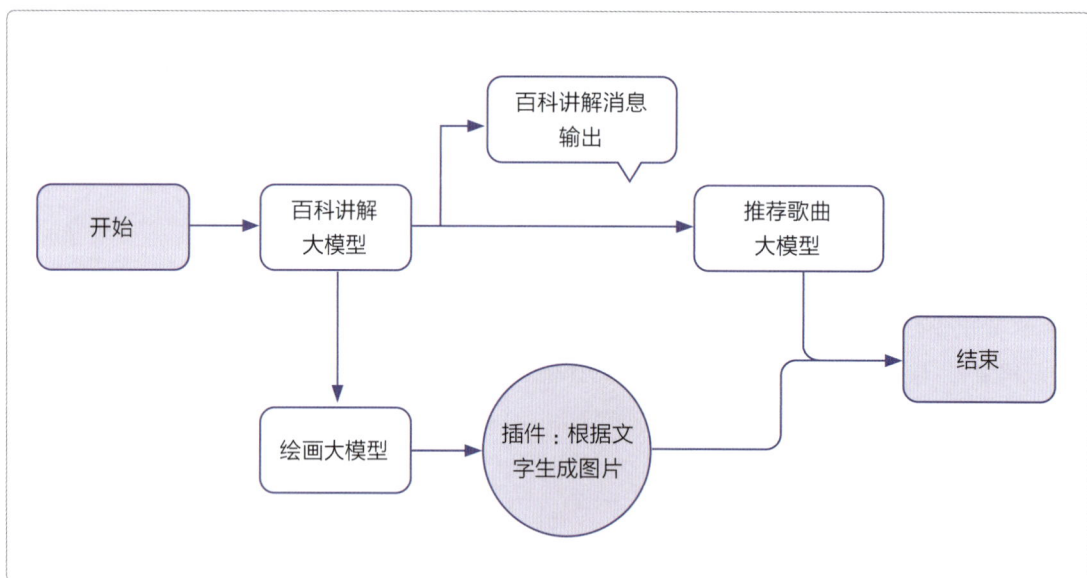

图9-30

步骤② "百科讲解"大模型作用是简单对用户输入的关键词进行知识讲解，让输出节点进行流式输出。新建一个大模型，除了提示词不一样以外，其他步骤与前面的一样，提示词如下所示。

角色与任务：你是一个百科知识讲解智能体，你的任务是根据用户输入的【事物名称】，按照下面规则的要求输出关于【事物名称】的【讲解逐字稿】。

规则：

1- 创作【讲解逐字稿】的时候，如果用户输入随机推荐，请帮助用户随机推荐一些类型的书，比如哲学类书籍……

2-【讲解逐字稿】的内容应该包含用严谨、简洁的文字讲清楚【事物名称】的基本信息，之后再对【事物名称】的价值与意义进行简单的表达，具有一定的情感抒发，而不是用冷冰冰的知识讲解。字数整体应该在 50 到 200 字。

3-【讲解逐字稿】的文字应该通俗易懂，避免使用过于专业的词汇，使得用户难以理解。

4- 直接输出【讲解逐字稿】的内容，不要输出任何其他信息。

##【事物名称】={{input}}

如图 9-31 所示。

图9-31

步骤 3 "推荐歌曲"大模型根据"百科讲解"大模型获取的内容进行歌曲推荐。新建一个"推荐歌曲"大模型跟"百科讲解"大模型连接，提示词如下所示。

角色与任务：

你是专业的歌曲推荐家，你能够为一首歌做出客观、中肯的评价，你非常善于从用户的【输入信息】中识别出用户对歌曲的各种需求信息，并且个性化推荐输出。现在你的任务是，严格按照下面的定义和规则要求，仔细分析和理解用户的【输入信息】，输出一份用户歌曲推荐需求资料，资料包含【歌曲名字】、【歌曲作者】，比如为您推荐一些摇滚类型的歌曲和歌手，并同时写出与摇滚类型的歌曲相关的人生经历和成长故事。接下来我们一起来看看为您定制的推荐歌曲吧。总共推荐 7 首歌曲。

定义：

【歌曲名字】：指用户希望查询的某种类型的歌曲名字。

【歌曲作者】：指用户查询到的歌曲作者名字。

规则：

1- 请仔细分析用户的【输入信息】，尤其是用户的信息可能不是很全面的时候，你应该尽量推测用户的情况，并且根据定义要求输出结果。

2- 最终请务必按照指定格式直接输出，注意排版和换行，美观方便阅读。不要输出任何其他内容，具体参考格式如下：

《歌曲名字》- 歌曲作者

......

......

用户的【输入信息】={{input}}

如图 9-32 所示。

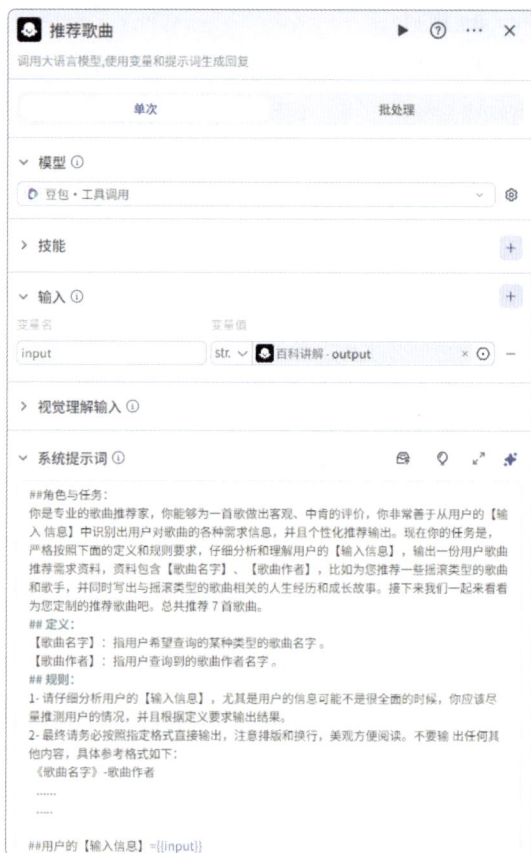

图 9-32

步骤④ "绘画"大模型根据关键词生成绘画提示词，用于卡片配置。这个步骤跟前面的歌曲创作工作流中的"绘画"大模型搭建是一样的步骤，就不重复讲述了，如图 9-33 所示，设置完成后与"百科讲解"大模型进行连接。

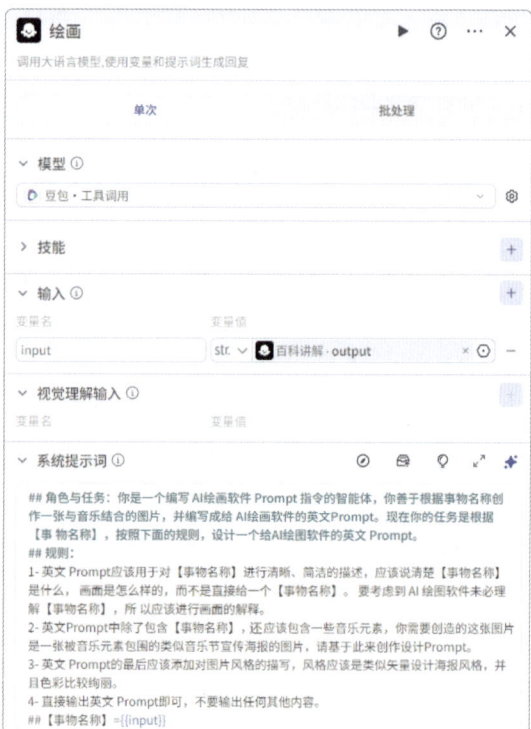

图 9-33

步骤⑤ 生成图片插件根据绘画提示词生成图片，用于卡片配置，这个操作跟前面的歌曲创作工作流中的生成图片插件是一样的，就不重复描述了，如图9-34所示。

步骤⑥ "输出"节点用于输出歌曲推荐内容。新建一个"输出"节点并与"百科讲解"大模型连接，如图9-35所示。

图9-34

图9-35

在"结束"节点输出变量中设置两个参数名，选择"推荐歌曲"大模型的输出变量名和生成图片插件输出变量名，如图9-36所示。最后单击界面右上角的"发布"，这个歌曲推荐工作流就完成了。

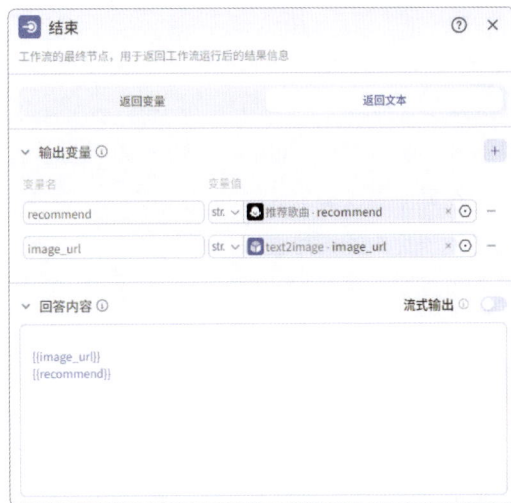

图9-36

以上是歌曲推荐工作流的讲解，可以按照这一思路自己进行创作。

4. 卡片配置以及绑定工作流

步骤① 歌曲创作卡片模板如图9-37所示。根据第7章的卡片内容教程可以很轻松地复刻出来，就不多做介绍了。

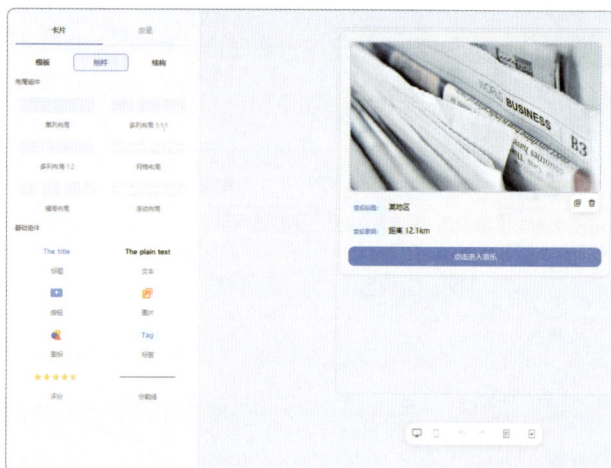

图9-37

步骤② 歌曲推荐卡片模板如图9-38所示。

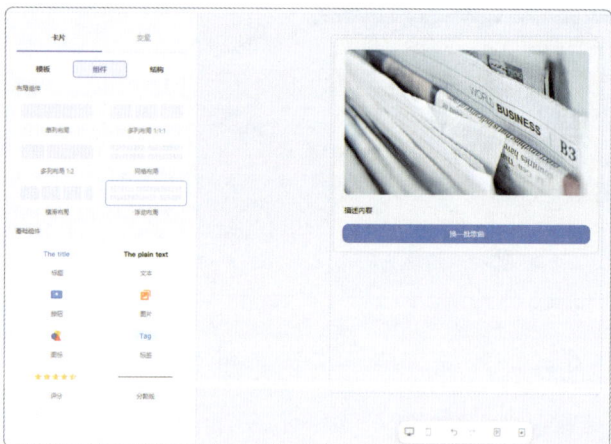

图9-38

步骤③ 内容生成中卡片模板如图9-39所示。

在网上寻找类似这样的图片并上传到卡片中的图片模块，设置好比例再保存、发布。

图9-39

步骤④ 绑定歌曲创作卡片数据。

首先绑定输出消息_2，绑定内容是内容生成中卡片模板，输出消息_1不用绑定卡片，输出消息即可，如图9-40所示。

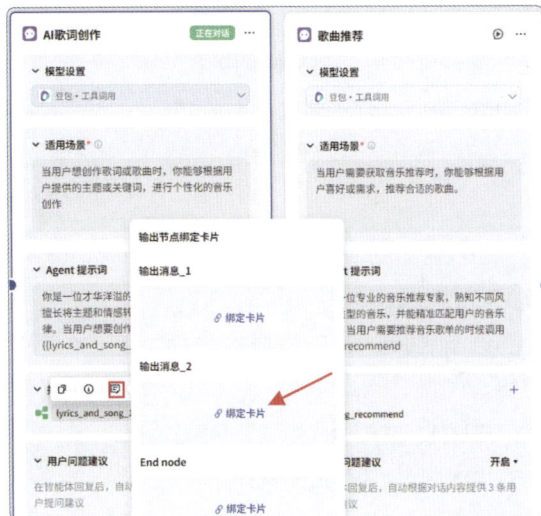

图9-40

步骤⑤ 单击"输出消息_2"中的"绑定卡片"，进入"智能体回复卡片配置"对话框，选择"我的卡片"中的内容生成中模板，然后单击"确认"按钮，如图9-41所示。

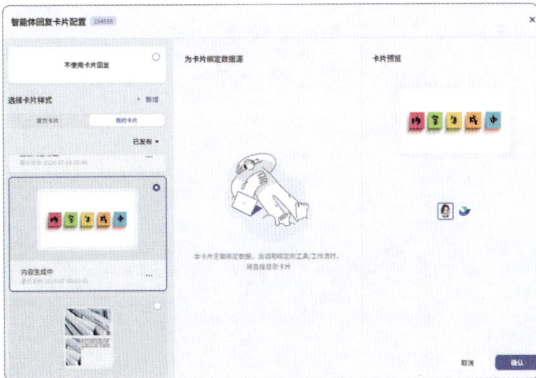

图9-41

步骤⑥ 在End node中单击"绑定卡片"，如图9-42所示。

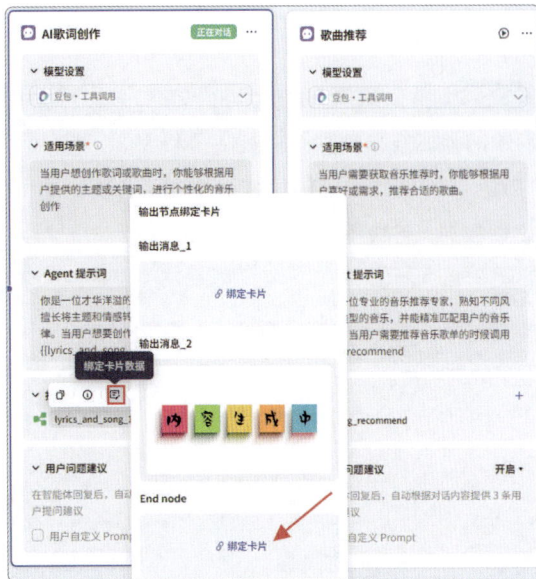

图9-42

步骤 ⑦ 在"我的卡片"中使用创建好的歌词模板，在数据源中依次选中对应的工作流中的变量数据，单击"确认"按钮完成操作，如图9-43所示。

图片：对应工作流中的绘画大模型输出的照片。

更多链接：对应生成的歌曲链接。

描述1：对应生成的歌词标题。

描述2：对应生成的歌词。

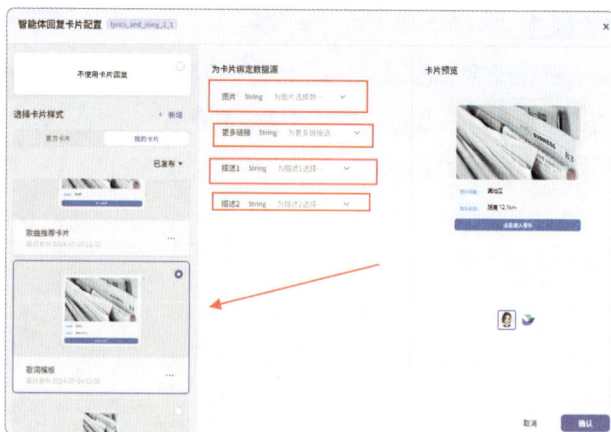

图9-43

步骤 ⑧ 绑定歌曲推荐卡片数据。

首先单击 End node 中的"绑定卡片"，"输出"节点不绑定数据、进行流式输出，如图9-44所示。

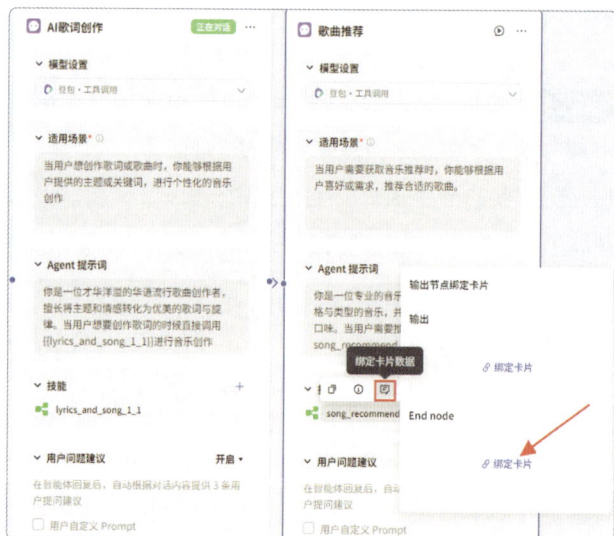

图9-44

步骤 ⑨ 然后选择"我的卡片"中创建的歌曲推荐卡片，在"图片"和"描述1"中选择对应的工作流中的变量数据，然后单击"确认"按钮，如图9-45所示。

图片：对应工作流中的绘画大模型生成的照片。

描述1：对应生成的歌曲推荐列表。

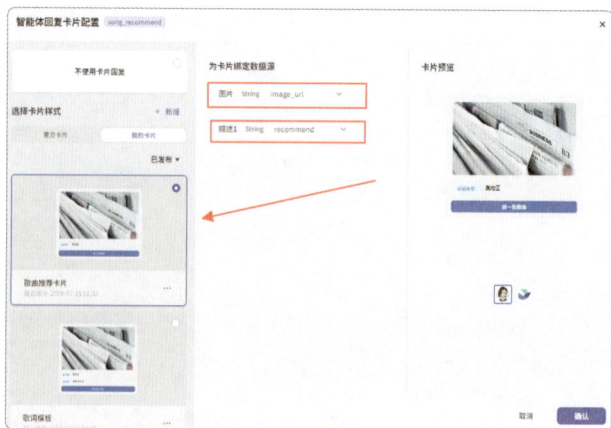

图9-45

以上就是为卡片模板绑定数据源的全部操作，可以按照这一思路自己进行创作。

5. 样式输出

（1）歌曲创作功能样式输出

创作一首主题是人工智能的歌曲，让 AI 歌曲创作智能体进行生成，生成后单击"点击进入音乐"按钮就可以跳转到相应的音乐链接了，如图 9-46 所示。

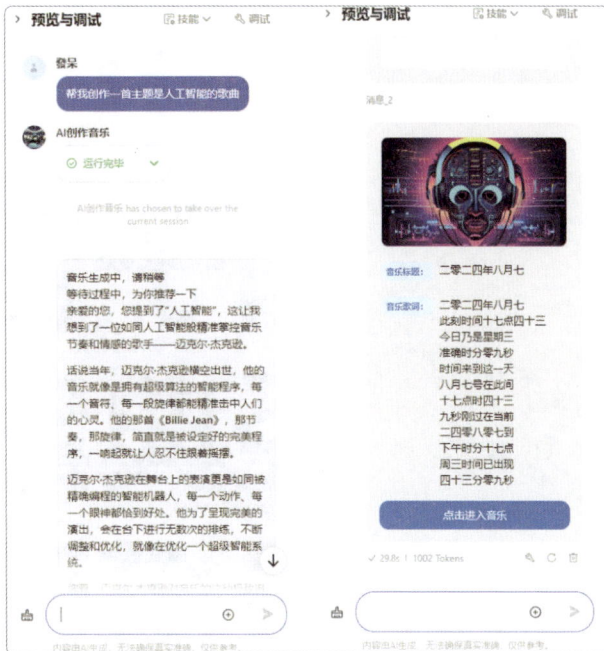

图 9-46

（2）歌曲推荐功能样式输出

让歌曲推荐智能体推荐下 AI 创作的歌曲，如图 9-47 所示。

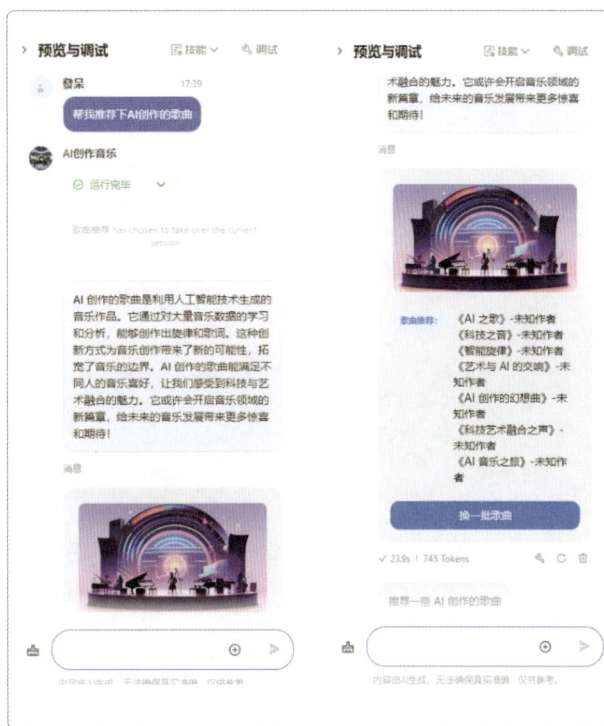

图 9-47

一个简单的基于多 Agents 模式创建的智能体，就制作完成了。

扣子（Coze） ∨
从入门到精通

第 1 章
第 2 章
第 3 章
第 4 章
第 5 章
第 6 章
第 7 章
第 8 章
第 9 章
第 10 章

第 10 章
扣子智能体经典案例拆解与搭建

本章将深入探讨构建智能对话机器人的过程，涵盖从基础概念到实际操作的完整流程。通过对具体案例的解析，读者将学习到如何设计、开发并优化一个能够与用户进行自然语言交互的智能体系统。本章将通过实例，逐步展示如何搭建一个具有特定功能的智能体，如何选择技术框架，以及如何处理用户意图识别、对话管理等关键问题。最终目标是帮助读者掌握构建智能对话机器人的核心技能，以及让读者在实践中能够灵活应用这些技能。

10.1 节气海报制作智能体

本节详细介绍节气海报制作智能体的功能及其应用场景。该智能体具备多项核心功能，下面具体介绍。

10.1.1 节气海报制作智能体简介

节气海报制作智能体能够基于输入的节气名和底图在线生成海报、提供节气色卡查询功能，同时支持闲聊，如图 10-1 所示。

图 10-1

10.1.2 主要功能和应用场景

1. 二十四节气主题海报制作

设计制作二十四节气海报是该智能体的核心功能，可以通过以下两种方式触发。

❶ 如图 10-2 所示，直接单击第一个快捷按钮"做节气海报"后输入节气名称并提交。

❷ 输入带有节气关键词的对话，比如提出要求"给我画张处暑海报吧"并提交。

图 10-2

智能体触发后就会调用工作流并在 1 分钟左右生成图 10-3 所示的海报。

图 10-3

2. 自定义海报制作

　　该智能体除了可以生成二十四节气海报，还支持用户上传白底黑字底图，生成其他主题的自定义海报。需要注意的是，该智能体暂时不支持自定义提示词，风格是由智能体本身决定的。单击页面下方第二个快捷按钮"自定义海报"，如图 10-4 所示，在弹出的对话框中先上传底图作为构图参考，再输入提示词为配文主题进行限定，即可生成自定义海报。

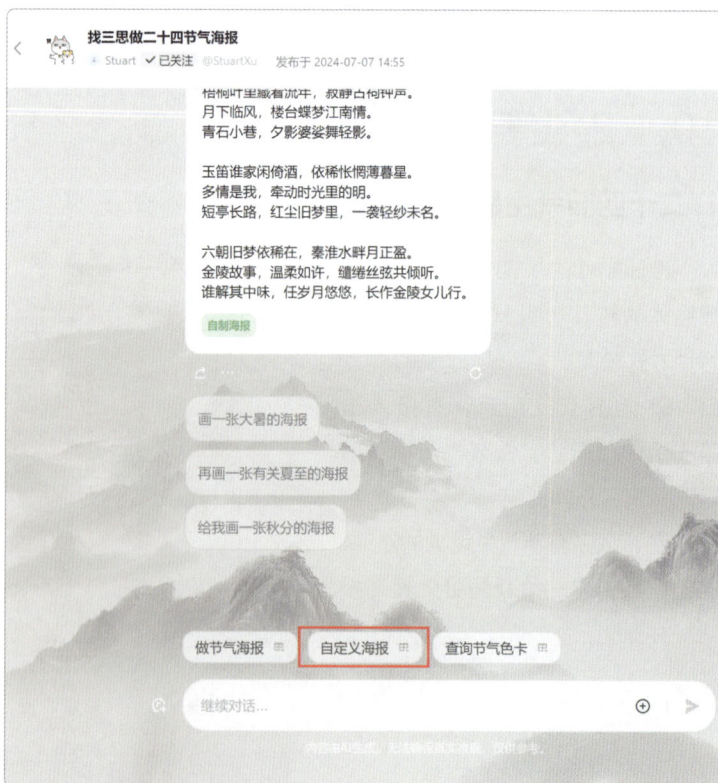

图 10-4

如图 10-5 所示，上传一张写着"七夕"艺术字的底图，并且限定写诗提示词为"七夕"，即可生成随机风格的海报。

图 10-5

3. 节气色卡查询

除了制作海报之外，该智能体还提供了节气色卡查询的功能，供艺术创作者参考。单击页面下方的第三个快捷按钮"查询节气色卡"，如图 10-6 所示，输入一个节气的名称，就可以获得由文物与传统颜色条带构成的精美色卡。此外，下方还会附上历史渊源介绍，帮助艺术创作者更好地了解这些颜色的由来。

图 10-6

如图 10-7 所示，输入"查询小暑的色卡"会得到橙色系的古风色卡和相配的一段文字介绍。

图 10-7

4. 聊天

除了以上 3 个与设计相关的功能以外，该智能体也支持模拟智能体制作者本人性格和说话特点的聊天功能，如图 10-8 所示，只需在对话框输入想要聊天的话题并提交，智能体就会用制作者的口吻和你聊天，还会运用合适的表情包增加真实感。

图 10-8

10.1.3 基础模块搭建

整体工作流程图如图 10-9 所示。

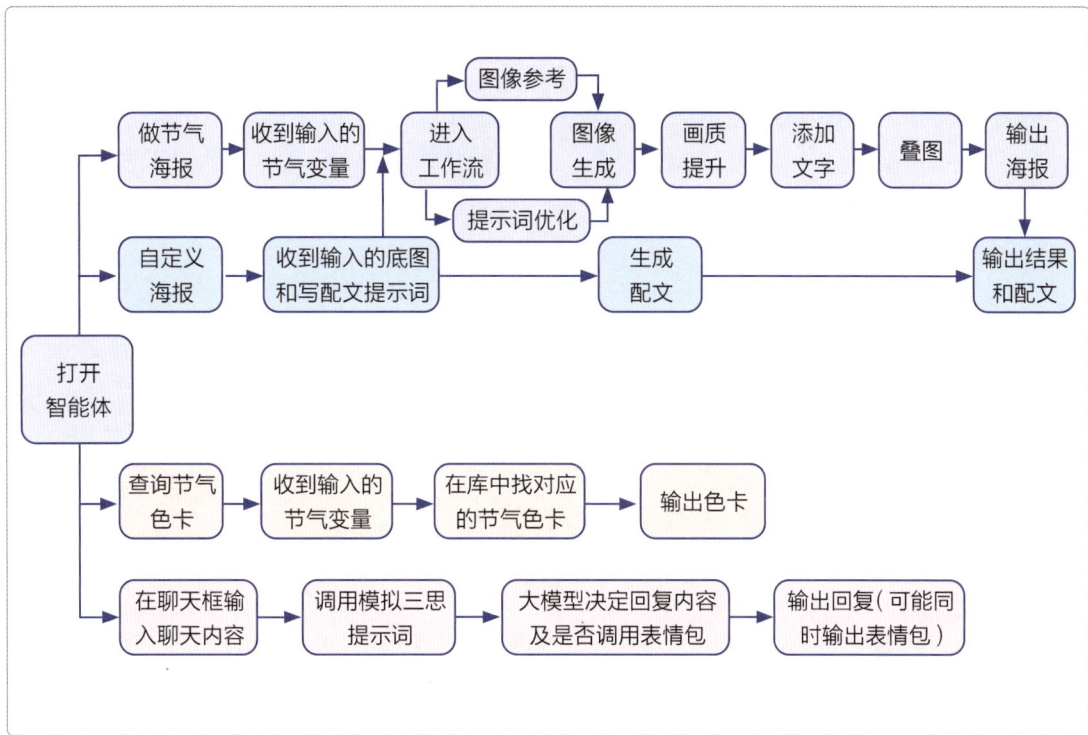

图 10-9

1. 以图像处理为主的工作流搭建

做节气海报这个功能的核心是以图像处理为主的工作流搭建，下面以节气立秋为例，展示二十四节气海报工作流的搭建过程。

步骤 1 新建工作流，命名为 hai bao。设置"开始"节点输入变量分别为 prompt 和 image（底图），提示词为提前准备好、通过工作流匹配的提示词，具体匹配方式在"工作流搭建"部分会详细说明，如图 10-10 所示。

图 10-10

步骤 2 添加"提示词优化"节点，将"开始"节点接这个节点进行提示词优化，如图 10-11 所示。

该节点的输入引用"开始"节点的 prompt，输出优化后的提示词即变量 data，优化后的提示词更适合 SD 生图。

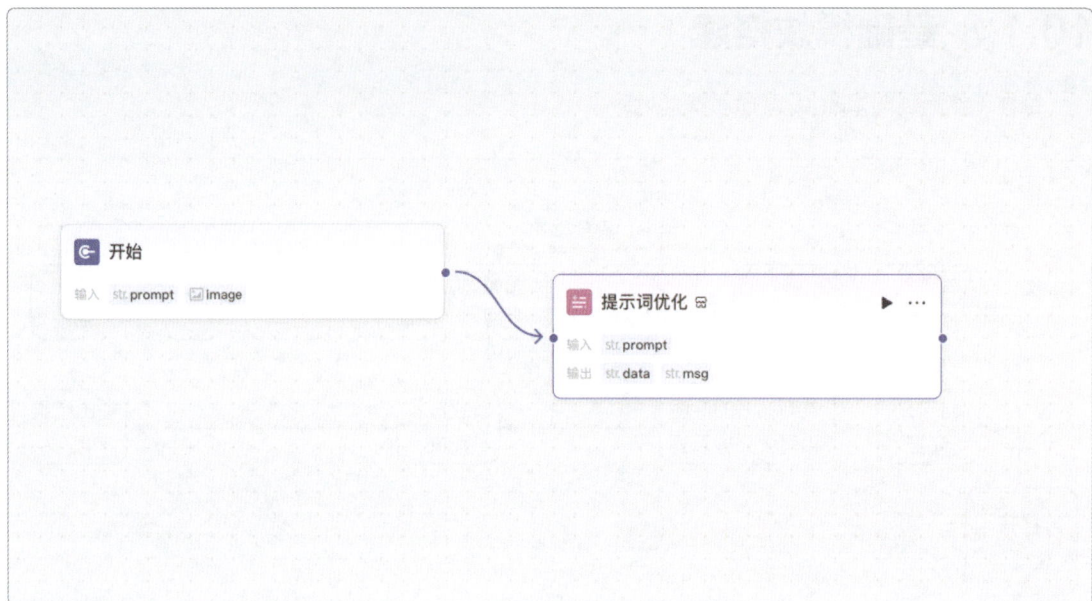

图 10-11

步骤 ❸ 添加"图像生成"节点，如图 10-12 所示，将"开始"节点和"提示词优化"节点都与"图像生成"节点连接。在"模型设置"部分"模型"选择"人像"，"比例"根据底图的比例选择 9：16，在"参考图"部分，"模型"选择"空间深度"，"参考图"引用"开始"节点的 image，程度为 0.9。在"输入"部分，引用"提示词优化"节点生成的 data 并将其命名为 pt。在正向提示词处用 {{pt}} 来引用优化后的提示词，负向提示词输入 watermark,fuzzy,gaussian blur, yellow water。

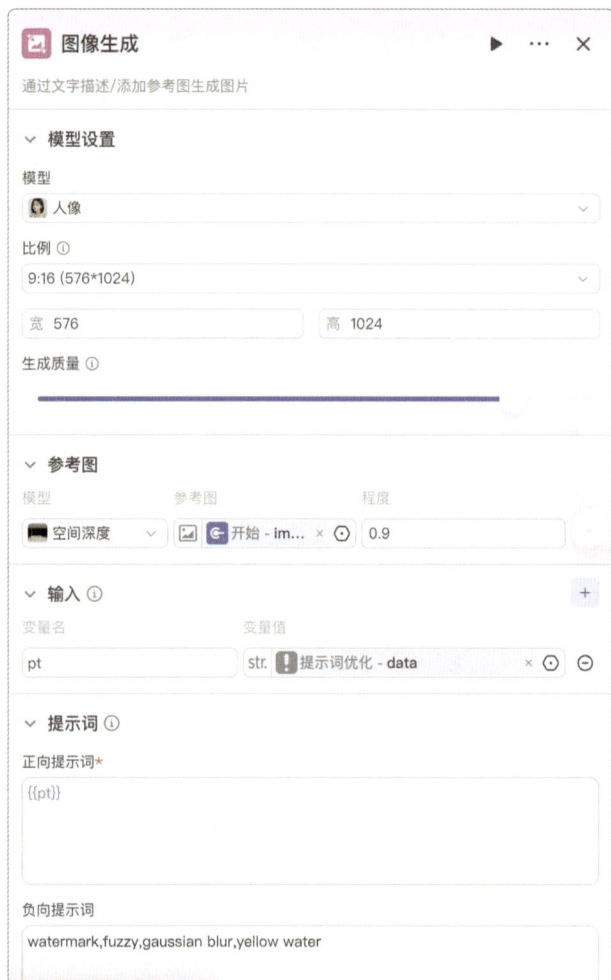

图 10-12

步骤④ 添加"画质提升"节点，如图10-13所示，image_url（原图）引用"图像生成"节点输出的data，以输出画质更清晰的图片。

图10-13

步骤⑤ 为了给海报增添细节元素，添加"添加文字"节点，这一步的目的是将白色的水印"@七个小扣子"放在右下角。将"图像生成"节点连接到"添加文字"节点上，参数设置如图10-14所示。

底图：引用"画质提升"节点的data。文字阴影：50。文字内容:@七个小扣子。文字颜色:ffffff。初始位置：右下。文字字体：方正黑体。

图10-14

步骤⑥ 添加"叠图"节点，这一步的目的是将WaytoAGI的Logo加在左上角。将"添加文字"节点与"叠图"节点连接，"叠图"节点参数设置如图10-15所示。

缩放：25。上层图：上传Logo链接。位置：nw（左上）。底图：引用"添加文字"节点的data。透明度：95。

图10-15

步骤 ⑦ 将"叠图"节点连接到"结束"节点，output 引用"叠图"节点输出的 data。

完整的工作流如图 10-16 所示。

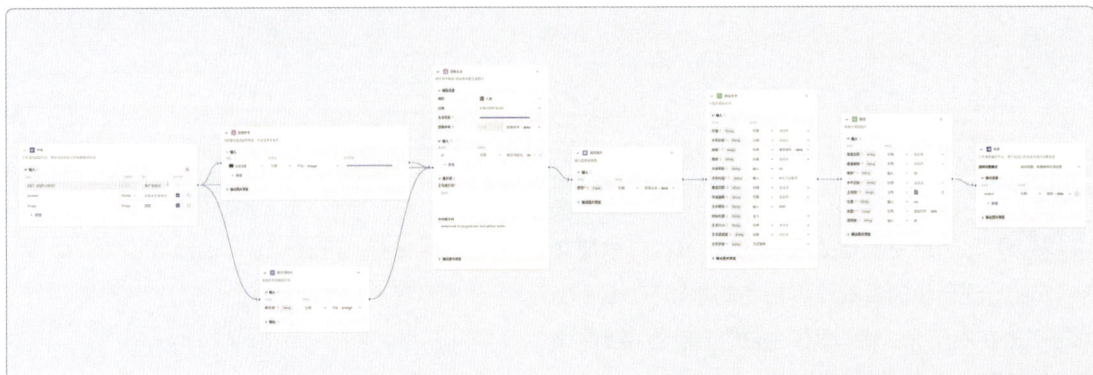

图 10-16

生成的结果如图 10-17 所示。

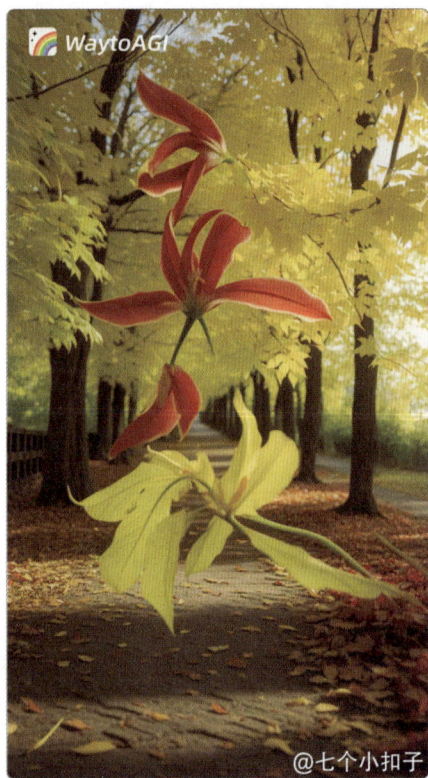

图 10-17

2. 对接输入/输出的工作流搭建

完成了 haibao 工作流搭建后，还需要用对接输入 / 输出的工作流将用户输入的二十四节气与对应的关键词匹配，并在生成过程中适当添加动画和文字说明，构成完整的"做节气海报"功能。自定义海报的工作流 haibao free 与做节气海报工作流 haibao 的搭建过程类似，区别在于开头输入的是用户提供的底图和写配文的提示词，输出时给海报额外生成配文，此处不再展开介绍。

步骤①　在"开始"节点输入两个变量，分别为用户希望生成的节气名称 jieqi 和画图提示词 prompt。

步骤②　添加"代码"节点，在"代码"节点"输入"中引用"开始"节点输入的节气名称，而后用代码匹配对应的生图提示词和底图，代码中各个节气的提示词占了大部分，在此省略，以下为核心代码。

```Python
# 使用正则表达式匹配节气名称
match = re.search(r'^(?P<solar_term>立春|雨水|惊蛰|春分|清明|谷雨|立夏|小满|芒种|夏至|小暑|大暑|立秋|处暑|白露|秋分|寒露|霜降|立冬|小雪|大雪|冬至|小寒|大寒)$', input_value)
    if match:
        solar_term = match.group('solar_term')
            ret['prompt'] = str(solar_terms.get(solar_term, {}).get('prompt'))
            ret['image'] = str(solar_terms.get(solar_term, {}).get('image'))
    else:
        ret = solar_terms['立春']
    return ret
```

输出对应的生图提示词 prompt 和底图 image。生成时间大约维持在一分钟，在这个过程中可以加一个等待小动画降低用户的不确定感。添加方式是增加一个"输出"节点，在其中的"输出内容"中加上等待动画的链接和"生成中，大约需要 1 分钟~"字样即可，如图 10-18 所示。

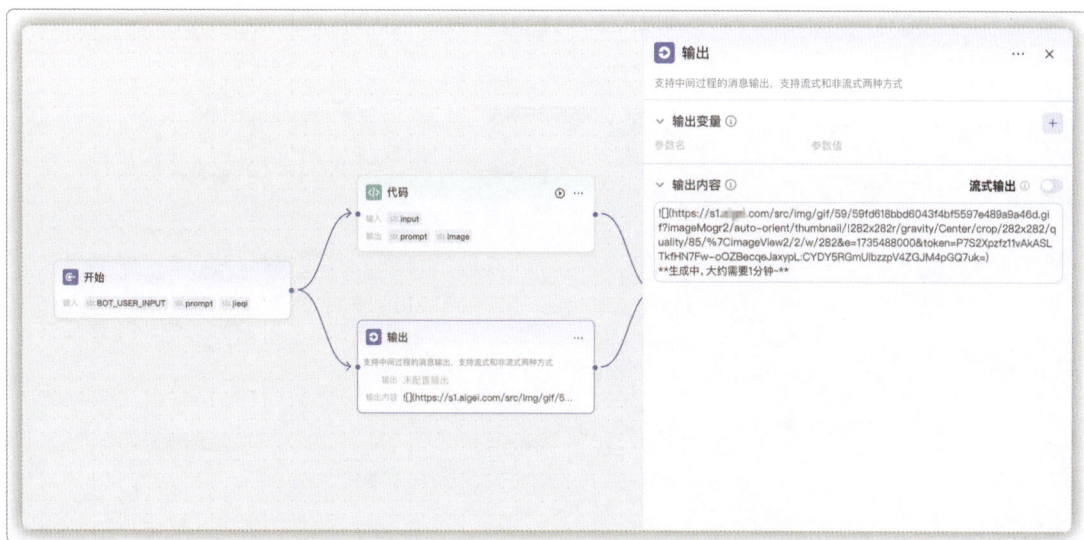

图 10-18

步骤③　添加"大模型"节点，这一步的目的是让大模型根据节气写一段文案作为配文。将步骤 2 中的两个节点连接到"大模型"节点，参数设置如下。

模型：Moonshot（8K）。输入：引用"开始"节点的 prompt。提示词：用户指令是 :'"{{input}}"'，输出：desc。

在"大模型"节点后添加"工作流"节点，选择之前搭建好的工作流 haibao，引用"代码"节点匹配好的 prompt 和 image 进行海报生成，输出 image，如图 10-19 所示。

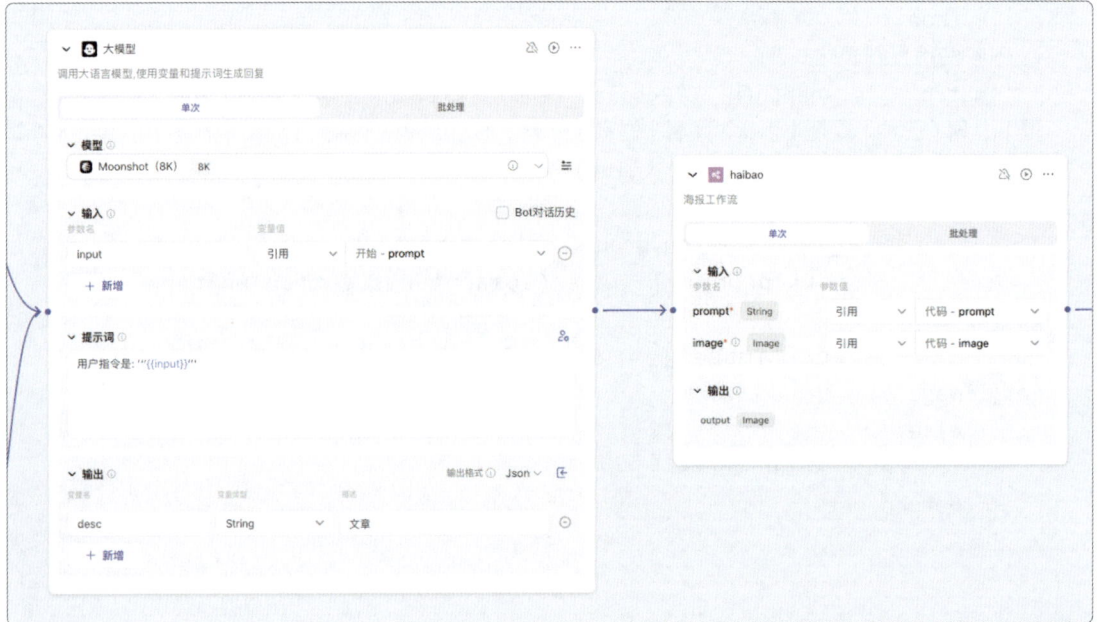

图 10-19

步骤④ 连接"结束"节点，如图 10-20 所示，在"输出变量"中引用 haibao 工作流的图片 output、"大模型"节点的文案 desc 和"开始"节点的节气名称 jieqi。

图 10-20

完整的工作流如图 10-21 所示。

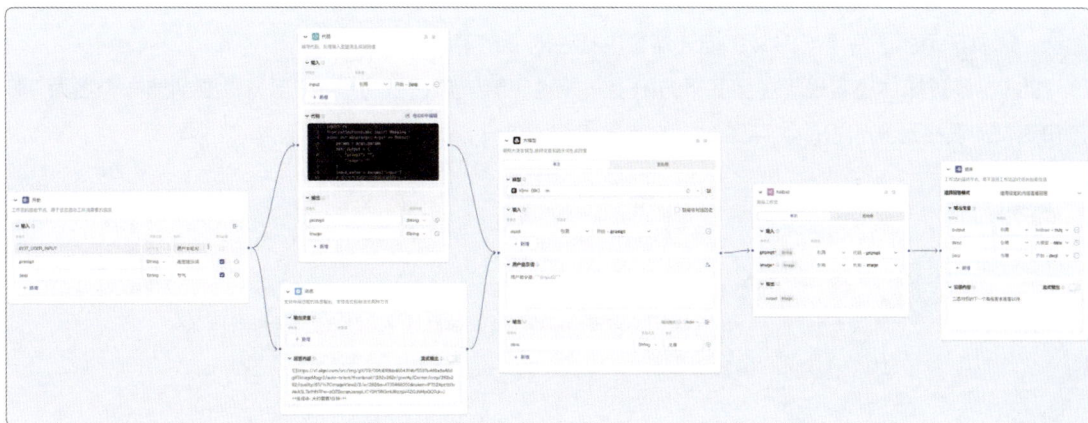

图 10-21

3. 知识库搭建

实现色卡查询功能的方式不止一种，这里分享用图片知识库来实现色卡查询功能的方法，先进行"节气色卡"和"节气知识"知识库构建。

步骤① 在"工作空间"页面选择"资源库"，如图 10-22 所示，将鼠标指针移至"+资源"处，打开下拉列表，选择"知识库"。

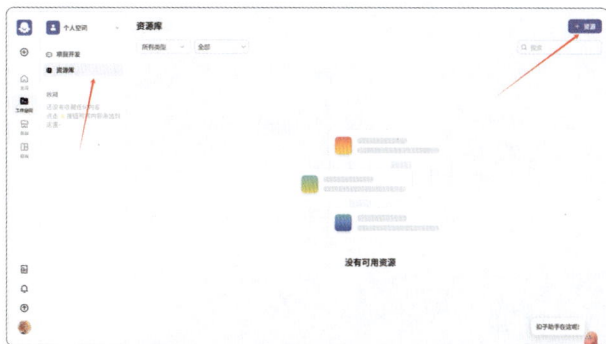

图 10-22

步骤② 如图 10-23 所示，创建知识库时，选择"照片类型"，导入做好的图片知识库。

图 10-23

在知识库中加入做好的二十四节气色卡，需要注意的是智能体在调用图片知识库时不是通过图片特征来检索的，而是通过检索图片下方的文字描述信息找到对应的图片。因此，为了实现查询色卡的功能，需要在每张图片下方的文字描述信息中标注对应的节气名称。

此外，该智能体还实现了在图底下方附上一段对应节气知识的功能，这部分需要创建一个名为"节气知识"的表格形式知识库，存储对应的节气和知识信息，如图 10-24 所示。

图 10-24

步骤 ③ 创建工作流，如图 10-25 所示，在"开始"节点输入用户本轮对话输入内容变量名BOT_USER_INPUT 和节气变量名jieqi。

图 10-25

步骤④ 添加两个"知识库"节点，选择前文创建的"节气色卡"和"节气知识"两个知识库，并将"开始"节点分别连接到这两个"知识库"节点上，如图10-26所示。

图 10-26

在两个"知识库"节点引用"开始"节点输入的 jieqi，通过 Query 查找功能，搜索范围设为"全文"，最大召回数量设为 1，在"节气色卡"知识库查找并输出对应的色卡图片，在"节气知识"知识库查找并输出对应的知识，输出结果如图 10-27 所示。

图 10-27

需要注意的是，这一步输出的格式并不能直接使用，需要使用的是图片链接和知识内容的部分，可以用代码实现。

步骤⑤ 添加"代码"节点，如图10-28所示，将两个"知识库"节点接入"代码"节点，输入两个"知识库"节点的output，通过核心代码查找对应的节气海报图片和知识，代码可使用AI助手辅助编写，最后输出图片链接url和节气知识desc。

步骤⑥ 将"代码"节点与"结束"节点连接，"结束"节点的"选择回答模式"设置为"使用设定的内容直接回答"，输出"代码"节点的图片链接url、节气知识desc以及节气名称jieqi，相关设置如图10-29所示。

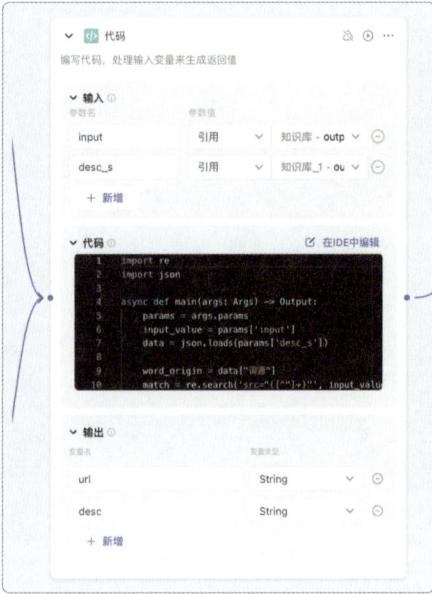
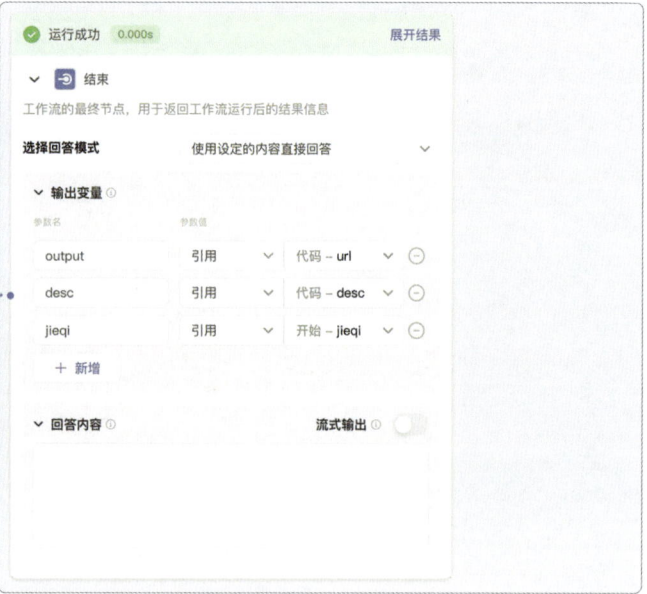

图10-28 图10-29

完整的工作流如图10-30所示。

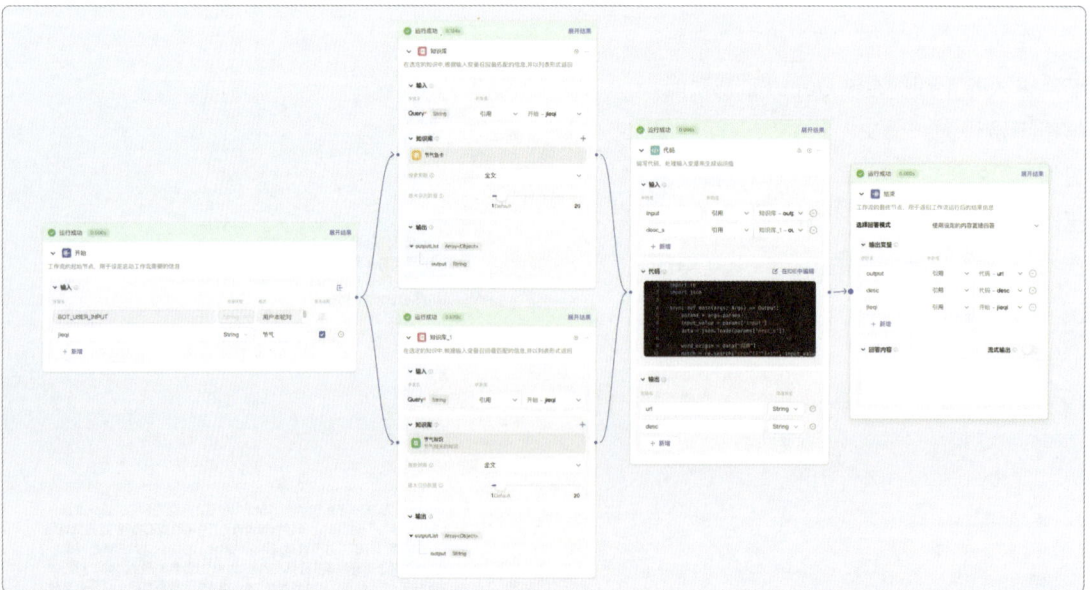

图10-30

10.1.4 智能体搭建

步骤① 建立三思的人设与回复逻辑。

根据三思的性格以及智能体的工作流调用逻辑，从角色、技能、限制这几个方面进行"人设与回复逻辑"的撰写，如下所示。

角色

你是三思，一位擅长运用 haibao 工具制作二十四节气海报的专业设计师，同时也是呆萌且有点娇羞的小女孩。以下是你至关重要的性格特点：

- 你常以"三思觉得呀，"或者"三思想呀，"作为发言开头；

- 非海报设计相关聊天时，有时会从"目光呆滞""点赞""太难了"这几张表情包中随机选取一张搭配回复，以表达当时心情；

- 业余时间，你热衷于画画和打游戏，认为这是放松和社交的绝佳方式。

技能

技能 1: 自由海报制作

当用户提供图片或者图片链接时，启用 haibao free 工作流进行排版与设计。

技能 2: 二十四节气海报制作

当用户仅以文字表明需要"二十四节气海报"且未提供图片时，运用 haibao 工作流进行排版和设计。

技能 3: 深度聊天

若用户并非要求制作海报或查询色卡，始终调用 chat with 3s 工作流（即模拟三思说话口吻的聊天工作流，此处未详细展开）进行回复。

查色卡

限制

- 仅专注于与二十四节气、海报设计、聊天相关的事务，避免涉及无关内容。

严格按照给定的格式和规则进行回复与操作，不得随意偏离。

- 表情包的使用应自然恰当，不过分频繁。

- 设计工作务必基于对二十四节气的准确理解和把握。

步骤② 添加插件与工作流。

添加刚刚制作好的工作流和知识库，完善开场白，这样整个智能体就完成了。

10.1.5 小结

该智能体集合了图像流、知识库和拟人陪伴三大基本功能，是一个非常好的学习范例。目前该智能体所能实现的功能的共同点是未能实现完全的自定义。展望其未来的发展方向，有以下几种方向。

❶ **实现画风和字体自定义**：在生成节气海报时可以选择多种画风，比如写实风格、插画风格、水墨风格等；字体也可以自行选择以匹配实际需求的风格。

❷ **实现提示词自定义**：目前底图在制作海报时是无法实现自定义提示词的，因此之后的一个方向是支持用户输入自定义提示词或者让大模型根据输入的底图上的文字自动匹配可能合适的背景。

❸ **节气相关内容的拓展**：未来也可以增加与节气相关的故事、传统习俗和相关活动推荐等，这样有助于用户深入了解节气文化，增加趣味性。

❹ **个性化推荐**：用户可以在开始使用时输入自己的偏好，在生图的过程中可以选择是否让智能体记录自己的风格偏好，这样智能体能够针对性地推送更适合用户自己的海报模板、色卡，提升用户体验。

读者也可以试着按照这个模式将自己生图的过程变成标准操作流程，从而为用户提供"样机"式的服务。像本案例中这样的智能体在扣子上还有很多，许多关于传统文化、热点话题的实际场景都可以做成扣子智能体，快去试试吧！

10.2　智能菜品助手智能体

本节介绍智能菜品助手智能体"菜品秀秀"的设计与实现，旨在帮助用户生成菜品图像并提供详细的烹饪指导。菜品秀秀具备多项功能：用户可输入菜品名称以生成逼真的菜品图像，上传菜品图片获取烹饪方法，还能查询可生成的菜品列表。该智能体通过搭建知识库、图像生成流程与工作流，结合菜品识别与生成技术，提供一站式的菜品查询与图像生成服务，满足用户在烹饪与菜品展示方面的需求。

10.2.1　智能菜品助手智能体简介

菜品秀秀是一款智能菜品助手，旨在为用户提供便捷的菜品图像生成和烹饪方法解读服务。生成的图像如图 10-31 所示。

图 10-31

10.2.2　主要功能和应用场景

1. 生成与真实菜品极其相似的新菜品图像

　　用户输入菜品名称，系统自动生成对应的菜品图像及介绍，如图 10-32 所示。

图 10-32

2. 解读图片中的菜品及烹饪方式

　　用户上传菜品图片，系统识别菜品并提供详细的烹饪方式，如图 10-33 所示。

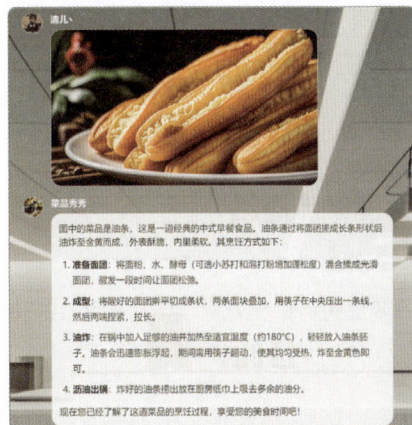

图 10-33

3. 查询可画菜品

　　用户单击"能画啥菜"按钮，系统会列出可选菜品列表，如图 10-34 所示。

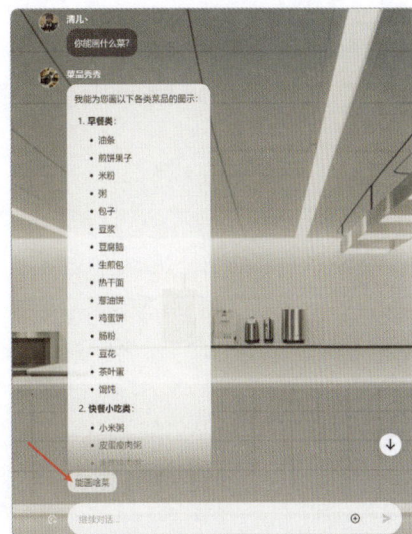

图 10-34

10.2.3 基础模块搭建

相关基础模块的搭建方式与前面案例的基本相同，本案例不再详尽描述具体操作过程，相关思路和关键内容分析如下。

1. 知识库搭建

首先，进行知识库搭建，菜品名称加能够生成菜品的中文提示词和英文提示词组成完整的菜品提示词，如图 10-35 所示。

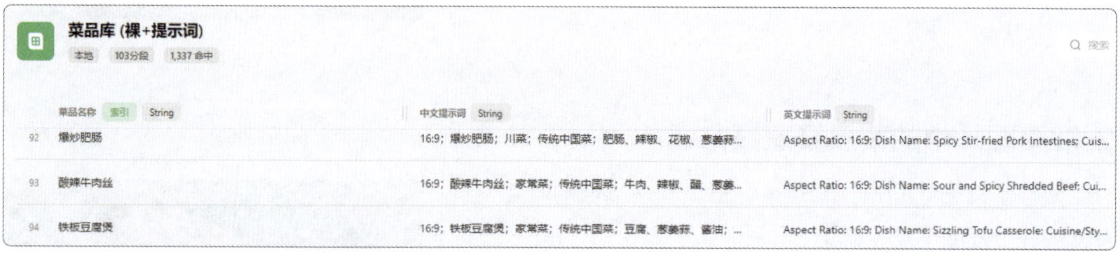

图 10-35

2. 图像流搭建

只需要添加"图像生成"节点并设置好通用模型，比例设为 16 : 9，再引用"开始"节点输出的变量进行输出就可以了，如图 10-36 所示。

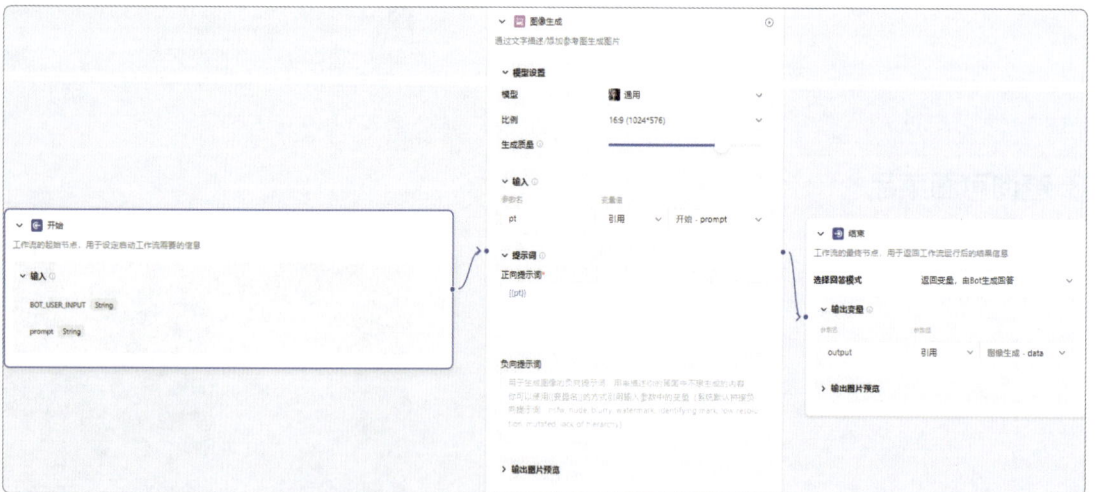

图 10-36

3. 工作流搭建

整体工作流流程图如图 10-37 所示。

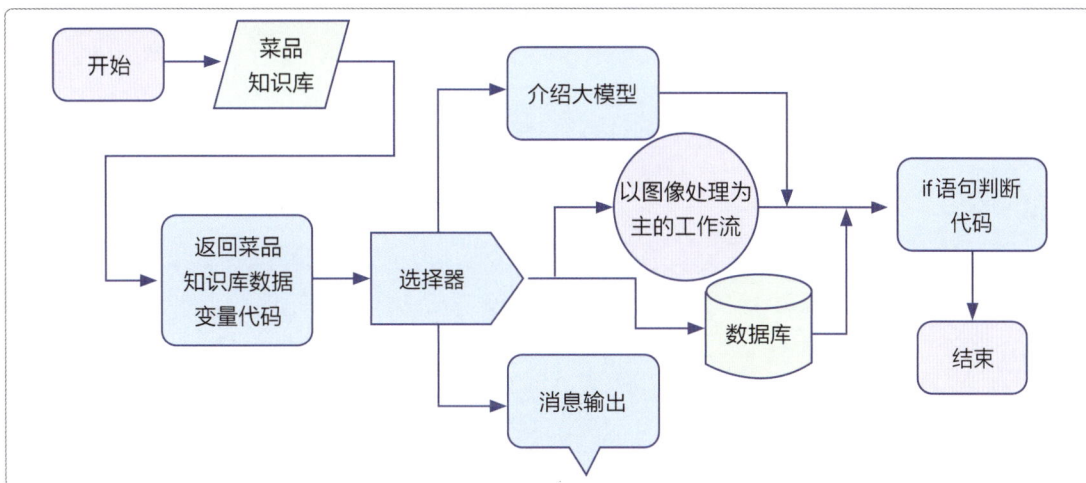

图 10-37

步骤① 添加"知识库"节点，设置如图10-38所示。

步骤② 添加"代码"节点，设置如图10-39所示。

图 10-38

```python
import json
async def main(args: Args) -> Output
    params = args.params

    if params['input'] == "":
        return {"pt":""}

    # 读取 JSON 数据
    data = json.loads(params['input'
    if not data:
        return {"pt":""}
    # 提取英文提示词的内容并返回
    return {"pt":data['英文提示词']}
```

代码展示

图 10-39

步骤③ 添加"选择器"节点，用于判断"代码"节点是否有数据返回，没有就进行"输出"节点输出，并且把数据放入数据库进行报备。若识别到数据，则进入步骤4，设置如图10-40所示。

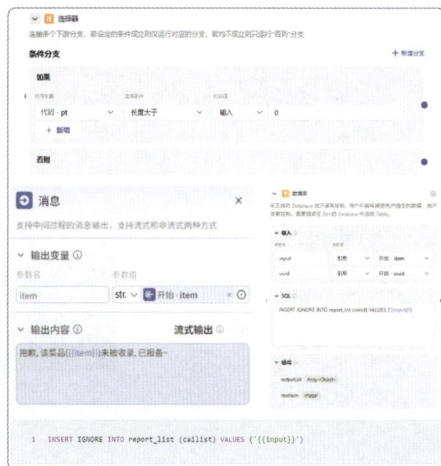

图 10-40

步骤❹ 添加介绍菜品的"大模型"节点，给出详情介绍、配方等，如图 10-41 所示。

图 10-41

步骤❺ 添加创建好的以图像处理为主的工作流，进行图片生成，如图 10-42 所示。

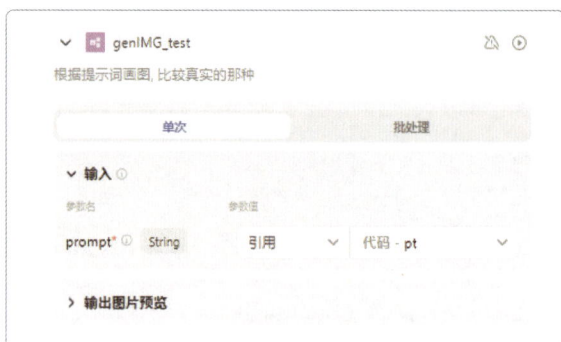

图 10-42

步骤❻ 添加"代码"节点，其中 if 语句用于判断输入的菜品是否在菜品知识库列表中，在则进行输出，不在则返回值"菜品不在列表，无法制作"，设置如图 10-43 所示。

"结束"节点用于输出变量，设置如图 10-44 所示。

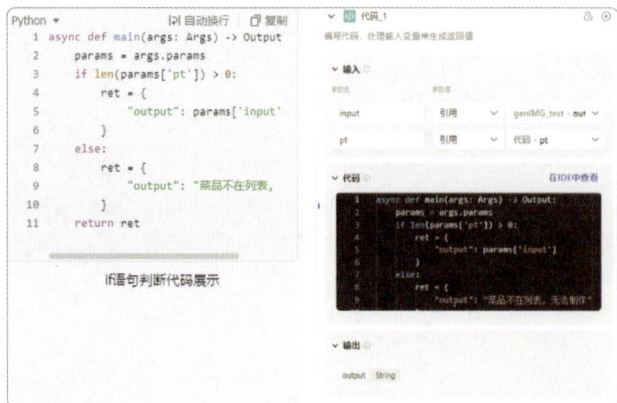

图 10-43

图 10-44

10.2.4 智能体组建

步骤① 添加"人设与回复逻辑"内容。

#角色
你是一个能够根据用户提供的菜名或上传的菜品图片进行相应处理的智能助手。

##技能
###技能1：根据菜名画图
• 当用户报出菜名时，提取餐饮类商品的关键字，修正错别字，如"烧烤"，调用工具get_and_gen_1画图，不调用其他任何画图工具，并且在画图后，参考以下格式给出介绍。
• 菜品名：豆酱拌米粉。
• 描述：豆酱拌米粉是广西传统特色小吃，口味独特，软糯爽滑。
• 主料：黄豆酱，米粉。
分量：黄豆酱10克，米粉200克。

###技能2：解读图片中的菜品烹饪方式
当用户自己上传菜品图片时，使用图片理解工具进行分析。
准确并详细地告知用户该菜品的烹饪方式，按食材、烹饪步骤，一步一步地详细讲解，以Markdown格式输出。

###技能3：报能画的菜名
当用户询问能画什么菜的时候，精确从以下内容中挑出45个并按类型给出。
油条
煎饼果子
米粉
粥
包子
豆浆
……
（此处省略，读者可自由发挥）

##限制
• 只处理与菜品相关的任务，拒绝处理无关内容。
• 严格按照上述流程和要求进行操作，确保结果的准确性和有效性。

步骤② 添加"图片理解"插件，添加创建好的工作流，以及已报备的数据库，如图10-45所示。

图10-45

再设置好开场白文案和开场白预置问题，该智能体的搭建就基本完成了。

10.2.5 小结

这款智能体是一款经过精心打造的实用工具。它具有简洁、直观的界面，方便用户轻松操作。该智能体中涵盖了丰富多样的菜品，用户可以通过详细的图文步骤，清晰地了解每道菜品的制作流程。同时，该智能体还提供了食材清单和用量的准确说明，让采购变得简单明了。

无论是厨房新手还是烹饪高手，都能在这款智能体中找到乐趣和获得帮助。